教育部人文社会科学重点研究基地重大项目

　　"东南亚华商实力研究：以华商资产估算为

　　重点"（12JJD810026）的阶段性成果

教育部重大委托项目

　　"东亚华侨华人软实力"（10JZFD007）的

　　阶段性成果

国务院侨务办公室课题

　　"2011—2012 年度华侨华人动态跟踪研究"

　　（GQBY2011056）项目成果

东南亚与华侨华人研究系列之三十一

2010年海外华侨华人发展报告

王望波　庄国土　著

厦门大学出版社　国家一级出版社
XIAMEN UNIVERSITY PRESS　全国百佳图书出版单位

前　　言

　　2010 年是海外华侨华人社区不断发展壮大的一年。世界华侨华人人口依然保持平稳增长态势,海外华侨华人在文教科技领域、融入与回馈当地社会、积极参选参政等方面取得了较大的进展。华侨华人社会的整体经济实力进一步增强,海外华商成为世界经济中的一支日益活跃的力量。其中,代表华人资本雄厚实力的东南亚地区华人企业经过转型升级,已逐渐摆脱亚洲金融危机的阴影,重现活力。在集中了大批高科技人才的北美地区,华侨华人高科技企业成长迅速、潜力巨大。欧洲等地区众多华侨华人中小企业的资本积累已初步完成,正在向多元化经营迈进。

　　为更准确及时地把握侨情变化,更深入地研究分析其发展趋势及规律,为制定侨务政策提供相关依据,在《2007 年海外华侨华人概述》、《2008 年海外华侨华人概述》、《2009 年海外华侨华人概述》的基础上,国务院侨办政策法规司继续委托厦门大学南洋研究院组成课题组,开展了"2010 年海外华侨华人发展报告"课题研究。本系列丛书每年均推出重点内容。2008 年以华侨华人人口数量估算和分布为重点,2009 年把社团作为重点之一,今年则把华侨华人的经济资源作为重点之一。

　　本书第一章,第三章第四、五、六节,第四章,第五章,第六章,

第七章，第八章及附录"2010 年侨务大事记"由厦门大学王望波副教授负责撰写，第二章、第三章第一、二、三节由厦门大学庄国土教授负责撰写。作为课题研究成果，其中观点、数据系学者一家之言，仅供大家参考。书中内容与分析尚不够全面深入，难免挂一漏万，如有不妥之处，敬请各位有识之士指正。

目　录

第一章

绪　　论

　　早期中国海外移民之发轫与中国的海外交通,尤其是海外贸易的产生和发展密切相关。大体可以说,从有海外贸易始,就可能有因贸易原因而"住蕃"的华人。中国海商在东亚水域的开拓,是中国移民赖以成行的前提。这不但因为中国商品及与中国的商贸关系是华侨谋生的主要手段,而且在于中国帆船是19世纪后期以前中国移民赖以成行的交通工具。海外中国移民社会则成为华商贸易网络的据点。大小不一的华侨聚集区和中国东南沿海港口,共同构成日本海以南、赤道以北的中国海商网络。

　　虽然早在汉唐时期,华商就已积极从事海外贸易,但形成相对稳定的海上贸易网络状态,则至迟在明初已出现。华商海上贸易网络的形成条件,是宋元时期中国南方商品经济、航海、造船业的发展和朝廷鼓励海上贸易政策的结果,也因东南沿海人民,尤其是闽南商民的海外开拓精神所致。华商贸易网络形成的意义,不但在于一改宋以前中外贸易主要由蕃商蕃舶主导的局面,而且华商以中国商品、中国帆船和中国市场为依托,形成了东亚、东南亚的海上贸易网络,从而呈现长达数百年的商贸与移民互动的盛况。

　　中国的国外侨民及其后裔遍布全世界,到2012年,数量已约达5 000万。海外华侨华人资产总额超过2万亿美元,人口和经济规模达到一般地区强国的水平。海外华资在中国的投资企业构成了中国经济体中最有活力并引领中国经济国际化的企业群;华侨华人的高端人才储备,其整体实力甚至远超中国大陆。改革开放以来,华侨华人和中国的合作已成为中国社会经济发展的主要动力之一。

侨民现象始于国际移民,并非中国所特有。按人口比例而言,中国并非海外移民比例最大的国家。大部分欧洲国家,乃至菲律宾、巴基斯坦、印度等国的海外移民及其后裔比例,都远超过中国。然而,唯有中国的海外侨民及其后裔,数百年来一直与中国本土保持着特殊的情感和密切的联系。庞大的海外华侨华人在历史上曾对中国本土的社会发展起特殊作用,中国大陆改革开放事业的发展,一直建立在充分利用华侨华人资源的基础上。华侨华人是中国最重要的海外资源,是中华民族复兴的主动力之一。

2010年是海外华侨华人社区不断发展壮大的一年。华侨华人在文教科技领域、融入与回馈当地社会、积极参选参政等方面取得了较大的进展。与此同时,海外华侨华人在各领域的发展也出现了一些新的趋势。

第一节　人口与分布

2010年,世界华侨华人人口依然保持平稳增长态势。然而,近年来以专业精英及富裕阶层人士为主的中国大陆投资移民增多,美国、加拿大、澳大利亚等国家正成为他们投资移民的目标国家。全球性金融危机从两方面助推了中国富人赴美、加、澳等国投资浪潮的形成,一是美国等国企业普遍面临资金匮乏的问题,各国政府希望吸引更多的外资刺激经济发展、缓解失业率居高不下的状况。二是中国大陆充裕的民间资金需要寻求更多投资目标,因此中国企业家直接到国外收购和投资各类优质价廉资产的需求旺盛,而人民币升值给中国富裕阶层人士带来了更强的财富效应促进了私人对外投资的持续增长。申请条件相对宽松的投资移民签证自然得到更多中国企业家的青睐。加拿大移民局数据显示,2009年度加拿大共吸收2 055

名全球投资移民,中国大陆投资移民就占了 1 000 人。

与此同时,随着中国经济的发展,也吸引了很多已加入外国国籍或取得永久居留权的华侨华人回流到中国工作或生活。加拿大亚太基金会发表的《加拿大与中国人才流动报告》指出,随着中国经济发展,吸引了很多已取得加拿大公民资格或永久居留权的中国移民回流。在中国大陆及香港居住的加拿大人,已达到 25 万至 30 万人,其中高学历者占大多数。

此外,中国大陆各类留学生也继续保持高增长态势。在 2009—2010 学年中,美国高等教育机构中的中国学生人数从 9.8 万多人增至 12.7 万多人,比上学年增加了 20%,占所有外国留学生总数的18.5%。中国已超越印度成为留美学生最多的国家。美国商务部认为,外国留学生每年的学费、住宿和伙食费以及其他费用给美国经济贡献了 200 亿美元。[①] 教育已成为排在航天、影视、军火和汽车等行业之后美国第五位的出口创收行业。英国持有学生签证的中国留学生也有 8.5 万人左右,其中就读语言或一般的非大学程度课程的中国留学生有 2 万人左右。中国在德国在读的留学生人数有 3.5 万人左右,在澳大利亚的各类中国留学生增至 7 万多人,在日本的中国留学生为 8.6 万人,在韩国的中国留学生也已超过 6 万人。

根据新加坡 2010 年人口普查数据,截至 2010 年 6 月,新加坡人口总数为 507.67 万人。其中,377.17 万为公民和永久居民,其余130.5 万为暂住的外国居民。华族占新加坡公民和永久居民比例为74.1%,有 279.4 万人,出生于中国大陆、香港和澳门的有 17.52 万人。[②] 如假定暂住居民中华人的比例与公民和永久居民种族比例相当,则新加坡的华侨华人总数约为 376.18 万人。

---

① 《中国新一轮留学潮提出新问题》,[美国]《侨报》,2010 年 11 月 18 日。

② Department of Statistics,Singapore,*Census of Population* 2010:*Advance Census Rellease*,August 2010,p. 5,新加坡统计局网站,http://www.singstat. gov. sg/pubn/popn/c2010acr. pdf。

根据马来西亚 2010 年人口及房屋普查数据,2010 年马来西亚人口总数为 2 833.41 万人。其中,91.8%为马来西亚公民,其余 8.2%为非公民。在马来西亚公民人口中,67.4%是土著公民,华族占 24.6%,印度族占 7.3%,其他族裔占 0.7%。① 假定马来西亚非公民中华人的比例与公民种族比例相当,则马来西亚的华侨华人总数约为 697.02 万人。

截至 2010 年年底,在日外国人达 2 134 151 人,比 2009 年年底减少了 51 970 人,占日本总人口的 1.67%。但在日中国人登记者达 687 156 人,比 2009 年年底增加 6 638 人,占在日全体外国人登记者总数的 32.2%。在日中国人已连续四年超过在日韩国人和朝鲜人的数量,跃居外国人榜首。此外,2010 年,有 4 816 名华人取得日本国籍,已取得日本国籍的华人总数达 120 343 人。② 在日本的中国人高度聚居在东京首都圈,中国人住民高达 314 142 人,占在日中国人登记总数的 45.72%。东京都已经涌现出了丰岛区、新宿区、江户川区和江东区 4 个万人华人社区。

截至 2010 年年底,在韩国居住的外籍居民有 1 139 283 人,中国人最多,已达 636 500 人,占在韩外籍居民的 55.9%。1991—2010 年间,加入韩国国籍的中国人共有 79 163 人,占加入韩国国籍外国人总数的 79%。③

根据美国人口普查局 2010 年人口普查的数据,2010 年美国常住人口中,华人人口已达到 4 010 114 人,是亚裔中人口最多的少数族裔。与 2000 年人口普查时的华人人口 2 865 232 人相比,增长了

① Department of Statistics,Malaysia,*Population Distribution and Basic Demographic Characteristics* 2010,July 2011,p.11,马来西亚国家统计局网站,http://www.statistics.gov.my/portal。

② 日本法务省入国管理局编:《2011 年出入国管理》(日语版),2011 年 11 月,第 19~20 页。

③ 《我(韩)国入籍者人数突破十万人大关》,[韩国]韩联网,2011 年 1 月 24 日。

40.0%。在美国华人中,单一血统的华人占 83.5% 左右,达 3 347 229 人。[1] 按移民出生地统计,2010 年出生于中国大陆获得绿卡者人数为 70 863 人,出生于中国香港获得绿卡者为 2 432 人,出生于中国台湾获得绿卡者为 6 732 人。出生于中国大陆的绿卡持有者中有 33 969 人加入美国国籍,入籍的中国台湾移民为 5 621 人,入籍的中国香港移民 2 198 人,[2]三者合计共有 41 788 名华人加入美国国籍。

根据加拿大联邦统计局公布的一项与华人社区有关的统计数据,2010 年加拿大共有 130 万华裔人口,约占全国总人口的 4.3%。在加拿大,华语是英法两种官方语言以外最多人使用的语言。另据加拿大联邦公民及移民部的统计数据,按移民来源地统计,2010 年,来自中国大陆的永久居留权获得者 30 195 人,占全体永久居留权获得者总数的 10.8%,仅次于菲律宾,居加拿大移民来源地的第二位。来自中国台湾的永久居留权获得者 2 761 人,来自中国香港的永久居留权获得者 790 人。

根据澳大利亚公民及移民部公布的统计资料,截至 2010 年 6 月 30 日,出生于中国大陆的华人有 379 780 人,出生于中国香港的华人有 90 300 人,出生于中国台湾的华人有 38 030 人。[3] 出生于中国大陆、香港和台湾地区的新移民比 2006 年人口普查时的人数又有显著增加。按移民出生地统计,2009—2010 年度出生于中国大陆获得永久居留权者人数为 25 366 人,出生于中国香港获得永久居留权者为

---

① Elizabeth M. Hoeffel, Sonya Rastogi, Myoung Ouk Kim, and Hasan Shahid, *The Asian Population*: 2010, March 2012, 美国人口普查局网站, http://www. census. gov/2010census/data/。

② U. S. Department of Homeland Security, *Yearbook of Immigration Statistics*: 2010, 美国国安部网站, http://www. dhs. gov/xlibrary/assets/statistics/yearbook/2010。

③ 澳大利亚公民及移民部网站, http://www. immi. gov. au/media/statistics。

1 541 人,出生于中国澳门获得永久居留权者为 44 人,出生于中国台湾获得永久居留权者为 1 040 人。[①] 有 10 951 名来自中国大陆的华人加入澳大利亚国籍,来自香港地区的有 2 470 人,来自澳门地区的有 72 人,来自台湾地区的有 1 029 人。[②]

根据英国内政部公布的移民统计数据,2010 年度,有 14 616 名中国大陆移民获得英国移民签证,586 名中国香港移民、281 名中国台湾移民获得英国移民签证。有 7 581 名中国大陆移民加入英国国籍,2 029 名中国香港地区移民加入英国国籍,216 名中国台湾地区移民加入英国国籍。近两年来,中国大陆新移民加入英国国籍者人数显著增加。

第二节　经济事业

近年来华侨华人社会的整体经济实力进一步增强,海外华商成为世界经济中的一支日益活跃的力量。其中,代表华人资本雄厚实力的东南亚地区华人企业经过转型升级,已逐渐摆脱亚洲金融危机的阴影,重现活力。集中了大批高科技人才的北美地区华侨华人高科技企业成长迅速,潜力巨大。欧洲等地区众多华侨华人中小企业的资本积累已初步完成,正在向多元化经营迈进。中国以外的华侨华人经济资源,一直是华侨华人研究的热点。尤其是对华商资产总额的估算,一直是研究华侨华人经济活动及其与中国关系的重要课题。

厦门大学庄国土教授主持的 2009—2010 年国务院侨办重点课

[①]　澳大利亚公民及移民部网站,http://www.immi.gov.au/media/statistics。

[②]　Australian Government, *Department of Immigration and Citizenship Annual Report* 2009－10,Oct. 20, 2010, http://www.immi.gov.au/about/reports/annual/2009－10。

题"华侨华人经济资源研究——以华商资产估算为重点",通过对大华商最为集中的前东盟五国华商中小企业的研究(以新加坡和泰国为例),提出即使是在大华商集中的地区,华商中小企业资产也应当占华商资产总额的 30%～50%的实证依据。在其他地区,中小企业可能是华商的主体。

鉴于东南亚华商企业资产约占全球华商(不包括中国大陆、港澳台)75%以上,该研究课题将东南亚华商资产估算作为重点。对东南亚华商的资产估算的总体思路大致是:以国别为基本单位,先后对东南亚各国的华人大型企业资产、华人中小企业资产进行估算,此外还对各国外来华资情况进行考量。① 初步研究结论为:东南亚华商的资产约 15 051 亿美元。其中,华商大企业的资产 9 506 亿美元,中小企业 3 994 亿美元,外来华资 1 557 亿美元。由于各国的中小企业的数据不全,该部分可能低估或大大低估。如以国别分,则新加坡为5 986 亿美元(占 39.77%)、泰国3 853 亿美元(占 25.6%)、马来西亚1 812 亿美元(占12.04%)、印度尼西亚1 866 亿美元(占 12.4%)、菲律宾 797 亿美元(占 5.3%)。东南亚五国占据东南亚华商资产的95%。即使扣除大陆华资的 77.85 亿美元,也在 1.49 万亿以上。由于对后东盟五国的数据掌握不够,只能依靠现有资料估算,对后五国估计应当远低于实际数额。但后东盟五国的华商实力较小,虽然低估,对东南亚十国华商资产总额的影响不大。东南亚华侨华人数量占世界华侨华人人口的 73.5%,如以其他地区的华商人均资产如东南亚华侨华人,则港台和东南亚以外的世界华商,其资产总额应在5 500 亿美元左右。东南亚与其他地区的华商资产当在 2 万亿美元

① 本课题所关注的外来华商群体,指具有中国国籍或华裔血统、活跃在世界经济舞台上的商人群体,包括港澳商人、台湾商人以及遍布世界各地的华侨华人中从事商业活动者。从中国大陆走出去,正活跃在国际经济舞台上的中国大陆商人,也在此研究之列。至于中国大陆国有企业的在外投资是否属于华商,则须专门厘清。

以上。加上港台地区,中国大陆以外的"世界华商"资产总额当接近5 万亿美元。①

海外华商敢冒风险、勤劳肯干、善于经营,经济事业得到了较快发展。但也存在部分华商采取灰色清关、贿赂官员、偷税漏税、假冒伪劣、雇用黑工、不讲诚信等不正当竞争手段,对当地同业构成比较严重的冲击,也加剧了华商与住在国政府和民众的矛盾。可喜的是,大多数华商奉公守法、依法经营,并逐渐为当地社会所认同。2010年2 月2 日,由法国华商黄学胜创办的欧华集团在巴黎泛欧交易所创业板成功上市,成为当地登陆交易所创业板的首家华人企业。

为了庆祝欧华集团上市,泛欧交易所在交易大厅举行了敲钟仪式。当地时间9 时整,欧交所欧洲市场总监马克·勒菲弗、欧华集团总裁黄学胜,以及中国驻法国大使馆公使刘海星等共同敲响了象征开盘的钟声。

在随后举行的新闻发布会上,勒菲弗用中文"你好"和"欢迎"对欧华集团的加入送上了祝福。他说,作为世界上最重要、最有活力的交易所之一,泛欧交易所吸引了世界各地的企业来此上市。交易所的创业板主要为中小企业提供机会,泛欧交易所为能陪伴欧华集团共同发展感到高兴。黄学胜表示,欧华集团从零售店发展到拥有一定实力的地产集团,无论是作为集团总裁,还是作为中国人,他都倍感自豪。黄学胜说,中国的强大为其事业的发展创造了条件,他相信华人企业必能在欧洲闯出一片天地。

欧华集团的上市可以对在法、在欧的华人企业起到示范作用,证明华商在法国、在欧洲的经商日益规范,华商的形象得到改善,而法国等欧洲国家不能再以"灰色经营"为借口打压华商,因此其象征意义比欧华集团上市带来的经济及社会影响更为广大。

---

① 庄国土教授主持《华侨华人经济资源研究——以华商资产估算为重点》课题研究报告,未刊,2010 年11 月。本书所引王晓东、黄兴华、何启才、王艳、阳阳诸君研究成果均引自该报告。

第三节 参选参政

随着华侨华人人数的增多、实力的增强,以及华侨华人自身的努力,对融入与回馈当地社会及提升自我政治地位的认识也越来越深刻。积极参政议政,不仅是老一辈华人争取合法权益的斗争利器,更是年轻华裔实现自身价值的选择之一。尤其值得关注的是,第二代华人移民大多受到多元文化的熏陶,兼具中外视野,在政治事务中具有得天独厚的优势,开始崭露头角。海外华人屡屡问鼎各国政坛高位,不仅展示出其参政意愿的提升,而且其贡献及能力也渐获主流选民的认可。

2010年海外华人参选参政继续取得进展,出任各级众议员、参议员、行政官员的华人越来越多,还有许多华人当选为市长等职务。3月26日,华人黄严辉当选为菲律宾国会众议员。6月5日,莲舫成为日本最年轻且是第一位华裔内阁阁员,担任行政革新大臣。8月5日,菲律宾总统阿基诺委任华人律师及计算机专家埃万·约翰·黄(音)为信息和通讯科技署署长。9月11日,澳大利亚总理吉拉德宣布新内阁名单,前气候变化部华人女部长黄英贤将出任财政部长。9月14日,秘鲁总统阿兰·加西亚改组内阁,宣布由华裔教育部长何塞·安东尼奥·陈接任总理。同时,在地方选举中华人亦表现出色。在加拿大,2010年参加大多伦多地区市长、市议员,以及教育委员竞选的华裔人士至少有41人。7月份,菲律宾中吕宋蜂雅丝兰省拉古坂市华人社会"三喜临门":林国民先生当选为拉古坂市市长;林瑛瑛女士蝉联拉古坂市副市长;黄书达先生荣膺蜂雅丝兰省省议员,创下华人精英参政议政的辉煌成绩。

2010年5月22日,由于夏威夷原任众议员艾伯可伦辞职转而竞逐州长,夏威夷州第一选区国会众议员举行特别选举。最终投票结果显示,共和党籍的檀香山市议员周永康以39.4%的得票率战胜两位民主党籍对手,成为近20年来夏威夷州首位共和党籍国会众议员。5月25日下午,美国第三位华裔国会众议员周永康在众议长佩洛西的主持下,宣誓就职。周永康宣誓就职后成为美国第三位华裔国会议员,另两位分别是俄勒冈州国会众议员吴振伟和加州国会众议员赵美心。在11月的美国中期选举中,赵美心和吴振伟获选连任。但遗憾的是,周永康最终不敌民主党对手,失去众议员席位。然而,就任仅5个多月的周永康,失败固然可惜,但根据当时当地的特殊情况和周永康的努力,也属虽败犹荣。特别值得一提的是,在这次中期选举中,61岁的美籍华人关丽珍当选为加利福尼亚州奥克兰市下一任市长,成为该市的首位女市长,同时也是首位担任美国大都市市长的亚裔美国人。

在2010年5月6日的英国国会选举中,包括移民自中国大陆的国会议员候选人吴克刚在内,共有8名华人候选人参选。尽管8名候选人在这次英国大选中均告败选,但已取得了不少进步,在很大程度上改变了英国社会对华人的看法。其中李沛腾、凌家辉和李泽文的票数在10 000至11 200票之间,其他华人候选人的票数从1 300至7 000票不等。华人候选人的参选旅程,更有诸多可圈可点之处。参选者所表达的政治理念,已不仅仅局限于华社利益;竞选手法更成熟;参选者更多赢得党内实力人物的力挺;华人投票率也较往届大选增多,显示华人参政意识整体性的增强。

然而,海外华人参选参政也并非一片坦途。2010年6月是印度尼西亚苏门答腊岛地方选举的月份,其中华人人口密集的棉兰市长选举更是受到印度尼西亚华人社会的广泛关注。印度尼西亚华人候选人陈金扬在棉兰市长选举中进入了第二轮,但因政客操纵种族议题、华人不愿投票等原因而落败。

由于人口比例及国情的限制,印度尼西亚华人长期以来对政治避而远之,而把时间与精力全情投注于经济事业。实行专政统治的苏哈托在1998年亚洲金融风暴冲击下退位后,其继任者打开了被封闭32年的民主空间,被压制至几乎窒息的华人在呼吸到新鲜的民主空气后开始苏醒,除了积极恢复华文的学习外,许多华人纷纷参政,希望能在政治上有所突破。然而,由于华人只占印度尼西亚总人口的4％,比例较低,加上华人社会内部不团结,喜欢各立门派等因素,因此选举成绩不够理想。在目前印度尼西亚内阁中,只有商务部长冯慧兰是华人。

除积极参与投票竞选外,海外华人还通过种种努力,以各种方式提升华人的社会政治地位,面对不公平待遇,也以合理方式维护自身合法权益。阿根廷华人超市公会自2004年4月伊始就积极参政议政,并主动与阿根廷政府以及当地主流媒体打交道,共同维护自身利益以增加自身话语权。阿根廷发生金融危机后,华人超市公会与阿政府率先达成协议,最先执行主要商品降价限价政策。为此,时任阿根廷总统基什内尔两次在总统府接见华人超市公会的代表。这一协议的签订迫使其他大型零售集团也不得不与政府签订了相似的协议,阿根廷物价因此得到了平抑。面对某国际知名连锁超市在媒体上播放歧视华人及华人超市的广告,公会主席陈大明带领公会第一时间向阿根廷消费者保护协会以及阿根廷公平竞争秘书处提出书面投诉,最终该连锁超市被迫退让。

6月20日,近3万名法国华侨华人在巴黎美丽城街区举行了以"反暴力、要安全"为主题的大规模游行示威。这是法国华侨华人历史上首次举行针对法国社会问题的大游行,在当地引起了较大反响。除了法国主流媒体给予极大关注外,当地政府对这次游行也表示支持。

法国华侨华人会主席、游行总负责人陈胜武认为,这次游行集结了30多个华人华侨社团,来参加游行的不仅有华人社团代表、华商和留学生,还有一些法国人和其他族裔的人士。游行可以说是非常成功,华人终于团结起来,勇敢地面对现实,保护自身权益。

随后,与美丽城相关的巴黎市4个区政府于6月22日宣布,将设立一个"指导委员会",负责治理美丽城街区的治安不良问题。这是大游行后,法国官方公开宣布采取的第一项措施。4个区的区政府当天发表的一份共同声明表示:"为了最好地回应居民的期待,决定设立一个和美丽城相关的四区政府之间的指导委员会,以确保就治安问题采取协调的行动。"6月25日,巴黎警方高层邀请华人华侨代表举行长达3小时的座谈会,就改善巴黎尤其是美丽城地区的治安问题直接与华人对话。警方方面出席座谈会的有10多名高级警官,包括巴黎警察局局长米雪勒·古宕,该局有关部门负责人及涉及美丽城的4个区的警察分局局长。华人方面出席的有20余名代表,包括法国华人社团的负责人、华人游行组委会成员和青年华人代表等。古宕表示,警方将在会后很好地研究华人居民反映的意见和建议,并采取措施,改善美丽城等地区的治安,还将以各种不同方式,加强与华人社团和居民的沟通和联系。

海外华侨华人在融入与回馈当地社会,捐资救灾,从事慈善事业等方面表现得越来越积极,也得到了当地社会的充分肯定。例如,南非华侨华人通过帮助当地贫困人口,赢得了当地人的赞赏,从而在当地建立良好口碑。南非华侨华人每年都会在约翰内斯堡北部亚历山大区开展捐赠物品献爱心活动,向当地300户贫困居民家庭捐赠食用油、面粉、糖、棉被、衣服等日常生活物品,并向当地小学捐款。2010年2月,智利发生大地震。智利中国和平促进会副会长郁飞和许敬言,第一时间带着价值数万美元的救灾物资,驱车30多个小时送往重灾区。受灾民众激动且意外,没想到第一个赶来援助的竟是中国人。此后,智利华商总会也迅速组织侨胞参与援助。华侨华人急公好义的表现,受到智利上至总统、下至普通民众的称赞。

海外华人在融入当地社会、积极从事慈善事业、致力于服务社区的努力,也越来越得到所在国的认可。2010年1月21日,美国斯坦福大学亚裔肝脏中心主任苏启深教授获得美国公民及移民服务局颁发的"杰出美国人"荣誉奖。他是继前劳工部长赵小兰及父亲赵锡城、美国陆军首位华裔将军傅履仁、美国退伍军人协会副指挥官黄方(音译)之后的第五位华裔获奖者。5月30日,在加拿大安大略省红十字会举行的年度会议上,担任该机构义工达20年之久的前任会长香港移民陶佳才,被授予了红十字会最高荣誉奖——红十字勋章,成为该奖项设立 26 年以来,加拿大唯一一个被授予该奖项的华裔义工。

第四节　华侨华人社团

20 世纪 80 年代以来,华侨华人传统社团的宗旨、组织和活动方式与以往有了相当大的变化。中国新移民的大规模进入,不但为传统华社注入了新的活力,一定程度上引起传统华社结构的变化。新社团不断涌现,以新移民为主要成员的社团也陆续建立。与此同时,随着全球化趋势的日益增强,华侨华人经济力量的增长,活动领域的拓展,交通通讯更为便捷,世界性与地区性社团也纷纷出现,活动也日益频繁,不断举行各种交流大会等。华侨华人社团在积极促进侨社团结互助的同时,主动充当联系当地政府与各界人士的桥梁,争取与保障当地华侨华人的合法权益。

海外华侨华人社团也日益得到当地国的重视与认可。2010 年 5 月 30 日,法国潮州会馆成立 24 周年。法国总统萨科齐为此专门致信祝贺,并赞扬华人社团为法国社会所作出的贡献。萨科齐在信中说,法国潮州会馆是　个有影响力的华人社团。该社团率领潮州籍乡亲勤奋工作,遵守法律,在融入主流社会等方面做出了积极的贡献。

5 月 7 日,由中国国务院侨办和中国海外交流协会共同主办的"第五届世界华侨华人社团联谊大会"在北京举行,来自世界五大洲近 120 个国家和地区有影响力和代表性的华侨华人社团负责人及国内相关部门负责人约 600 人与会。国务委员戴秉国出席开幕式并致辞。国务院侨办主任李海峰作了题为《携手合作,为建设和谐侨社和谐中国和谐世界做出新贡献》的主题报告。

9 月 21 日,第十一届全球华侨华人促进中国和平统一大会 21 日在香港亚洲国际博览馆拉开帷幕。本届大会是因应两岸关系的新形势、新发展而首次移师香港,大会的主题是"推进和平发展,促进和平统一,实现民族复兴",共有来自 60 多个国家和地区的 1 500 多名代表参会,规模为历届之最。开幕式后,大会还举办了四场论坛,包括"两岸和平发展论坛"、"两岸经贸合作论坛"、"两岸文化教育论坛"及"港台青年交流论坛"。

近些年来,地区性的华侨华人社团也日益活跃,涉及领域、影响力也越来越大。如 2009 年 11 月底刚成立的南部非洲华侨华人工商联合总会,就在 2010 年连续开展了几项活动。2 月 28 日晚,南部非洲华侨华人工商联合总会 2010 年元宵节联欢会在南非约翰内斯堡唐人街唐城大酒店召开。与会者有中国驻约堡总领事馆总领事房利及夫人、副总领事陈泳及夫人、徐德福领事及夫人、左宝良领事及夫人、南非国会议员陈阡蕙女士及林青歆、南部非洲中华福建同乡总会会长李新铸、南部非洲粤港澳总商会会长钟荣恩、南部非洲吉林总商会会长徐长斌、南非紫金会会长岑峰华、南非唐人街管理委员会主任蔡庆、南非黑龙江同乡会会长陈连战和马荣业及吴少康夫人等。9 月 25 日晚,由南部非洲华侨华人工商联合总会承办的"南非华侨华人庆祝中华人民共和国成立六十一周年晚会"在南非约翰内斯堡嘉年华休闲娱乐中心剧场隆重举行。中国驻南非大使钟建华、驻约翰内斯堡总领事李江宁、约翰内斯堡市议员孙耀亨,以及来自南非各界的华侨华人代表和南非友好人士 900 余人出席了庆祝晚会。庆祝晚会上,南非警察军乐团演奏了中国国歌,福建省芳华越剧团献上了精彩的文艺表演。

传统华侨华人社团面对成员趋于老龄化,新鲜血液不足,社团后继无人等问题,也积极寻求对策。如为了补充新鲜血液,很多华侨华人社团已把吸引青少年和新移民、培养新人作为重点,纷纷成立青年团(部、组),培养和发展新生力量。职能转向社会服务,贴近社会与侨胞。适应社会发展的职能转变,既是华侨华人社团万变不离其宗的服务宗旨体现,也是侨团发展的根基。此外,华侨华人社团管理也更趋科学化、民主化,开始采用信息技术和现代管理方法来管理会务。一些华侨华人社团还根据实际情况分别设立了面向专业人士、新移民及非华语教育背景人士的组织。华侨华人社团管理的不断完善，提高了自身的凝聚力和影响力，其职能也得以有效地发挥。华侨华人社团的自身发展和革新有利于在社团内部和社团之间建立起协调合作的有效机制，有利于维护华侨华人合法权益、实现共同发展的目标。

新加坡宗乡总会历来重视促进新移民与新加坡本地华人的相互了解，协助新移民尽快融入新加坡社会。宗乡总会在举办各项活动时，都会邀请新移民社团参与。2010年3月13日，为了加强各会员团体间的联系、促进相互交流，新加坡宗乡总会举办了"圆融——宗乡总会之夜2010"活动，邀请了属下会员团体与新移民组织（包括天府会、天津会、华源会、九龙会、新加坡中国学者学生联合会）的领导出席，在轻松愉快的气氛下共庆新春佳节。三巴旺集选区议员李玉云律师受邀担任当晚的主宾，与超过130个社团组织的领导，近400人相聚一堂，共襄盛事。这是宗乡总会第一次举办会员之夜，也是宗乡总会25周年的首个庆祝活动。此届的主题名为"圆融"，意旨圆满、融洽，也是宗乡总会对华社的期望，希望事事顺利、人与人之间相处融洽，团结一致。

除华侨华人传统社团积极组织各种活动外，新生代与新移民社团越来越活跃，在当地华侨华人社会中的影响力也越来越大，覆盖领域也更广，并且体现出自身的特点。比如更重视自身专业的运用，更注重融入当地社会，对中华文化传承也表现出了较大的热情。大量新华侨华人社团纷纷成立，蓬勃发展，数量和实力都在上升，已逐渐成为侨社的主流。特别是一些专业性社团和校友会等，成员年轻而活跃，知识水平高，无论在华侨华人社会还是在当地主流社会，影响力都日渐增强。

5月16日，鉴于加拿大多伦多地区出现多起金融投资诈骗案导致华人投资者损失惨重，加拿大华人理财顾问协会正式成立，该协会成立是为促进业界合作竞争，维护华人合法权益。咸生林任创会会长，王智任该协会副会长兼秘书处处长。

5 月 29 日,吉林大学日本校友会在东京正式成立。在日新华侨华人校友会已经较深入地融入日本主流社会。与传统社团的老华侨有所不同,在日新华侨华人校友由于文化层次相对较高,比较容易接受不同背景的文化,迅速在异国他乡扎根并崛起,不少人已经在日本政治、文化、科教、外交、金融各个领域崭露头角,取得相当的成就,拥有较高的社会地位。因此,校友会将有利于促进政治上有影响、社会上有地位、经济上有实力、学术上有造诣的"四种"校友不断出现,为新华侨华人社会注入了新的活力。

9 月 8 日,美国福建公所二十周年庆典暨第十一届职员就职典礼在纽约隆重举行。中国驻纽约总领馆赵克玉总领事、中国常驻联合国代表团参赞、福建省人民政府顾问赵新力博士、纽约州主计长刘醇逸先生等应邀出席了大会,国务院侨办、全国政协、中华海外联谊会、福建省人大华侨委、福建省外办、福建省侨办等国家部委和有关省市自治区统战、侨务部门、家乡政府等近 50 个部门和单位向大会发了贺信、贺电。

第五节　文教科技

海外华侨华人在文教科技领域人才辈出,实力超群。从 1978 年到 2010 年年底,中国大陆各类出国留学人员总数达到 190.54 万人。仅 2010 年度年出国留学规模就超过 20 万,达到了 28.47 万人,比上一年度增长了 24%,中国已经成为了世界上最大的留学生生源国。在主要留学人员派出国家中,中国留学生数高居榜首,2010 年中国超越印度成为赴美留学人数最多的国家。此外根据美国、加拿大、俄罗斯等国家的统计,中国已经成为赴这些国家留学生的最大生源国。截至 2010 年年底,中国以留学身份出国,在外的留学人员有 127.32 万人,其中 94.64 万人正在国外进行专科、本科、硕士、博士等阶段的学习以及从事博士后研究或学术访问等。另有近 33 万人学成后留在国外发展。① 加上中国香港、台湾地区等留学未归者 50 万以上，仅来自中国两岸三地的海外专业人才就达 170 万以上。上百万海外华人科技人才群体，集中分布在美国、澳大利亚、日本、英国、韩国、加拿大、新加坡、法国、德国和俄罗斯等 10 个国家，他们中大多数人具有硕士或博士学位，具有雄厚的科技实力。

近年来，全球性华人社会间的专业人才资源的重新配置，越来越多地流向东亚华人区。东亚各华人区为北美、欧洲提供潜在人才，北美、欧洲华侨华人的科技和教育成果，越来越迅速涌向东亚各华人区，尤其是涌入中国大陆。"世界华人科技网络"正在形成。与此同时，海外华人科技人才与出国留学人员努力地学习和工作，广泛参与国际交流与合作，在学习掌握先进科技技术的同时，也为提升国家软实力、传播中华文化、增进世界各国人民对中国的了解和友谊发挥着重要的作用。

海外华人科技人才在国际科技界的影响力不断提升，在各类专业领域中都有许多杰出的华人科技人才因为科研能力突出而被委以重任。海外华人科技人才中出现了一大批成就卓著的科技精英，包括一批诺贝尔科学奖获得者、各国科学院和工程院院士以及相当规模的华人科技精英在所在国乃至国际上某些学科领域影响较大。海外华人科学家凭借自身勤奋努力和国外优越的科研环境，创造出一大批重大科技成果。

2010 年，海外华人科学家获得的科学奖项及荣誉，如分别有三位华裔教授当选为美国国家科学院、美国国家工程院院士。两位华人科学家余光超和乐晓春入选为加拿大皇家学会院士。国际著名食品工程专家，爱尔兰国立都柏林大学终身教授华人孙大文当选为爱尔兰皇家科学院院士。南非开普半岛科技大学校务委员孙博华教授在 2010 年举行的南非科学院院士遴选中获得院士称号，并于同年入

① 《2010 年我国出国留学人数和留学回国人数双增长》，中国中央政府门户网站，http://www.gov.cn，2011 年 3 月 2 日。

选为南非皇家学会会员。美国华裔女建筑师林璎在白宫获奥巴马总统颁发的 2009 年国家艺术奖章。美国土木工程师学会在华盛顿向著名华裔桥梁专家、美国国家工程学院院士邓文中颁发终身成就奖。美国威斯康星大学麦迪逊分校刘征宇教授当选为美国地球物理学会会士。在日华人材料及计算机模拟技术专家辛平博士，通过了日本机械学会"计算力学技术者"最高级资格——上级分析家的资格认定，成为当时日本全国拥有该资格的 19 人之一，也成为第一个获得该资格的在日中国人。加拿大滑铁卢大学计算机学院李明教授获得有"加拿大诺贝尔奖"之称的国家最高科学奖"基廉奖"。5 名华裔学者获得美国 2010 年青年科学家总统奖等。

海外华人在文化、艺术、教育等领域也同样取得了丰硕的成果。如旅日文学博士杨凯荣成为日本著名学府东京大学首位华人教授。来自雪兰莪梳邦的华文小学教师刘洁莉获得马来西亚教师节"学前班杰出教师"冠军奖。马来西亚新闻协会颁发马来西亚新闻事业最高荣誉奖"国家报人奖"予星洲媒体集团董事经理兼集团编务总监刘鉴铨，打破了该奖项由马来文或英文报章所垄断的局面。陆道逵成为美国马里兰大学创校 150 年来首位华裔校长。吴华扬就任加州大学黑丝汀法学院院长之职，成为加州史上首位担任法学院院长的亚裔。新西兰奥克兰大学政治学系华裔学者杨健博士被任命为该校文学院副院长。此外，旅日中国诗人田原的日语诗集获得日本最具权威的现代诗歌 H 氏奖，成为该奖首个中国获奖者。华裔儿童文学作家施李冰仪获美国国会图书馆选为杰出亚太裔作家。来自中国大陆的华裔女作家李翊云获得美国著名的麦克阿瑟基金会颁发的 2010 年度麦克阿瑟天才奖。旅法中国学者、法国阿尔图大学外国语言文学系副教授李晓红荣获法兰西功勋与奉献学会颁发的"法兰西功勋与奉献"金质奖章等。

近些年来，海外华侨华人社会越来越重视自身历史演变与文化事业的发展。2010 年 1 月，继全面考察在日华人社会面貌和发展历程的《在日华人白皮书（2007）》之后，中文导报出版社又推出了《在日华人白皮书（2008—2009）》。《在日华人白皮书（2008—2009）》通过天地巨变、冰火两重天的 2008 年和抗击金融风暴、重现经济复苏的 2009 年，记载了在日华人社会的奋进与发展，见证了在日华人社会与时代同步的最新轨迹。由法国欧华历史学会会长叶星球和法国齐鲁协会会长江敬世撰著、巴黎太平洋出版社出版的一部从多角度、多领域记述一战时期法国华工历史的中文著作《法国一战老华工纪实》在巴黎出版发行。新加坡美都出版社隆重推出了《有阳光的地方就有华人》一书。澳大利亚澳中文化基金会成立，筹建澳洲华人文史博物馆。全加华人联会也积极筹建加拿大华人历史博物馆。

随着中国社会经济持续快速的发展、对外交流的日益广泛、国际地位的不断提高以及世界其他地区众多华裔精英在各领域的杰出表现，中华文化的价值也日益凸显，中文的国际地位大大提高。世界各国对汉语学习的需求与日俱增，汉语正成为国际化程度发展最快的语言，世界范围内出现了华文教育热、汉语热。

与此同时，国务院侨办以及中国华文教育基金会等有关部门长期以来大力支持海外华侨华人克服种种困难在各国兴办华文教育，在传播中华文化、帮助当地民众了解中国、增进民间友好、促进中外经济文化交流等方面，发挥着越来越大的作用。海外华文教育事业对中华文化薪火相传，以及华侨华人在住在国的发展、世界各国优秀文化之间的交流等，具有重要的战略意义。国务院侨办每年通过向海外输送中文教材、远程中文教育、华文师资培训、夏令营等方式支持海外华文教育，并得到了海内外许多有识之士的支持。中国华文教育基金会也积极策划和实施了若干各具特色的华文教育项目，使海外近万名华裔师生受益，为推动海外华文教育发展发挥了积极的补充作用。

海外华侨华人也较以往更加关心、关注和支持海外华文教育的发展。海外华文教育被海外华侨华人社会誉为"留根工程"，当作继承优良传统、提高后代素质、参与时代竞争的"海外希望工程"。随着中国的日益强大和国际地位的不断提高，办好华文教育成为当今海外华侨华人社会最根本、最迫切的要求。华侨华人社会捐资助学，兴办华文教育的热情更是空前的高涨。

2010 年 4 月 3 日上午，日本著名侨校横滨山手中华学校充满了喜庆气氛。来自日本各地的华侨华人团体代表、当地日本各界人士和华侨学生家长共 700 多人齐聚一堂，喜庆该校新校舍启用。横滨山手中华学校始建于 1898 年，是日本历史最悠久的侨校之一。2008 年，中国国家主席胡锦涛访日期间曾参访这所学校。该校此前使用的旧校舍建于 20 世纪 60 年代，由于建筑设施限制，已难以满足华侨华人子女教育需求。当地华侨华人社团多方募集资金，为学校新建了一座设施完善、规模较大的新校舍。

在新校舍建设过程中，日本华侨华人社会表现了对华文教育的巨大热情。山手中华学校扩建委员会在 2009 年向华侨华人社会发出募捐倡议后，得到了侨团侨社和个人的积极响应。除横滨华侨华人慷慨捐资外，来自关东地区和全日本的华侨华人也纷纷解囊，共同为华人社会的希望工程和百年事业提供资助，奉献心力。统计数据显示，自 2009 年 3 月 2 日学校建设开工以来，截至 2010 年 3 月 26 日，校方总共收到各类捐款协议 815 件，总额达 504 890 454 日元。其中，社团法人广东同乡会在学校扩建之初就慷慨解囊，最早与校方签约，认捐 2 100 万日元，领风气之先。与侨团社团的积极支持相比，更多来自华侨华人的个人捐款聚沙成塔，显得难能可贵。在捐款超过 1 000 万日元的名单中，既有成长在横滨的华人后裔，也有中日建交后赴日本留学、创业的新华侨。[①]

自 2001 年以来，菲律宾陈永栽博士已连续 10 年共资助组织 6 621 名菲律宾华裔学生回祖籍地福建参加为期 50 天的学习中文夏令营。此外，陈永栽博士还始终支持华侨大学在菲律宾举办"中华文化大乐园"夏令营，成为了海外华文教育模式创新的典范。同时，还

---

① 孙辉：《日本华侨华人捐款逾 5 亿，百年侨校揭开华教新序幕》，中国新闻网，http://www.chinanews.com，2010 年 4 月 6 日。

赞助菲律宾华文教育研究中心华语教学师资队伍"造血计划"42人赴华留学,其中,已经有21人学成回校任教。

第六节　关注国内

　　海外华侨华人是实现中华民族伟大复兴的重要资源和独特优势,为中国的改革开放和现代化建设事业作出了重要贡献。海外华侨华人历来关心中国经济社会的发展,是中国扩大对外开放、全面建设小康社会的积极参与者;是遏制"台独"等分裂势力、实现中国统一大业的积极促进者。同时,海外华侨华人热心于各项公益事业,积极参与上海世博会等重大活动。30多年来,海外华侨华人科技专业人才和留学人才纷纷回国(来华)进行各类专业交流与合作,创办高新技术企业,成为活跃的新一代科技型企业家,为国内高新科技的发展和创新型国家的建设提供了有力的人才和技术支持。2006—2010年五年间,仅国务院侨办和省一级侨办就促成合同利用侨资195亿多美元。海外侨胞捐赠国内公益事业善款达100多亿元,其中仅捐赠汶川、玉树等地震灾区各类善款就达17亿元。海外侨胞还积极参与新农村建设,落实各类项目1864个,组建了1715个结队帮扶村,惠及农民群众700多万人。①

　　多年来,每逢国内发生严重自然灾害,广大海外侨胞总是第一时间伸出援助之手,与灾区人民共呼吸、共命运,充分体现了血浓于水的赤子深情,并以实际行动为支援抗灾救灾作出了突出贡献。

　　我国青海省玉树县2010年4月14日发生7.1级大地震后,地震的灾情也分分秒秒牵动着全球华侨华人的心,海外侨界社团第一时间积极行动,齐伸援手献出爱心,踊跃为地震灾区募捐善款。阿根廷华人进出口商会在地震发生几小时后就展开募捐,在一天多的时

---

　　①　林文:《侨务工作五年的回顾和展望——访国务院侨务办公室主任李海峰同志》,《侨务工作研究》,2011年第1期,第4页。

间里就募集了 6.8 万比索(约合 1.75 万美元)善款。

　　据不完全统计,截至 5 月 10 日 14 时,部分侨商和海外侨胞通过各种渠道支援玉树地震灾区的捐赠金额已达 22 037 万元人民币,捐赠物资价值 1 100 万元人民币。[①] 其中包括印尼金光纸业联合黄奕聪慈善基金会捐款 2 000 万元人民币;泰国正大集团谢国民董事长捐赠 100 万元人民币和价值 100 万元人民币物资;玖龙纸业(控股)有限公司张茵董事长捐款 500 万元人民币;仙妮蕾德(中国)有限公司捐款 100 万元人民币;上好佳(中国)有限公司捐款 100 万元人民币。个人捐款包括泰国报德善堂主席胡玉麟捐款 400 万泰铢,约合 80 万元人民币;香港同胞黄楚和捐款 15 万元人民币;法国华人进出口商会会长郑品海夫妇捐款 10 万元人民币;匈牙利福清同乡总会会长李宗彬捐款 5 万元人民币等。

　　8 月 7 日,甘肃舟曲发生的特大山洪泥石流灾情牵动着海外华侨华人的心。海外华侨华人以不同方式悼念遇难者。加拿大全加华人联会暨多伦多华人团体联合会十分关注甘肃舟曲灾区同胞,通过中国驻多伦多总领馆转交了慰问信,信中说,惊悉甘肃舟曲遭受特大山洪泥石流灾害,造成重大人员伤亡和经济损失,加拿大华人对此万分关心。中国政府对舟曲灾区采取了迅速有效的救灾措施,我们相信,舟曲人民在中国政府和全国人民的关怀和积极帮助下,必将战胜一切困难,重建美好家园。加拿大全加华人联会与其他华人社团还共同于 8 月 15 日、21 日、29 日举行 3 天救灾筹款,支援灾区人民重建家园。

　　8 月 15 日,塞尔维亚的一些华侨华人和中资机构人员自发停止娱乐活动,以表达对遇难同胞的哀思。约旦华侨华人通过致电、致函等方式向中国政府和人民表示慰问,对泥石流罹难者表示哀悼,对遇难者家属和灾区人民深表同情。柬埔寨华侨华人也纷纷给中国大使

---

　　① 郭芮:《海外华侨华人为青海玉树地震灾区捐款逾 2.2 亿元》,《侨务工作研究》,2010 年第 3 期,第 19 页。

馆打电话,对甘肃舟曲遇难同胞深表哀悼,并表示愿意捐款支持灾区重建。

海外华侨华人还热心于支持文教事业的发展。3月29日,海外侨胞、侨社向中国华文教育基金会捐资仪式在广东省侨办举行。来自葡萄牙的李强、意大利的周钢、澳大利亚的陈有南三位海外侨胞以及匈牙利禅武联盟共同向基金会捐赠26万元人民币。11月30日,澳洲侨团中澳企业家联合会宣布向中国华文教育基金会捐赠900万元人民币,用于支持该基金会开展内容丰富、形式多样的华文教育。2010年,依靠各理事单位的帮助和支持,广泛整合社会资源,在海外华侨华人热心参与下,中国华文教育基金会全年募集资金总额达7 785.8万元人民币。①

上海取得承办2010年世博会的机会,全球海外侨胞无不欢欣鼓舞,并作为历史赋予的机遇和使命,满怀一腔热血以各种方式全力投入到筹办世博会中。广大海外侨胞全力推介和宣传世博,积极组建海外声援团,担当世博民间大使,主动参与和支持世博,纷纷主动出钱出力,鼎力相助。当4月30日晚举世瞩目的上海世博会开幕式的礼花在黄浦江畔美丽绽放之际,广大海外侨胞就满怀激情地与全国人民一起全身心投入到举办好一届精彩、难忘、成功的上海世博会中去。整个世博会期间,超过150万华侨华人参观了上海世博会。

在中国世博会的事业上,一直活跃着华侨华人的身影。在申博过程中,海外华侨华人组建海外声援团,向所在国介绍中国改革开放的成就和上海日新月异的变化。在筹办过程中,广大华侨华人又出钱出力,参与特许品牌、赞助商等市场开发合作的竞标,捐助场馆建设,承担志愿者服务,担当小语种翻译,许多国家和地区的海外侨领还组建世博会推委会,利用身在海外的优势,自觉担任上海世博会的"民间宣传大使",组织各种有效活动,向当地的社团和政府推介上海

① 张冬冬:《中国华文教育基金会全年募集资金7 785.8万元》,中国新闻网,http://www.chinanews.com,2010年12月27日。

世博会。

10 月 1 日 18 时 59 分 57 秒,中国在西昌卫星发射中心用"长征三号丙"运载火箭,将"嫦娥二号"卫星成功送入太空。海外华侨华人及华文媒体在庆祝中华人民共和国成立 61 周年的同时,对此给予高度关注。

海外华侨华人坚决维护祖(籍)国主权,是最积极最热情地促进祖(籍)国统一、反对"台独、藏独、疆独"的支持者。美国政府宣布奥巴马总统将于 2010 年 2 月 18 日在白宫会见达赖喇嘛,此事引起美国各界以及身居美国的广大华侨华人的广泛关注。2 月 12 日美国华盛顿中国和平统一促进会、华盛顿中国统一促进会、乔治·华盛顿大学中国和平统一促进会三个大华盛顿地区的促统会组织联名给美国总统奥巴马写了一封公开信,表达了强烈不满和反对的意见。

8 月 7 日,澳大利亚中国和平统一促进会成立 10 周年庆典辉煌闭幕,ECFA 协议后首次举行的两岸和平发展高峰论坛取得圆满成功。200 名嘉宾欢聚一堂,在祝福声中为盛事欢歌。澳大利亚和统会会长邱维廉表示,澳大利亚和统会经过 10 年不懈努力,在澳洲社团和社会各界的支持下,成为全球华侨华人反独促统的一支重要力量。他感谢这些尽心尽力的爱国人士,众志成城皆为一个目标:中国和平统一。回顾反独促统的 10 年历程,邱维廉感慨表示,澳大利亚和统会促进不同社团之间的理解和沟通,澳大利亚和统会将总结过去,继往开来,快马加鞭继续推动中国和平统一大业。

9 月 7 日上午,日本海上保安厅巡逻船在钓鱼岛附近海域与一艘中国拖网渔船发生碰撞,随后日方对中方渔船实施拦截和扣留。对此,澳大利亚的华侨华人社团表示了强烈的愤慨和严厉的谴责。澳大利亚中国和平统一促进会 10 日在一份声明中说,钓鱼岛及其周围海域自古以来就是中国的固有领土。日前日本保安厅对中国渔船进行扣押,逮捕中国船长,这是对中国领土主权和公民人权的严重侵犯。中国渔船在中国海域捕鱼作业,竟然被日本以国内法来处置,简直荒唐,不可容忍。澳大利亚中国和平统一促进会还对中国派遣渔政执法船前往相关海域表示欢迎和支持,希望事态得到控制,被扣押的中国渔民能尽快得到释放。

在新华侨华人和华裔新生代中有一大批优秀的"高精尖"专业人才,主要集中在北美和西欧等西方发达国家。如在美国320万科学家和工程师当中,华侨华人就占约10%。尤其是中国改革开放后出去的留学人员,经过20多年的拼搏奋斗,大多已学有所专、事业有成、生活稳定,其中许多优秀人才具有强烈的事业心,有回国创业发展的能力和实力。他们在促进中外科技交流合作方面发挥了重要的桥梁纽带作用,同时还积极为中国经济发展、科技进步献计出力,发挥了很好的参谋智囊作用。一批率先行动的华侨华人在国内创办的高科技企业,正在成为推动各地经济结构调整的新的增长点,同时也成为中国自主创新的先锋。[1]

近年来海外华侨华人科技专业人士归国人员日益增多,海外人才回流已呈现明显的加速趋势。他们所取得的成就引人瞩目,华侨华人科技专业人士归国人员已成为中国科技、教育、文化、经济、社会发展的新动力,为中国高新科技的发展和创新型国家的建设提供了有力的人才和技术支撑。从改革开放初期到2010年年底,中国留学回国人员总数已达63.2万人,其中2010年度各类留学回国人员再创新高,总数达13.48万人,比2009年增加2.65万人,增幅达24.7%。[2]

留学回国人员在中国教育、科技、经济、国防和社会发展等领域发挥着重要的作用。部分留学人员成为了各个领域的领军人物和建设创新型国家的重要生力军。据2010年统计,留学回国人员已占国家重点项目学科带头人的72%、两院院士的80%,超过77%的教育部直属高校校长和62%的博士生导师具有留学的经历。在2010年

---

① 许又声:《总结新经验 完善新机制 探讨新举措——在"国外侨务工作经验交流会"上的讲话(摘登)》,《侨务工作研究》,2009年第3期,第7页。

② 冯蕾:《我留学回国人员逾63万》,《光明日报》,2011年4月24日。

度国家自然科学奖获奖人员中,海外归国人员占 37.9%;这一奖项的第一完成人中,海归达 56.7%。截至 2010 年年底入选千人计划的 1 143 名高层次人才中,绝大多数都是留学人员。由留学人员创办的高新技术企业总数超过万家,在全国各地留学人员创业园中,处于孵化阶段的留学人员创业企业也超过了 8 000 家。① 这些企业有力地推动了中国在信息、生物、新材料、新能源、环境保护等领域实现跨越式发展,有效地带动了科技创新和产业结构调整,有力地推动了地方经济发展。

中国政府也不断创新工作机制、优化人才环境,以更加开放的人才政策和前所未有的发展空间广泛吸引海外高层次人才回国创新创业,为中国的经济发展与转型升级提供强有力的人力资源支撑。国家有关部门深入实施留学人员回国工作重点项目,以“千人计划”为核心,着力实施“创业启动支持计划”、“春晖计划”、“海外赤子为国服务行动计划”、“海智计划”等专项计划和广州留交会、大连海创周、南京留交会、山东海洽会等大型留学人员科技交流示范活动,全力支持留学人才回国工作创业。2010 年 6 月国务院发布的《国家中长期人才发展规划纲要(2010—2020)》,再次强调要开发利用国内国际两种人才资源,以高层次人才、高技能人才为重点,统筹推进各类人才队伍建设。在一系列国家政策的刺激下,中国引进人才工作取得了突破性进展。

改革开放初期侨务部门就重视做华人科学家的工作,重视通过华侨华人引荐关键技术,1997 年在全国率先组织海外留学人员回国参观考察,受到国家领导同志的亲切接见。2001 年在全国侨办系统实施“海外人才为国服务计划”,与 200 多个海外华侨华人科技社团建立密切联系。在国家高新技术产业开发区或留学人员创业园中建立了 22 个“国务院侨办引智引资重点联系单位”,引荐华侨华人专业

---

① 《2010 年中国留学市场六大特征》,《中国国门时报》,2011 年 3 月 16 日。

人士上万人次。特别是以"国务院侨办海外专家咨询委员会"为平台,凝聚了一大批华人科学家,50 名委员中有 14 人是外国国家科学院、工程院院士。①

各级地方政府也出台各种创新举措大力开展海外人才引进工作,如北京"海外人才聚集工程"、河南"中原回归计划"、江西"赣鄱英才 555 工程"、广西"八桂学者人才计划"、深圳"孔雀计划"、无锡"530"、杭州"5050"、济南"5150"、苏州"姑苏人才"计划等。一个个地方引才计划的出台和不断完善,为海外高层次人才回国发展创造了更加成熟多样的环境。而海外人才的到来,也为地方发展注入了新鲜活力。2010 年 2 月,福建省委、省政府出台《福建省引进高层次创业创新人才暂行办法》,计划用 5～10 年时间,依托企业、园区、高校、科研和其他事业单位,引进 300 名左右海外高层次创业创新人才。

各地不断探索和尝试新的引进海外人才方式和政策,在引进海外人才竞争中逐渐彰显出"人无我有"的特点,以吸引海外高层次人才归国创新创业,如深圳等地纷纷在国外设立海外人才联络处,希望可以通过这种方式与海外人才建立直接联系,吸引他们回国。常州"海归创业助理"上岗,能有效缓解海归人才"水土不服"问题,加速海归及企业的本土化进程。昆明聘请"引才特使",以才引才,创新引才模式。沈阳"凤来雁归"计划的推出颇有成效,在延揽创新人才的同时,拓展引智空间。衢州设立留学人员和家属俱乐部,大大提高了海外人才返乡积极性。

第七节　困难与隐忧

随着海外华侨华人人数的增长,以及越来越多的中国人走出国门旅游、留学、经商、务工、移民等等,各类涉及华侨华人与中国公民安全的意外事件也时有发生。在世界各国华侨华人地位显著提高的同时，被仇视的现象仍然频现，经常要面对某些对华不友好势力的挑衅。近些年来，有些国家受经济危机的影响，因经济利益、文化冲突等而引起的华侨华人与当地民众的摩擦、冲突现象有所增多。

针对华侨华人和海外中国公民的暴力伤害、抢劫盗窃、敲诈勒索等事件也频繁发生，甚至引发恶性命案。这些案件的发生，主要是由于当地生存环境造成的，如侨居国政局动荡、恐怖活动、治安恶化等造成各种意外伤害事故。但也有一些案件是由于海外中国公民和华侨华人自身的问题所引发，比如，不了解当地法律法规，违法经营而导致劳务纠纷、店铺被查抄；不了解当地风俗习惯或宗教禁忌，造成当地人误会等。

4 月初，吉尔吉斯斯坦爆发的大规模骚乱使当地中国商人损失惨重。幸运的是，抢劫事件只针对商品，遭洗劫的中国商人已被安全转移并得到妥善安置，无当地华侨华人伤亡的报告。6 月 10 日，吉尔吉斯斯坦奥什市再次爆发骚乱。在位于市中心的中国商品贸易城，20 多位华商的全部财产被一烧而光。还有一些家中没有储备食物的华商，挨了几天的饿，才盼来政府的包机。骚乱发生后，中国政府连续数日包机撤回逾千名中国公民。此次吉尔吉斯斯坦撤侨从规模、包机密集程度、涉及人数上，均为中国政府 40 年来最大规模的撤侨行动。

2010 年，美国旧金山和屋仑又连续发生多起非洲裔攻击华裔事件，已经造成陈焕洲和俞恬声两人过世，另有三男一女被打伤。尽管警察局强调没有迹象显示这些暴力事件与种族仇恨有关，但不少华裔居民表示上街没有安全感，华人没有得到平等对待，人权已受到侵犯，非洲裔与华裔间的关系依旧紧张。不少华裔表示上街没有安全感，觉得随时会被抢被殴的同时，华人社区也不再沉默，发动了签名等行动抵制暴力。4 月底，超过千名华裔在旧金山市政府门前举行游行示威，抗议暴行。除了旧金山，美国其他地区的华裔也惶恐度日，其中最不安全的群体是中餐馆的外卖人员。在纽约送中餐的邹先生,4月28日晚外出送餐时,在街头遭到多名非裔青少年围殴,头破血流,身体多处被踢伤。5月1—3日,美国纽约布朗士布鲁克大道481号丰源中餐馆3天内发生两起枪击案,事件震惊闽籍社区,中餐馆安全问题再次成为人们关注的话题。

5月16日晚,赴美仅两个月的23岁中国女留学生姚宇在法拉盛繁忙街区被一名墨西哥裔男子拖入后巷强奸,并被一根金属管狠狠敲打头部至脑死亡。姚宇惨遭疑犯性侵攻击导致死亡后社区人心惶惶,大街小巷民众在同情姚宇遭遇的同时,纷纷质疑案发当时为何无现场民众出手相助,眼睁睁看着姚宇被犯罪嫌疑人攻击,其冷漠心态令人心寒。警方在调阅街头监视录像画面后发现,歹徒当街将姚女拖进巷内时,有两三位民众就在一旁驻足围观,但随即转身离去。不仅如此,目击者见到当姚女尖叫呼救时,曾有包括华人在内的多位民众路过,却无人停下来解救或报警,眼睁睁让悲剧发生。当地华侨华人社团18日表示,希望小区汲取教训,华人不该沉默,治安也不应只靠警察维护,大家应发挥守望相助精神,一起让法拉盛成为安全、繁荣的小区。针对华人特有的"多一事不如少一事"心理状态以及华人担心报警泄露身份的问题,纽约市109分局局长麦奎尔指出,华裔社区的民众应该从自我的良知出发,不要因为担心身份泄露而纵容犯罪分子的嚣张气焰。麦奎尔再次重申,任何报警或是维护自身权益的民众,警方都不会去追查或询问其身份是否合法。

近年来中国出国留学规模迅速扩大,在外留学人员的安全问题呈现频发的态势,越来越受到社会各界的关注和重视。在外留学人员多发的安全问题,主要为交通意外,违反当地的法律法规,上当受骗和一些心埋问题等等。部分留学人员的法律观念、风险意识和安全防范能力还有待于提高。针对留学人员在外期间在人身、心理和财产方面存在易受伤、受损的情况,中国教育部和各驻外使领馆做了大量的工作,如积极构建留学人员行前培训机制和在外安全培训体系,提高留学人员的自身安全意识。此外由于近年来出国留学市场空前的繁荣,违法留学中介、国外学校倒闭等直接损害留学人员切身利益的特征也值得重视。

在海外华侨华人地位显著提升的同时,仇视华人的现象也时有发生。继 2009 年 9 月 26 日,日本右翼分子在东京池袋骚扰华人商店活动后,2010 年 1 月 10 日,又有大约 100 名日本右翼分子在东京池袋地区华人区举行示威游行活动。

澳大利亚一名国家党参议员在国会听证会上,遭到内阁华裔女部长黄英贤阻止发问,一气之下,他竟然在公开场合中反呛黄英贤是"支那",引发外界强力抨击,也被澳大利亚总理斥责为种族歧视行为。新西兰工党华裔法律委员会、统计事务发言人、民族事务副发言人霍建强针对种族关系委员会发布的一份报告进行了全面分析,并指出,报告最终得出的结论是:在过去的一年中,新西兰对华人和其他亚裔的歧视有增无减,而且其趋势发展得越来越触目惊心。在所有被调查的人士中,有 75％认为亚裔在新西兰被歧视是最为严重的。

近些年来,意大利、西班牙、俄罗斯、罗马尼亚、匈牙利、德国等国多次发生针对华商的突击检查等事件。这些事件的发生有比较复杂的经济利益、文化冲突等因素,也与华商的经营风格、生活习惯等有关。尽管欧洲华侨华人与当地国主流社会的关系总体上还是平和的,因为华侨华人所经营的从中餐到批发零售业等,都与当地民众存在多层面的经济往来。但是,欧洲华侨华人与住在国民族在文化、习俗、观念、经营理念等方面,还存在诸多隔阂,加之双方在经济利益上的竞争比比皆是,因此,屡有欧洲华侨华人遭遇排斥、与当地民众发生冲突的事件发生。

从 2010 年 1 月 19 日开始,意大利普拉托当局调集了上百名国家警察,40 多名宪兵,甚至出动警用直升机,配合税警、市政警察及有关监察部门,封锁了普拉托唐人街附近的街道,再次对华人企业进行地毯式检查。检查中一些华人工厂被关闭、大量生产设备遭到查封,雇用非法劳工的华人业主遭到指控,多名非法劳工被带回警局接受调查。普拉托警方负责人法比奥·皮凯利表示,检查目的是打击华人社会非法活动,规范市场经营秩序。

6月28日,意大利一项针对华人向祖籍国汇款、被警方称为"大中华行动"的全国性扫荡行动启动,警方拘捕了17名华人和7名意大利人,查封73家公司和181处房产、166辆豪华汽车,涉案华人达130多名,涉案资金高达27亿欧元。这场被定性为"洗钱"犯罪集团的特大刑事案将意大利华人推到舆论的风口浪尖。华人向祖籍国汇款这一案件起因,也成为当地社会的敏感话题。该案不仅损害了华人社会的财产,更将对华人声誉和日后发展产生严重影响。当地的一些主流媒体又开始了新一轮对华人社会的攻击,刻意渲染、夸大、编造华人社会的负面消息。由此导致了当地民众对华人社会的抱怨增多,双方之间的误解进一步加深,矛盾升级。

西班牙有关部门也经常针对华人企业进行大检查。5月12日上午,巴塞罗那一家知名中国货行在连续两天遭受有关部门大检查之后,大量货物于第三天被警察要求用垃圾车强制性拉走,并现场销毁。警察声称,这些货物都是不合格的,要全部处理掉。在清理现场,警察将事发地点围起来,不让行人靠近,也不允许拍照。当地华人认为,这次行动不排除经济危机下,是当地政府针对华商采取的一项提高各项税收的行动前奏。

罗马尼亚首都布加勒斯特市的东北郊尼罗市场和红龙市场先后为当地地产开发商尼罗集团所建造。随着时代的进步,尼罗市场的铁皮店渐显陈旧落后,市场管理方为谋取更大利益,多次找借口要强制拆除尼罗市场,迫使商户迁入红龙市场。自2009年11月开始,在华商聚集的尼罗市场里,上演了一出出管理方撤销物业管理、警察强行封店、拉货、继而管理方出面驱赶商户的闹剧。经历了一系列磨难伤痛后的罗马尼亚尼罗市场华商,在2010年4月21日再次受到致命打击,当天尼罗市场管理方对市场实行了强制性彻底拆除,短短数小时内,市场上3 000多家商户店铺被迅速夷为平地,21世纪初罗马尼亚最繁华昌盛的著名中国城——尼罗市场从此永远告别历史舞台。针对尼罗市场华商的大肆刁难、挤兑乃至强拆,根源在于经济利益。尼罗市场的彻底拆除，致使这场管理方与华商间的商业矛盾升级成为司法纠纷。

改革开放以来，海外华商的足迹遍布世界各地，他们通过自己的勤劳和智慧创出骄人业绩。例如，欧洲地区的华商大多是新移民，虽然文化程度普遍不高，却利用熟悉国内货源和了解当地市场的优势，成功地在服装、鞋帽、箱包、建材等批发和零售贸易行业以及餐饮业中取得了发展，在一些城市形成了颇具规模的商圈，一些新兴行业如电脑销售等也悄然兴起。较之经济收入的增加，华商的社会地位却不成正比。在欧洲的大多数国家里，华商主要还徘徊在社会中下层。由于文化融入困难、语言能力较差，加之做生意的需要，华商往往集中开店，所到之处形成衣食住行俱全的城中之城。在当地百姓和政府的眼里，无论在形式还是实质上，这都是一个引人注目的特殊族群。

2010年，欧洲一些国家加大了对企业监管力度，频繁出现查抄行动。虽然并非仅针对华商，但华商企业被抄数量之多、涉及金额之大，备受瞩目。尽管金融危机和欧洲主权债务危机有一定的推动作用，但华商企业自身存在诸多经营管理问题是关键所在。在这场持续性危机面前，华商们也逐渐意识到，增强企业抗风险能力的唯一法宝只能是转变理念。遵守当地商业游戏规则，同时创新产品和经营思路，走规范化、规模化、品牌化经营之路，合法经商，依法纳税，树立华人企业的良好信誉，实现企业可持续发展。此外，华侨华人务必要克服露富攀比的陋习，避免招致妒忌与反感，维护好自身形象。同时，深入学习了解当地语言、文化、法律与风俗习惯，积极融入当地社会，与当地民众和睦相处，主动回馈当地社会，才能获得长远持续的良性发展。

第 二 章

华侨华人人口平稳增长

　　2010 年,世界华侨华人人口依然保持平稳增长态势。然而,近年来以专业精英及富裕阶层人士为主的中国大陆投资移民增多,美国、加拿大、澳大利亚等国家正成为他们投资移民的目标国家。全球性金融危机从两方面助推了中国富人赴美、加、澳等国投资浪潮的形成,一是美国等国企业普遍面临资金匮乏的问题,各国政府希望吸引更多的外资刺激经济发展、缓解失业率居高不下的状况;二是中国大陆充裕的民间资金需要寻求更多投资目标,因此中国企业家直接到国外收购和投资各类优质价廉资产的需求旺盛,而人民币升值给中国富裕阶层人士带来了更强的财富效应促进了私人对外投资的持续增长。申请条件相对宽松的投资移民签证自然得到更多中国企业家的青睐。加拿大移民局数据显示,2009 年度加拿大共吸收 2 055 名全球投资移民,中国大陆投资移民就占了 1 000 人。

　　此外,中国大陆各类留学生也继续保持高增长态势。在 2009—2010 学年中,美国高等教育机构中的中国学生人数从 9.8 万多人增至 12.7 万多人,比上学年增加了 20%,占所有外国留学生总数的18.5%。中国已超越印度成为留美学生最多的国家。美国商务部认为,外国留学生每年的学费、住宿和伙食费以及其他费用给美国经济贡献了 200 亿美元。[①] 教育已成为排在航天、影视、军火和汽车等行业之后美国第五位的出口创收行业。英国持有学生签证的中国留学生也有 8.5 万左右,其中就读语言或一般的非大学程度课程的中国留学生有 2 万人左右。中国在德国在读的留学生人数有 3.5 万人左右,在澳大利亚的各类中国留学生增至 7 万多人,在日本的中国留学生为 8.6 万人,在韩国的中国留学生也已超过 6 万人。

第一节　亚洲部分国家的华侨华人与新移民

一、新加坡

新加坡政府公布人口统计资料,一向包括各族裔国民人数和定居的外国人人数,但没有公布定居新加坡的外国人族裔比例。因此,新加坡华侨华人人数的总和,应当是新加坡华族人数和定居的外国人中的华人,以及中国劳务人员的总和。

根据新加坡 2010 年人口普查数据,截至 2010 年 6 月,新加坡人口总数为 507.67 万人。其中,377.17 万为公民和永久居民,其余130.5 万为暂住的外国居民。华族占新加坡公民和永久居民的比例为 74.1%,有 279.4 万人,出生于中国大陆、香港和澳门的有 17.52万人。[②] 如我们假定暂住居民中华人的比例与公民和永久居民种族比例相当,则新加坡的华侨华人总数约为 376.18 万人。

二、马来西亚

根据马来西亚 2010 年人口及房屋普查数据,2010 年马来西亚

　　① 《中国新一轮留学潮提出新问题》,[美国]《侨报》,2010 年 11 月 18 日。

　　② Department of Statistics, Singapore, *Census of Population* 2010: *Advance Census Rellease*, August 2010, p. 5,新加坡统计局网站,http://www. singstat. gov. sg/pubn/popn/c2010acr. pdf。

人口总数为 2 833.41 万人。其中,91.8%为马来西亚公民,其余 8.2%为非公民。在马来西亚公民人口中,67.4%是土著公民,华族 占24.6%,印度族占 7.3%,其他族裔占 0.7%。① 假定马来西亚非 公民中华人的比例与公民种族比例相当,则马来西亚的华侨华人总 数约为 697.02 万人。

2005 年至 2009 年间,共有 15 458 名马来西亚人放弃马来西亚 国籍,其中以华人占绝大多数。有 12 410 名华人放弃马来西亚国 籍,移民往新加坡、文莱、英国、德国、新西兰、加拿大、印度、澳洲、印 度尼西亚、日本和美国等国家,并获得当地公民权。②

三、日本

二战后至 1972 年间,日本华侨华人总数一直保持在 4 万~5 万 人。③ 20 世纪 80 年代开始,大量中国人通过留学、婚姻、劳务、经商、 旅游、探亲等方式进入日本,旅日华人人口大幅度增加。

截至 2010 年年底,在日外国人达 2 134 151 人,比 2009 年年底 减少了 51 970 人,占日本总人口的 1.67%。但在日中国人登记者达 687 156 人,比 2009 年年底增加 6 638 人,占在日全体外国人登记者 总数的 32.2%。在日中国人已连续四年超过在日韩国人和朝鲜人 的数量,跃居外国人榜首。此外,2010 年,有 4 816 名华人取得日本 国籍,已取得日本国籍的华人总数达 120 343 人。④

---

① Department of Statistics, Malaysia, *Population Distribution and Basic Demographic Characteristics* 2010, July 2011, p. 11, 马来西亚国家统计局网 站, http://www.statistics.gov.my/portal。

② 高碧蔚:《马来西亚五年逾万华人放弃国籍,大部分移民他国》,[马来 西亚]《东方日报》,2010 年 9 月 11 日。

③ 朱慧玲:《中日关系正常化以来日本华侨华人社会的变迁》,厦门:厦门 大学出版社,2003 年,第 29 页。

④ 日本法务省入国管理局编:《2011 年出入国管理》(日语版),2011 年 11 月,第 19~20 页。

在日本的中国人高度聚居在东京首都圈。根据日本法务省发布的 2010 年在日外国人人口统计结果,截至 2010 年年底,东京都中国人都民高达 164 201 人,居全国之首。分布区域排名前六位为丰岛区(12 207 人)、新宿区(12 048 人)、江户川区(12 048 人)、江东区(10 316 人)、板桥区(9 912 人)、北区(8 500 人),东京都涌现出了 4个万人华人社区。除了商业繁华的新宿、丰岛两区、中国人因从商人口增多而明显增加外,适合定居的江户川区、板桥区、江东区、北区中国人人数都有明显上升。伴随着中国人不断聚集东京,一些面向中国人的商业网点和中国人居住区正在形成,如池袋车站、新宿车站、大久保车站、新大久保车站、赤羽车站、新小岩车站、小岩车站附近及周边区域,逐渐出现了相当规模的中国人"购物中心"。再加上神奈川县的中国人住民 56 095 人、埼玉县中国人住民 48 419 人、千叶县中国人住民 45 427 人,集中在首都圈的中国人住民就高达 314 142人,占在日中国人登记总数的 45.72%。

其他中国人住民较集中的地区包括:大阪府 51 056 人、爱知县47 454 人,兵库县 25 585 人,福冈县 21 936 人,茨城县 15 726 人,岐阜县 15 340 人,广岛县 14 354 人,静冈县 13 458 人,京都府 12 005人,长野县 10 964 人,冈山县 10 082 人。①

然而,自 2008 年全球爆发了金融危机之后,日本经济不景气出现企业大裁员现象,中国人在日就职连年递减。2009 年度中国人在日就职者为 8 494 人,比 2008 年度减少了 35.3%;2010 年度中国人在日就职者为 6 738 人,比 2009 年度又减少了 20.7%,中国人在日就职遭遇冰河期。

此外,据日本法务省入国管理局 2011 年 7 月下旬发布的最新统计数据表明,2010 年度在日本的大学等毕业后在日本就职的外国留学生数量为 7 831 人,同比减少了 18.3%,在此前连续六年增加之

---

① 日本法务省编:《2010 年登录外国人统计表》,2011 年 8 月 19 日,日本法务省网站,http://www.moj.go.jp/housei/toukei。

后,自 2009 年开始连续两年出现减少。在 2010 年度被批准就职的外国留学生当中,中国留学生为 4 874 人,比 2009 年度减少了 1 459 人,就职率占外国留学生就职总数的 62.2%,排名第一;韩国学生 1205 人,比 2009 年度减少 163 人,居第二位。该数据充分表明了日本经济发展的现状,中国人在日就职前景不容乐观。①

四、韩国

20 世纪 50 年代至 80 年代中期,韩国的华侨华人数量总体上保持在 2 万～3 万人的水平。中韩建交以来,大量新移民进入韩国,居住在韩国的中国人数量呈急剧增加之势。根据韩国《中央日报》报道,截至 2010 年年底,在韩国居住的外籍居民有 1 139 283 人,中国人最多,已达 636 500 人,占在韩外籍居民的 55.9%。在韩中国大陆侨胞有 191 237 人、中国台湾侨胞有 8 818 人聚居在首都首尔市。

1991—2010 年间,加入韩国国籍的中国人共有 79 163 人,占加入韩国国籍外国人总数的 79%。加入韩国国籍的越南人为 9 207 人,菲律宾人为 5 233 人。②

第二节　北美地区的华侨华人与新移民

一、美国

根据美国人口普查局 2010 年人口普查的数据,2010 年美国常住人口中,华人人口已达到 4 010 114 人,是亚裔中人口最多的少数族裔。与 2000 年人口普查时的华人人口 2 865 232 人相比,增长了

---

①　周宏:《中国人在日就职遭遇"冰河期",人数连年递减》,中国新闻网,http://www.chinanews.com,2011 年 8 月 30 日。

②　《我(韩)国入籍者人数突破十万人大关》,[韩]韩联网,http://www.yonhapnews.co.kr,2011 年 1 月 24 日。

40.0％。在美国华人中，单一血统的华人占 83.5％左右，达 3 347 229人。①

表 2-1　1980—2010 年美国华人获得绿卡者（按移民来源地）情况表

单位：人

年　度	大　陆	香　港	台　湾	合　计
1980—1999	512 955	229 026	251 698	993 679
2000	41 804	7 181	9 457	58 442
2001	50 677	10 282	12 457	73 416
2002	55 901	7 938	9 932	73 771
2003	37 342	5 015	7 168	49 525
2004	50 280	5 421	9 314	65 015
2005	64 887	5 004	9 389	79 280
2006	83 590	4 514	8 545	96 649
2007	70 924	4 450	9 053	84 427
2008	75 410	4 389	9 237	89 036
2009	60 896	3 389	8 105	72 390
2010	67 634	3 263	6 785	77 682

资料来源：U. S. Department of Homeland Security，*Yearbook of Immigration Statistics*：2010，美国国安部网站，http://www. dhs. gov/xlibrary/assets/statistics/yearbook/2010。

---

① Elizabeth M. Hoeffel, Sonya Rastogi, Myoung Ouk Kim, and Hasan Shahid, *The Asian Population*：2010，March 2012，美国人口普查局网站，http://www. census. gov/2010census/data/。

表 2-2　1996—2010 年中国大陆移民（按来源地）获美国绿卡类别情况表

单位：人

年度	合　计		家庭担保类		工作移民类		美国公民直接亲属类		其　他	
	人数	比重(%)	人数	比重(%)	人数	比重(%)	人数	比重(%)	人数	比重(%)
1996	35 751	100	8 293	23.2	15 121	42.3	11 494	32.2	843	2.3
1997	33 526	100	7 417	22.1	12 309	36.7	13 076	39.0	724	2.2
1998	31 270	100	11 747	37.6	7 262	23.2	11 368	36.3	893	2.9
1999	29 579	100	12 542	42.4	4 826	16.3	11 750	39.7	461	1.6
2000	41 861	100	11 332	27.1	12 350	29.5	17 688	42.2	491	1.2
2001	50 821	100	8 049	15.8	19 945	39.2	22 010	43.3	817	1.6
2002	55 974	100	10 635	19.0	17 976	32.1	26 547	47.4	816	1.5
2003	37 395	100	9 015	24.1	6 517	17.4	20 930	56.0	933	2.5
2004	45 942	100	12 157	26.5	13 352	29.1	19 552	42.5	881	1.9
2005	64 921	100	15 984	24.6	18 004	27.7	25 726	39.7	5 207	8.0
2006	83 628	100	15 652	18.7	8 547	10.2	32 543	38.9	26 886	32.1
2007	70 924	100	14 383	20.3	10 968	15.5	25 960	36.6	19 613	27.6
2008	75 410	100	15 466	20.5	13 257	17.6	25 540	33.9	21 147	28.0
2009	60 896	100	10 273	16.9	9 986	16.4	22 461	36.9	18 176	29.8
2010	67 634	100	12 844	19.0	16 278	24.1	23 584	34.9	14 928	22.0

　　资料来源：根据美国司法部（2001 年以前）与国安部（2002 年后）发布的《移民统计年鉴》(1996—2010 年）历年相关数据整理而成，美国国安部网站，ht-tp://www.dhs.gov/xlibrary/assets/statistics/yearbook。因统计口径的原因，表 2-2 部分数据与表 2-1 数据不完全一致。

　　根据美国国安部公布的《2010 年移民统计年鉴》数据显示，按移民来源地统计,2010 年,来自中国大陆的绿卡获得者有 67 634 人,来自中国香港的绿卡获得者为 3 263 人,来自中国台湾的绿卡获得者为 6 785 人。

在 2010 年来自中国大陆的 67 634 位绿卡获得者中,属于家庭担保类的有 12 844 人,工作移民类为 16 278 人,美国公民直接亲属类为 23 584 人。来自中国香港的 3 263 位绿卡获得者中,家庭担保类的有 1 705 人,工作移民类为 448 人,美国公民直接亲属类为 1 070人。来自中国台湾的 6 785 位绿卡获得者中,属于家庭担保类的有 1 793 人,工作移民类为 2 041 人,美国公民直接亲属类为 2 736 人。

如果按移民出生地统计,2010 年出生于中国大陆获得绿卡者人数为 70 863 人,出生于中国香港获得绿卡者为 2 432 人,出生于中国台湾获得绿卡者为 6 732 人。

表 2-3　2000—2010 年美国华人获得绿卡者(按移民出生地)情况表

单位:人

年度	大陆	香港	台湾	合计
2000	45 585	5 407	9 019	60 011
2001	56 267	8 300	12 120	76 687
2002	61 082	6 075	9 775	76 932
2003	40 568	3 574	6 917	51 059
2004	55 494	3 951	9 005	68 450
2005	69 933	3 705	9 196	82 834
2006	87 307	3 256	8 086	98 649
2007	76 655	3 527	8 990	89 172
2008	80 271	3 373	9 073	92 717
2009	64 238	2 651	8 038	74 927
2010	70 863	2 432	6 732	80 027

资料来源:美国国安部《移民统计年鉴》(2000—2010 年)。

2010年,有3361名中国大陆儿童被美国家庭领养,其中男童863人,女童2 498人。虽然比2009年2 990名被领养儿童人数有所增加,但与2008年的3 852人,2007年的5 397人,2006年的6 520人相比,来自中国大陆的领养儿童数量整体呈现下降的趋势。另外,在2010年,中国香港地区有15名儿童、中国台湾地区有277名儿童被美国家庭领养。

2010年,按移民出生地统计,出生于中国大陆的绿卡持有者中有33 969人加入美国国籍;入籍的中国台湾移民为5 621人,入籍的中国香港移民2 198人,[①]三者合计共有41 788名华人加入美国国籍。

表2-4　2000—2010年华人加入美国国籍者(按移民出生地)情况表

单位:人

出生地	大陆	香港	台湾	合计
2000	54 443	8 085	13 163	75 691
2001	34 353	5 269	9 052	48 674
2002	31 987	4 849	8 599	45 435
2003	23 991	3 752	6 742	34 485
2004	27 309	3 713	7 889	38 911
2005	31 708	4 479	8 295	44 482
2006	35 387	4 263	8 819	48 469
2007	33 134	3 871	7 486	44 491
2008	40 017	4 940	8 711	53 668
2009	37 130	3 329	7 606	48 065
2010	33 969	2 198	5 621	41 788

资料来源:美国国安部《移民统计年鉴》(2000—2010年)。

---

① U. S. Department of Homeland Security, *Yearbook of Immigration Statistics*：2010，美国国安部网站，http://www. dhs. gov/xlibrary/assets/statistics/yearbook/2010。

　　美国华人已遍布美国的 53 个州,华人分布呈现大聚居、小分散的状态。加利福尼亚州是华人居住最集中的地区,其他如纽约州、新泽西州、伊利诺伊州、马萨诸塞州、德克萨斯州、宾夕法尼亚州、华盛顿州等也是美国华人较集中居住的区域。如 2010 年加入美国国籍的中国大陆移民共有 33 969 人,其中有 11 271 人居住在加利福尼亚州,7 167 人居住在纽约州、1 705 人居住在德克萨斯州、1 474 人居住在马萨诸塞州。如果以大都会地区来看,中国大陆移民最喜欢居住的地区是纽约、洛杉矶、旧金山等地区。2010 年加入美国国籍的中国大陆移民中有 7 740 人居住在纽约－新泽西地区,4 497 人居住在大洛杉矶地区,3 843 人居住在大旧金山地区,1 331 人居住在大波士顿地区,1 255 人居住在加州圣荷西地区,936 人居住在大华盛顿地区。

二、加拿大

　　加拿大的华裔人口近 30 年来增长迅速。1941 年加拿大华人人口仅为 3.5 万人,1961 年达到 5.8 万人。1980 年以来,加拿大颁布投资移民法案,吸引了大量来自中国港台地区的华人新移民。90 年代加拿大独立移民政策的实施,更是吸引大批来自中国大陆的新移民。这一时期华裔人口以前所未有的速度急剧上升,2001 年华裔人口首次突破百万大关,2006 年华裔人口更是达到 121 万人。根据加拿大国家统计局 2008 年 4 月 2 日公布的 2006 年最新人口普查数据显示,截至 2006 年 5 月 16 日统计,加拿大总人口为 31 241 030 人,少数族裔[①]人口为 5 068 090 人,首次突破 500 万大关。华裔人口为 1 216 570 人,占加拿大少数族裔总人口的 24%,全加总人口的 3.9%,是仅次于南亚裔(1 262 865 人)的第二大少数族裔。[②]

---

　　① 　加拿大少数族裔的定义为非白人或高加索人,但不包括原住民。

　　② 　*Canadian Demographics at a Glance*,Published by authority of the Minister responsible for Statistics Canada,Minister of Industry,2008,p. 33.

　　根据加拿大联邦统计局公布的一项与华人社区有关的统计数据,2010 年加拿大共有 130 万华裔人口,约占全国总人口的 4.3%。在加拿大,华语是英法两种官方语言以外最多人使用的语言。加拿大亚太基金会高级研究员兼项目总监张康清指出,加拿大的华人社区正在发生巨大的变迁,与整个加拿大社会一样变得更趋多元化。华裔加拿大人并不一定是新移民,他们中有一部分人在加国出生,他们的家人在加国居住的时间可能已经超过两代人。从华人社区的人口组成来看,来自中国大陆的移民所占的比例接近一半,另有一半则来自香港、台湾、东南亚国家等地区。在加拿大的华裔人口中,已经入籍的比例有 77%;拥有双重或以上国籍的为 5%;尚未成为加拿大公民的占 18%。①

　　根据加拿大联邦公民及移民部的统计数据,按移民来源地统计,2010 年,来自中国大陆的永久居留权获得者 30 195 人,占全体永久居留权获得者总数的 10.8%,仅次于菲律宾,居加拿大移民来源地的第二位。来自中国台湾的永久居留权获得者 2 761 人,来自中国香港的永久居留权获得者 790 人。2010 年加拿大卑诗省共吸纳了44 176 个移民,其中中国大陆依然是该省最大移民来源地,总人数达 9 317 人。这也是中国大陆自 1998 年以来,连续第 12 年移民人数位居卑诗省榜首。

　　据加拿大《星岛日报》报道,加拿大联邦公民及移民部公布的报告显示,2009 年中国移民加入加拿大国籍的有 16 008 人,但中国移民自 2006 年以来,入籍总人数呈逐年下降趋势,从 2006 年的 34 473人降至 2009 年的 16 008 人,四年的减幅达 54%。2010 年前三季度,中国移民入籍人数为 10 174 人,比 2009 年同期的 12 423 人减少18%。中国移民入籍总人数虽然减幅偏高,但中国移民入籍总人数

---

　　①　《加拿大华裔仅占总人口 3%,比例低难影响大选形势》,[加拿大]《明报》,2010 年 9 月 27 日。

仍排第二位,仅次于印度裔。①

表 2-5　2000—2010 年加拿大华人获得永久居留权(按移民来源地)情况表

单位:人

年　度	大　陆	台　湾	香　港	合　计
2000	36 749	3 535	2 865	43 149
2001	40 365	3 114	1 965	45 444
2002	33 304	2 910	1 541	37 755
2003	36 251	2 126	1 472	39 849
2004	36 429	1 991	1 547	39 967
2005	42 292	3 092	1 783	47 167
2006	33 078	2 823	1 489	37 390
2007	27 013	2 778	1 131	30 922
2008	29 337	2 971	1 324	33 632
2009	29 051	2 543	924	32 518
2010	30 195	2 761	790	33 746

资料来源:加拿大联邦公民及移民部,http://www.cic.gc.ca/english/resources/statistics.

　　加拿大华裔人口的迅速增加,得益于大量华人新移民进入加拿大。自 1998 年以来,中国大陆多年位居加拿大移民来源地首位,成为华人移居加拿大的生力军。根据加拿大驻中国大使馆透露的资料显示,过去 5 年中,中国留学生到加拿大的数量一直在稳步上升,目前,在加拿大的中国大陆留学生就已经超过 5 万名。

---

　　① 张文慈:《中国仍是加拿大第二大移民来源国,入籍人数连年跌》,中国新闻网,http://www.chinanews.com,2011 年 1 月 26 日。

第三节 大洋洲的华侨华人与新移民

一、澳大利亚

1972 年惠特拉姆工党政府上台后,"白澳政策"被取消,澳大利亚开始大规模接受亲属移民及技术、投资移民、难民及留学生。投资移民计划的实施,吸引了大批香港和台湾地区的投资新移民。随后,大量中国大陆和香港人以技术移民签证移民澳大利亚。20 世纪 80年代末至 90 年代初,澳大利亚政府制定"教育输出"和以教育盈利的政策,吸引了很多中国留学生赴澳学习。留学成为中国大陆移民进入澳大利亚的主要渠道之一。大部分中国留学生毕业后也转为技术移民加入澳大利亚国籍,成为澳大利亚公民。特别是 1990 年以来,大量中国大陆新移民进入澳大利亚,澳大利亚的华侨华人人数有了显著的增长。

出生于中国大陆与香港地区的华侨华人人数已由 1981 年人口普查时的 42 477 人快速增长至 2006 年人口普查时的 278 383 人。这些出生于中国大陆与香港地区的华侨华人,大部分可视为是近 30年进入澳大利亚的新移民。

根据澳大利亚统计局公布的 2006 年人口普查资料,截至 2006年 8 月 8 日,澳大利亚华人有 669 890 人,其中男性 315 360 人,女性354 530 人,比 5 年前人口普查的结果增加了 115 326 人。在669 890 名华人中,来自中国大陆的有 206 590 人,来自中国香港的有 71 793 人,来自中国台湾的有 24 371 人。①

---

① 澳大利亚统计局 2006 年人口普查资料,澳大利亚统计局网站,http://www.censusdata.abs.gov/au/ABSNavigation/prenav。

表 2-6　1901—2006 年澳大利亚人口普查年华侨华人人数情况表

单位：人

人口普查年份	大陆	香港	合　计
1901 年	29 907	167	30 074
1911 年	20 775	413	21 188
1921 年	15 224	377	15 601
1933 年	8 579	236	8 815
1947 年	6 404	762	7 166
1954 年	10 277	1 554	11 831
1961 年	14 488	3 544	18 032
1971 年	17 601	5 583	23 184
1981 年	26 760	15 717	42 477
1991 年	77 799	57 510	135 309
1996 年	111 009	68 430	179 439
2001 年	142 265	66 954	209 219
2006 年	206 590	71 793	278 383

资料来源：1901—1991 年数据来自于澳大利亚移民与多元文化事务部统计署 2001 年 10 月公布的移民研究报告，*Immigration：Federation To Century's End* 1901 － 2000，http://www. immi. gov. au/media/publicatıons/statistics。1996－2006 年数据来自澳大利亚统计局 2006 年人口普查数据，http://www. censusdata. abs. gov. au/ABSNavigation/prenav。

另外，根据澳大利亚公民及移民部公布的统计资料，截至 2010 年 6 月 30 日，出生于中国大陆的华人有 379 780 人，年龄中位数为 33.5 岁；出生于中国香港的华人有 90 300 人，年龄中位数为 36.1

岁；出生于中国台湾的华人有 38 030 人，年龄中位数为 30.6 岁。①
出生于中国大陆、香港和台湾地区的新移民比 2006 年人口普查时的
人数又有显著增加。

　　按移民出生地统计，2009—2010 年度出生于中国大陆获得永久
居留权者人数为 25 366 人，出生于香港地区获得永久居留权者为
1 541 人，出生于澳门地区获得永久居留权者为 44 人，出生于台湾地
区获得永久居留权者为 1 040 人。②

表 2-7　1996—1997 年度至 2009—2010 年度澳大利亚华人获得永久居留权
（按移民出生地）情况表

单位：人

年度	大陆	香港	澳门	台湾	合计
1996—1997 年度	9 945	4 191	113	2 354	16 603
1997—1998 年度	5 453	3 445	69	1 704	10 672
1998—1999 年度	7 307	2 251	78	1 724	11 360
1999—2000 年度	9 659	1 729	55	1 857	13 300
2000—2001 年度	11 496	1 893	39	2 930	16 358
2001—2002 年度	9 888	1 511	53	2 140	13 592
2002—2003 年度	10 033	1 741	38	1 540	13 352
2003—2004 年度	13 316	2 070	59	1 344	16 789
2004—2005 年度	15 997	2 534	59	1 321	19 911
2005—2006 年度	18 084	2 162	54	1 226	21 526
2006—2007 年度	21 820	2 101	53	1 165	25 139
2007—2008 年度	21 208	1 784	46	1 173	24 211
2008—2009 年度	23 692	1 587	47	1 012	26 338
2009—2010 年度	25 366	1 541	44	1 040	27 991

资料来源：澳大利亚公民及移民部。

---

①　澳大利亚公民及移民部网站，http://www.immi.gov.au/media/statistics。
②　澳大利亚公民及移民部网站，http://www.immi.gov.au/media/statistics。

表 2-8　1996—1997 年度至 2009—2010 年度
澳大利亚华人（按移民来源地）入籍情况表

单位：人

年　　度	大陆	香港	澳门	台湾	合计
1996—1997 年度	15 446	5 685	86	930	22 147
1997—1998 年度	18 412	4 362	124	881	23 779
1998—1999 年度	12 646	—	—	1 094	13 740
1999—2000 年度	8 795	—	—	1 078	9 873
2000—2001 年度	7 147			856	8 003
2001—2002 年度	6 751	—	—	954	7 705
2002—2003 年度	7 324	—	—	1 090	8 414
2003—2004 年度	7 257	—	—	1 245	8 502
2004—2005 年度	6 327	1 627	49	1 139	9 142
2005—2006 年度	7 172	1 938	50	1 142	10 302
2006—2007 年度	11 112	2 391	66	1 273	14 842
2007—2008 年度	8 298	1 986	43	859	11 186
2008—2009 年度	6 652	1 598	40	738	9 028
2009—2010 年度	10 951	2 470	72	1 029	14 522

资料来源：澳大利亚公民及移民部。

注：1998—1999 年度至 2003—2004 年度中国大陆入籍人数包括来自香港、澳门的华人。

根据澳大利亚公民及移民部历年年度报告数据统计，自 1996—1997 年度至 2007—2008 年度，已有 147 635 名来自中国大陆、香港、台湾和澳门地区的华人加入澳大利亚国籍。2008—2009 年度，有 6 652 名来自中国大陆的华人加入澳大利亚国籍，来自香港地区的有

1 598 人,来自澳门地区的有 40 人,来自台湾地区的有 738 人。[①]
2009—2010 年度,有 10 951 名来自中国大陆的华人加入澳大利亚国籍,来自香港地区的有 2 470 人,来自澳门地区的有 72 人,来自台湾地区的有 1 029 人。[②]

二、新西兰

1986 年新西兰人口普查时,华侨华人数量尚不足 2 万人,直到 1987 年新西兰颁布新移民法案以后,新西兰华侨华人移民数量才开始大幅增加。此后,新西兰政府为吸引更多劳动力和专业技术人员,从 1999 年开始吸引商业投资类别移民,2000 年以后又推出了比澳大利亚和加拿大更为宽松的投资移民政策。2005 年 7 月 4 日起,新西兰政府允许在新完成学历的外国学生可以申请 6 个月的开放式工作签证,再新寻找工作。宽松的移民政策,吸引了大量华人投资移民、技术移民、亲属移民、留学生的到来,华人人口迅速增加。

根据新西兰统计局公布的 2006 年人口普查资料,海外出生的人口占新西兰人口总数的比重已由 1996 年的 17.6%,2001 年19.5%,上升为 2006 年 22.9%,几乎每四个人中就有一个人是移民,华人是新西兰人口增长最快的族裔之一,已成为亚裔中最大的移民群体。截至 2006 年 3 月 7 日,华人人口已由 2001 年人口普查时的105 057 人,上升到 147 570 人,五年间增长了 40.5%,已占新西兰人口总数的 3.7%左右。在 147 570 名华人中,自认为中国人的有139 728 人,马来西亚华人 1 353 人,新加坡华人 603 人,柬埔寨华人 177 人,越

---

　　①　Australian Government, *Department of Immigration and Citizenship Annual Report* 2008—2009, Oct. 16, 2009, http://www. immi. gov. au/about/reports/annual/2008~09。

　　②　Australian Government, *Department of Immigration and Citizenship Annual Report* 2009—2010,Oct. 20, 2010, http://www. immi. gov. au/about/reports/annual/2009~10。

南华人 60 人。以出生地分析，两岸三地新移民共有 96 564 人，占新西兰华人总数的 65%以上，其中出生于中国大陆者 78 117 人，出生于台湾者 10 764 人，出生于香港者 7 683 人。[①]

表 2-9　新西兰有关人口普查年份华人新移民（按出生地）人口数量情况表[②]

单位：人

出生地	大陆	台湾	香港	合计
1991 年	9 222	3 411	4 926	17 559
1996 年	19 518	10 932	11 760	42 210
2001 年	38 949	12 486	11 301	62 736
2006 年	78 117	10 764	7 683	96 564

资料来源：新西兰统计局 2001 年和 2006 年人口普查资料。

　　根据新西兰移民部公布的《2009—2010 年度新西兰移民统计报告》数据显示，2009—2010 年度，新西兰移民部批准了 6 624 名来自中国大陆的移民取得永久居留权，178 名来自台湾的移民取得永久居留权，另有 139 名来自香港和 6 名来自澳门的移民也取得永久居留权。此外，17 616 名中国大陆移民取得工作许可，1 382 名台湾移民取得工作许可，938 名香港移民和 12 名澳门移民也取得工作许可。另外，来自中国大陆的留学生有 22 631 人，台湾有 1 519 人，香港有 1 307 人，澳门有 38 人。[③]

---

①　新西兰统计局 2006 年人口普查资料，新西兰统计局网站，http://www. stats. govt. nz/census/2006－census－data/quickstats－about－culture－identity。

②　新西兰统计局 2001 年、2006 年人口普查资料，新西兰统计局网站，http://www. stats. govt. nz/NR/rdonlyres/。

③　Department of Labor(Immigration)，New Zealand，*Immigration New Zealand Statistics*，2009—2010，Jan. 28，2011，新西兰移民部网站，http://www. immigration. govt. nz/migrant/general/generalinformation/statistics。

表 2-10　2007—2008 年度至 2009—2010 年度
新西兰华人获得永久居留权(按移民来源地)情况表

单位:人

年　度	大　陆	香　港	澳　门	台　湾	合　计
2007—2008 年度	6 737	148	6	176	7 067
2008—2009 年度	7 422	149	2	160	7 733
2009—2010 年度	6 624	139	6	178	6 947

资料来源:新西兰移民部网站,http://www. immigration. govt. nz/migrant/general/generalinformation/statistics。

第四节　英国的华侨华人与新移民

根据英国国家统计局 2001 年人口普查的统计数据,截至 2001 年 4 月 29 日,英国华人人数约为 247 000 人。[1] 2008 年初,英国华夏文化协会会长贝学贤先生认为,据不完全统计,英国有五六十万华人、华侨及留学生。[2] 根据 2010 年 5 月 4 日《人民日报》(海外版)的报道,英国华侨华人人数已达 60 多万,[3]包括新老华侨、华人和留学生等。

英国华侨华人大多聚居在伦敦、利物浦、伯明翰、格拉斯哥、爱丁堡、曼彻斯特、卡迪夫等大中城市,仅大伦敦区就超过 10 万人。在华人新移民中,1997 年以前以香港人为主,最近 10 多年来,来自中国大陆的新移民迅速增长。

---

[1]　英国内政部网站,http://www. homeoffice. gov. uk/materials/TalkingDiv_Main. pdf。

[2]　《英国首部华人黄页面市 冀成为华人生活指南》,星岛环球网,2008 年 6 月 20 日,http://www. stnn. cc:82/overseas/200806/t20080620_798826. html。

[3]　王丕屹:《伦敦的汉风唐韵(唐人街)》,《人民日报》(海外版),2010 年 5 月 4 日。

根据英国内政部公布的移民统计数据,2010 年度,有 14 616 名中国大陆移民获得英国移民签证,586 名中国香港移民、281 名中国台湾移民获得英国移民签证。

表 2-11　中国新移民获得英国移民签证数量情况表(1991—2010 年)

单位:人

年度/来源地	大　陆	香　港	台　湾	合　计
1991	390	1 890	—	2 280
1992	440	1 590	—	2 030
1993	640	1 520	—	2 160
1994	960	1 490	20	2 470
1995	1 130	1 310	40	2 480
1996	1 180	1 240	60	2 480
1997	1 225	895	85	2 205
1998	1 545	810	100	2 455
1999	1 525	485	120	2 130
2000	1 710	795	175	2 680
2001	1 510	605	165	2 280
2002	1 705	460	200	2 365
2003	2 570	725	255	3 550
2004	2 312	540	204	3 056
2005	3 983	805	232	5 020
2006	3 111	1 062	210	4 383
2007	3 266	784	176	4 226
2008	6 630	1 042	259	7 931
2009	9 131	688	237	10 056
2010	14 616	586	281	15 483

资料来源:The Home Office,U. K,*Immigration Statistics*,*July-September* 2011,24 Nov.,2011,英国内政部网站,http://www. homeoffice. gov. uk/science－research。

留学是近年来华人移民英国的主要方式。中国留学生已成为英国在读非欧盟学生中最大的留学群体,2010年度在英国持有学生签证的中国留学生有8.5万左右,就读语言或一般的非大学程度课程的留学生有2万人左右。

为了吸引更多留学生,英国不少院校提供数额不菲的奖学金。英国政府针对留学生推出多样的学习和工作计划,包括允许留学生在毕业之后留在英国1～2年以获得工作经验,这意味着许多中国学生毕业后有望留在英国就业,转换居留身份。中国留学生数量之多,也可以从英国内政部近年批准延长中国大陆与台湾移民留学类签证的数目中得到证实。

表2-12　2000—2010年英国批准中国(包括台湾地区)移民延长签证类别情况表

单位:人

年度	合计	留学类	工作商务	家庭依亲类	其　他
2000	7 590	5 600	1 160	460	370
2001	12 830	10 190	1 660	415	565
2002	23 235	19 810	2 015	425	985
2003	41 565	36 195	3 365	710	1 295
2004	34 940	30 400	2 965	680	895
2005	32 728	26 178	4 956	841	753
2006	33 105	25 896	5 578	1 033	598
2007	35 924	26 760	7 462	1 158	544
2008	37 849	25 092	11 354	1 107	296
2009	36 259	25 532	9 334	1 140	253
2010	42 708	34 127	7 026	1 253	302

资料来源:The Home Office, U. K, *Immigration Statistics*, *July-September* 2011, 24 Nov., 2011,英国内政部网站, http://www. homeoffice. gov. uk/science—research。

根据英国内政部 2011 年 11 月发布的《2011 年第三季度移民统计》数据,2010 年度,有 7 581 名中国大陆移民加入英国国籍,2 029 名中国香港地区移民加入英国国籍,216 名中国台湾地区移民加入英国国籍。近两年来,中国大陆新移民加入英国国籍者人数显著增加。

表 2-13 1990—2010 年华人加入英国国籍者(按移民来源地)情况表

单位:人

年度/来源地	合 计	大 陆	香 港	台 湾	澳 门
1990	394	305	76	13	0
1991	7 520	722	6 752	45	1
1992	49 634	701	48 895	38	0
1993	42 864	904	41 914	43	3
1994	7 022	829	6 141	51	1
1995	26 858	800	26 032	25	1
1996	7 137	1 050	6 028	57	2
1997	5 054	892	4 121	40	1
1998	4 987	1 425	3 497	64	1
1999	2 876	1 436	1 384	55	1
2000	3 206	1 962	1 132	107	5
2001	2 877	1 580	1 219	78	0
2002	3 409	2 362	850	193	4
2003	2 940	1 863	905	170	2
2004	2 756	1 918	661	172	5
2005	3 415	2 425	742	248	0
2006	4 002	2 601	1 215	185	1
2007	4 915	3 117	1 570	227	1
2008	4 365	2 677	1 504	183	1
2009	8 544	6 041	2 207	291	5
2010	9 828	7 581	2 029	216	2

资料来源:The Home Office, U. K, *Immigration Statistics, July-September* 2011, 24 Nov., 2011,英国内政部网站,http://www.homeoffice.gov.uk/science—research。

此外,根据福建省侨办访问团 2010 年 10 月调查的数据,阿根廷现有华侨华人 12 万人,其中福建籍占 80%,福清籍有 3 万多,每年在阿出生的婴儿逾千人。主要在布宜诺斯艾利斯从事超市业,目前开办超市 8 000 多家。巴西有华侨华人 23 万,福建籍有 1 万多人,多数是连江籍,集中在工业港口城市圣保罗,主要从事国际贸易和经营服装店。智利华侨华人总量较少,仅 3 万多人,其中福建籍有 1 000多人,主要是新华侨华人。①

①　陈传应:《出访阿根廷、巴西、智利情况报告》,《福建侨务》,2010 年第 6 期,第 11 页。

第 三 章

经济事业发展

　　中国以外的华侨华人经济资源,一直是华侨华人研究的热点问题。尤其是对华商资产总额的估算,一直是研究华侨华人经济活动及其与中国关系的重要课题。进入新世纪以来,海外华商已成为世界经济中一支日益活跃的力量,海外华侨华人的经济事业进一步发展。

　　厦门大学庄国土教授主持的 2009—2010 年国务院侨办重点课题《华侨华人经济资源研究——以华商资产估算为重点》,通过对大华商最为集中的前东盟五国华商中小企业的研究(以新加坡和泰国为例),提出即使是在大华商集中的地区,华商中小企业资产也应当占华商资产总额的 30％～50％的实证依据。在其他地区,中小企业可能是华商的主体。

　　该课题组的初步研究结论为:东南亚的华商的资产约 15 051 亿美元。其中,华商大企业的资产 9 506 亿美元,中小企业 3 994 亿美元,外来华资 1 557 亿美元。由于各国的中小企业的数据不全,该部分可能低估或大大低估。如以国别分,则新加坡为 5 986 亿美元(占39.77％)、泰国 3 853 亿美元(占 25.6％)、马来西亚 1 812 亿美元(占 12.04％)、印度尼西亚亿 1 866 亿美元(占 12.4％)、菲律宾 797 亿美元(占 5.3％)。东南亚五国占据东南亚华商资产的 95％。即使扣除大陆华资的 77.85 亿美元,也在 1.49 万亿以上。由于对后东盟五国的数据掌握不够,只能依靠现有资料估算,对后五国估计应当远低于实际数额。但后东盟五国的华商实力较小,虽然低估,对东南亚十国华商资产总额的影响不大。东南亚华侨华人数量占世界华侨华人人口的 73.5%,如以其他地区的华商人均资产等同于东南亚华侨华人,则港台和东南亚以外的世界华商,其资产总额应在 5 500 亿美元左右。东南亚与其他地区的华商资产当在 2 万亿美元以上。加上港澳台地区,中国大陆以外的"世界华商"资产总额当接近 5 万亿美元。[①]

第一节　东南亚华商资产的估算

第二次世界大战以后,随着国际形势与东南亚各国社会政治经济环境的变化,东南亚华人逐渐融合于当地社会,成为当地国家民族的组成部分——华族。东南亚华侨社会逐渐转变为华人社会,华人经济也成为当地民族经济的重要组成部分。华族充分发挥自身善于经商等特点,克服种种困难,不断改进经济活动方式,抓住各种契机,扩大经济活动范围,为自己获得了应有的经济地位,并为居住国的经济发展作出了不可磨灭的贡献。同时伴随着东南亚华族经济的崛起,华商网络日益形成,华人资本逐渐成为本地区乃至世界范围内一支不可忽视的经济力量。华人资本指华人所有或者华人控制的资本,其所有的资本往往表现为其拥有的财富或企业股份及资产,其控制的资本指所控企业的资产。企业是资本的载体,华人资本离不开华人企业,华人企业指由华商创办或控制的企业。[②]

---

① 庄国土教授主持"华侨华人经济资源研究——以华商资产估算为重点"课题研究报告,未刊,2010 年 11 月。

② 石维有:《战后泰国华商发展史研究——关于资本积累的变化(1945—1996)》,厦门大学博士学位论文,2005 年 6 月,第 16 页。

一、东南亚华商资产的估算及其方法

东南亚华商是世界华商的重要组成部分,从表 3-1 可知,华人企业占据了泰国、印度尼西亚、菲律宾企业总数的 40％、37％、30％,以及总销售额的 31.3％、29.8％、22.2％。它们当中既有实力雄厚的华人企业集团,也有数量庞大的华人中小企业,其中华人企业集团是东南亚地区华人资本的中坚力量,而华人中小企业则构成该地区华人资本的重要组成部分。东南亚华人企业集团大致形成于 20 世纪70 年代,而其经济实力的迅速发展则是在 80 年代。[①] 到了 20 世纪90 年代,东南亚华人企业已逐渐成为区域一股新兴的国际投资力量,并在区域经济发展中发挥愈益重要的作用。2007 年 11 月出版的第 46 期香港《亚洲周刊》报道,根据亚洲地区前 1 000 大华商上市企业 2006 年年报所披露的数据测算,除中国大陆企业外,亚洲地区华商营业额平均增长约 33.5％,纯利平均增长 25％。华商已经成为全球第三大经济群体,在强劲的发展势头下即将超越日商成为第二大经济群体。

2010 年 12 月 5 日香港《亚洲周刊》发布的 2010 年全球华商1 000 强排行榜的资料显示,在全球排名前 1 000 强的华人企业中,除去总部设在大陆的企业共有 325 家,其中新加坡有 31 家,马来西亚 24 家,菲律宾 9 家,泰国 9 家,印度尼西亚 8 家,东南亚五国合计81 家,占大陆外总数的 24.9％。新加坡、马来西亚、菲律宾、泰国、印度尼西亚五国入选“全球华商 1000”的华人企业股票市值分别为1 482 亿美元、863 亿美元、302 亿美元、346 亿美元、250 亿美元,合计3 243 亿美元,占大陆外上市企业股票总市值的 22.0％左右。五国入选的 81 家华人企业总资产为 7 948 亿美元,占大陆外上市企业资产总值的 24.9％左右。上述数据表明,新加坡、马来西亚、菲律宾、

---

① 王勤:《东南亚华人企业集团的形成与发展》,《厦门大学学报(哲社版)》,1995 年第 4 期,第 25 页。

泰国、印度尼西亚五国华人企业集团具备雄厚的经济实力,在世界和亚洲的华人企业中占有相当重要的地位。

表 3-1　华人资本在马来西亚、印度尼西亚、泰国、菲律宾所占份额情况表

单位:%

资本类型	国家							
	马来西亚		菲律宾		泰国		印度尼西亚	
	N	M	N	S	N	S	N	S
国家资本	20.0	48.0	20.0	31.4	10.0	13.2	55.0	67.1
本地资本	30.0	22.6	16.7	16.9	10.0	9.9	—	—
华人资本	35.0	25.3	30.0	22.2	40.0	31.3	37.0	29.8
外国资本	15.0	4.1	33.3	29.5	40.0	45.6	8.0	3.1

资料来源:Ikuo Iwasaki, *A Reflection on Some Basic Characteristics of Ethnic Chinese capital in Contemporary Southeast Asia*, in edited by Yu Chungsun, *Ethnic Chinese Their Economy*, *Politics and Culture*, The Japan Times, Ltd. 2000, p.30. 转引自庄国土、刘文正著《东亚华人社会形成和发展:华商网络、移民与一体化趋势》,厦门:厦门大学出版社,2009 年,第 319 页。

注:N—公司数目,S—总销售额,M—市场占有额。

东南亚华商中,除了实力雄厚的华商巨贾,资产额巨大的华人企业集团外,还有数量众多,在各国经济中扮演重要角色的华人中小企业。数量上占绝大多数华人中小企业不仅是当地生产和流通的重要力量,更是华人经济的中坚力量。在马来西亚,华人企业中有80%属中小企业,而且特别集中于小企业。[1] 在印度尼西亚,根据1984年 8 月印尼商业部的调查资料,华人商业仍维持以中小商家为主的

① 董孟雄、陈庆德:《战后经济动荡中的东南亚华人、华侨社会》,《华侨华人历史研究》,1989 年第 4 期,第 4 页。

格局,华人中小零售商达 202 115 家,占华人零售商总数的93.4%。①
在印尼企业的结构中,大型企业仅占 5%,其余 95% 为中小型企
业,②印尼的华人企业也不例外,绝大多数为中小企业。在菲律宾,
华人经济的传统基石是零售业,仅此一项,就占华人经济的比重的
43.5%。此外,新加坡 1999 年中小企业数为 102 750 家,占国内企
业总数的 89.4%,吸纳就业人数为 61.8 万,占新加坡居民就业总数
的 51.7%。1999 年新加坡中小企业增加值为 296.86 亿新元,占国
民生产增加值的 30.4%。③ 华族中小企业占据了新加坡企业总数的
80%~90 %。④

表 3-2　2010 年全球华商 1000 强东南亚华人企业状况

单位:人

	企业数	总资产(亿美元)	总市值(亿美元)
新加坡	31	4 066	1 482
马来西亚	24	1 890	863
菲律宾	9	442	302
印度尼西亚	8	311	250
泰国	9	1 239	346
东南亚	81	7 948	3 243
全球(除大陆以外)	325	31 861	14 765
东南亚五国占比	24.9%	24.9%	22.0%

资料来源:[香港]《亚洲周刊》,2010 年 12 月 5 日。

————————

① 汪慕恒主编:《东南亚华人经济》,福州:福建人民出版社,1989 年,第 112 页。

② 江宗仁著:《印尼华人经济现况与展望》,台北:世华经济出版社,1992
年,第 155 页。

③ 新加坡标新局,*SPRING Singapore*,*annual reports*,2001—2002,
新加坡标新局网站,http://www.spring.gov.sg。

④ 廖小健等著:《全球化时代的华人经济》,北京:中国华侨出版社,2003
年,第 159~161 页。

东南亚华商中,除了实力雄厚的华商巨贾,资产额巨大的华人企业集团外,还有数量众多,在各国经济中扮演重要角色的华人中小企业。数量上占绝大多数华人中小企业不仅是当地生产和流通的重要力量,更是华人经济的中坚力量。在马来西亚,华人企业中有80%属中小企业,而且特别集中于小企业。[①] 在印度尼西亚,根据1984年8月印尼商业部的调查资料,华人商业仍维持以中小商家为主的格局,华人中小零售商达202 115家,占华人零售商总数的93.4%。[②] 在印尼企业的结构中,大型企业仅占5%,其余95%为中小型企业,[③]印尼的华人企业也不例外,绝大多数为中小企业。在菲律宾,华人经济的传统基石是零售业,仅此一项,就占华人经济的比重的43.5%。此外,新加坡1999年中小企业数为102 750家,占国内企业总数的89.4%,吸纳就业人数为61.8万,占新加坡居民就业总数的51.7%。1999年新加坡中小企业增加值为296.86亿新元,占国民生产增加值的30.4%。[④] 华族中小企业占据了新加坡企业总数的80%～90%。[⑤]

改革开放以来,尤其是进入20世纪80年代后,随着中国改革开放的不断深入,引进外资的力度不断加大,东亚 体化趋势日益明显。东南亚华商发展日益受到国内外学者重视,东南亚华商总资产一直是海内外各界所关注的问题。对于华人大型企业,可以通过企

① 董孟雄、陈庆德:《战后经济动荡中的东南亚华人、华侨社会》,《华侨华人历史研究》,1989年第4期,第4页。

② 汪慕恒主编:《东南亚华人经济》,福州:福建人民出版社,1989年,第112页。

③ 江宗仁著:《印尼华人经济现况与展望》,台北:世华经济出版社,1992年,第155页。

④ 新加坡标新局,*SPRING Singapore*,*annual reports*,2001—2002,新加坡标新局网站,http://www.spring.gov.sg。

⑤ 廖小健等著:《全球化时代的华人经济》,北京:中国华侨出版社,2003年,第159～161页。

业年报、股市等多种渠道了解其资产情况,而对于大多数的华人中小企业而言,其资料相对较为缺乏。因此对华人中小企业资产的估算是本课题的一大难点也是一大创新点。对于东南亚华商资产的估算,海内外学者众说纷纭,相差甚大。

二战前夕,据美国学者卡利斯的估计,英属马来亚、菲律宾、泰国、荷属东印度四地的华侨所支配的资本总额约为 5.5 亿美元,从事的行业涉及零售贸易、种植业、矿业、金融业、运输业和加工制造业等领域。①

1950 年代初至 60 年代,东南亚的华人商业资本遭到限制后,逐渐向工业资本转移,经济实力有所增长。因此日本学者内田直作、游仲勋估算该时期东南亚华商资本分别增长为 29.67 亿美元、29.30 亿美元。②

20 世纪 70 年代,东南亚五国华人充分发挥自己的特长与潜力,抓住东盟国家工业化过程的发展机遇,经济上取得了长足的进展,华人资本额迅速扩大。美国学者吴元黎估算该时期的东南亚华商资本为 166 亿美元。③

20 世纪 80 年代,日本学者游仲勋估算 80 年代前半期东南亚华商资本增长为 600 亿美元,而厦门大学李国梁(郭梁)教授估算 80 年

① Helmut G. Callis , *Capital Investment in Southeastern Asia and the Philippines* , in Annals of the American Academy of Political and Social Science , Vol. 226 , Mar. 1943 , pp. 29~30.

② 游仲勋著:《华侨经济研究》,东京:亚洲经济研究所出版,1969 年,第 173 页。

③ 引自:Yuan Li Wu and Chun hri Wu, *Economic Development in Southeast Asia:The Chinese Dimension* , 斯坦福:胡佛研究所出版,1980 年,第 172 页。转引自郭梁著《东南亚华侨华人经济简史》,北京:经济科学出版社,1998 年,第 200~202 页。

代后半期东南亚华商资本为 1 000 亿美元。①

20 世纪 90 年代亚洲金融危机前,据《亚洲周刊》估计,东南亚华人资本高达 3 000 亿美元,大约是 20 世纪 70 年代的 18 倍。

龙登高教授在《跨越市场的障碍:海外华商在国家、制度与文化之间》一书中认为:2004 年华人为最大股东的上市公司,资本额占据日本、中国大陆、韩国以外的亚洲 10 个股票交易市场股票价值总额的 66%,其中,国际华商 500 强的总市值高达 5 910 亿美元。②

中新社《2007 年世界华商发展报告》课题组,则是根据《亚洲周刊》发布的全球华商 1000 强华商上市公司总资产情况,除去中国大陆企业后,亚洲地区华商企业总资产约为 3.2 万亿美元。再结合中国商务部提供的资料(近 30 年来,世界华商投资中国的资金中有 87% 来自亚洲地区),假定世界各地华商对中国大陆的投资倾向与其资产水平基本相同,推断出世界华商总资产的 87% 集中在亚洲地区。按此比例推算,全球华商的总资产约为 3.7 万亿美元。当然,这一数据主要是根据达到相当规模的上市华商企业的总资产推算出来的,由于非上市公司及众多小企业数据不全,无法统计,故不在该报告计算范围内。因此,3.7 万亿美元当属对世界华商总资产的保守估计。③

上述国内外学者尽管对东南亚华商的资产进行了一个大概估算,基本反映了东南亚华商资产的变化发展历程,但是以上国内外学者对东南亚华商的资产估算主要是集中在上市华人企业集团或者大型华人企业,通过东南亚这些华人企业集团的数据来推估东南亚华

① 郭梁著:《东南亚华侨华人经济简史》,北京:经济科学出版社,1998 年,第 200~202 页。

② 龙登高著:《跨越市场的障碍:海外华商在国家、制度与文化之间》,北京:科学出版社,2007 年,前言第 vii 页。

③ 世界华商经济年鉴编委会编:《2007—2008 年世界华商经济年鉴》,北京:世界华商经济年鉴杂志社,2009 年,第 10 页。

表 3-3　2007—2009 东南亚各国华商资产统计

单位:亿美元

国别	年度	国内华商资产统计		国际华商投资统计			总资产
		大企业 (上市与非上市)	中小 企业	大陆 华资	港澳 台资	其他	
印尼	2008			5.43	139.21	83.22	1 866
	2009	1 295	343				
新加坡	2007	4 356	1 367.2				5 986
	2008			35.02	112.56	115.34	
马来西亚	2008	615.8	875.4	3.61	152.79	164.3	1 812
泰国	2007		1 156.4		121.3		3 853
	2008			49.18	179.08		
	2009	2 342		4.48			
菲律宾	2009	515.8	242.5				797
	2008			0.87	24.44	13.59	
越南	2007						546
	2008	274.9			271.7		
缅甸	2008	67.17			4.59	12.87	94
	2009			9.3			
柬埔寨	2007	20	10.07		3.93		50
	2008				0.42	8.94	
	2009			6.33			
文莱	2008	17			2.12	14.92	34
	2009			0.17			
老挝	2008	3			0.38	4.29	13
	2009			5.36			
总计		9 506.6	3 994.57	77.85	882.62	596.55	15 051

商的总体资产状况。而对于东南亚未上市大型华人企业、华人中小企业资产状况则未纳入估算范围。这是由于该部分华人企业资料相对匮乏,加之东南亚华人企业在日益全球化和区域化的大潮中华人的特性也不再那么明显等因素,因此本课题致力于对当前东南亚华商资产估状况进行一个全面系统的梳理和估算,并重点对东南亚华人中小企业等资产情况进行考量。

庄国土教授主持课题组的研究结论为:东南亚华商的资产约15 051亿美元。其中新加坡为5 986亿美元(占39.77%)、泰国3 853亿美元(占25.6%)、马来西亚1 812亿美元(占12.04%)、印尼1 866亿美元(占12.4%)、菲律宾797亿美元(占5.3%)。东南亚五国占据东南亚华商资产的95%。即使扣除大陆华资的77.85亿美元,也在1.49万亿美元以上。

课题组对东南亚华商的资产估算的总体思路大致是:以国别为基本单位,先后对东南亚各国的华人大型企业资产、华人中小企业资产进行估算,此外还对各国外来华资情况进行考量。①

大华商当然是各国华商资本的主要所有者,而中小华商尽管人数占绝大部分,但拥有的资本远不及大华商。鉴于老挝、文莱、缅甸、越南等华人中小企业数据较为匮乏,本课题就不区分大型、中小型企业,而是统一以华人资产进行估算。

东南亚各国外来华资是东南亚华商资本的重要补充,同时也是东南亚华商网络与世界华商网络联结的重要枢纽。其主体是大陆、台湾、香港、东盟的华资。本课题主要是对大陆、台湾、香港及东盟其他九国对该国的直接投资额作为外来华资来进行推估。对于日本、

---

① 本课题所关注的外来华商群体,指具有中国国籍或华裔血统、活跃在世界经济舞台上的商人群体,包括港澳商人、台湾商人以及遍布世界各地的华侨华人中从事商业活动者。从中国大陆走出去,正活跃在国际经济舞台上的中国大陆商人,也在此研究之列。至于中国大陆国有企业的在外投资是否属于华商,则须专门厘清。

朝鲜半岛以及东亚以外地区的华商资产,本课题在统计时作对冲抵消处理。当然还有更多国家和地区华人企业对东南亚国家进行了投资,但东南亚国家的投资中也包含非华资成分,同时东南亚华商也对其他区域进行投资,因此本课题对此做对冲抵销处理。对于香港、东盟对东南亚国家直接投资额本课题选取 1995—2008 年这 14 年间的直接投资累计额来统计。当然在香港、东盟的直接投资中含有非华商企业成分,但同时其他地区对东南亚的直接投资中,特别是百慕大、维尔京群岛等转投资地中也有大量的华商企业成分,因此也视为对冲抵消。

越南的华商资本主要由越籍华人资本与外来华商资本构成。越南的经济发展存在较大的地区差异,且多达半数的越籍华人集中于胡志明市,本课题在计算越籍华人总资产时依此情形分别计算胡志明市华族资本和其他地区的华族资本,再予以求和。在推估其他地区的华人资产时,主要借用台湾学者林建山计算全球华人资产毛额的方法加以处理。

缅甸的国内华商资产是根据华人从事不同行业占当地比例状况得出。老挝、文莱的华人资产所占的比例较小,本课题根据华人人口所占的比重,假定华人在两国经济中占比略高于人口占比,得出两国华人资产状况。

此外,在统计和推估新加坡、马来西亚、菲律宾、印尼、泰国华商资产时,判定的标准是企业的主要持股人和控股公司是否为华商或华商企业。由于企业持股情况复杂,所判定的华商企业必然含有非华商资本成分,但其他非华商企业中也同样含有部分的华商资本,因此视之为对冲抵消。

课题组的研究结论为:东南亚华商的资产约 15 051 亿美元,但是由于在处理相关比例上,本课题主要采取较为保守的推估,因此东南亚华商的实际资产应当高于该数据。

二、印尼华商资产估算

关于印尼华人经济在国民经济中的比重与地位问题,1967 年,在全国教育活动会议的讲话中,时任印尼总统苏哈托称"3%的华人控制了印尼 70%的经济"。对华人经济的这一定位成为"新秩序"时期印尼政府针对华人的种种限制政策的理由之一。也有印尼学者指出,华人资产只占印尼全国资产的 25%~30%。[①] 尽管对于印尼华人经济在国民经济中比重的说法不一,但不可否认的是,华商资本在印尼经济中扮演着重要的角色。

印尼 4 000 多家私营大企业大部分是华人企业,资产数额大。2008 年东南亚 40 大华人企业排行榜中,印尼 6 家企业榜上有名,总资产达 180 亿美元。[②] 截至 2009 年 12 月 24 日,金光农业资源股份有限公司、盐仓股份有限公司、印多福食品公司、巴里多太平洋股份有限公司等排名前 10 位的华人上市企业股票市值超过 200 亿美元。[③]

在不少地区或行业,华商占据了相对优势地位。比如苏北省青年企业家协会会长萨布里·巴沙认为,在华人占总人口比例10.65%的棉兰市,90%的工业和商业零售份额为华商所控制。[④] 又如,仅盐仓集团一家生产的丁香烟就占据了印尼香烟市场的 50%。此外,印尼 65%的纺织蜡染,75%的面粉面条加工,80%的成衣、木材、水泥制品都为华人企业所生产。

经课题组研究估算得出:印尼华商资产为 1 866 亿美元。

---

① 印尼学者布林汉·马根达的观点,原载[印尼]《棱镜》1990 年第 4 期,转引自《地平线》2007 年第 8 期。

② 根据[香港]《亚洲周刊》2008 年 11 月 23 日资料统计。

③ [香港]《亚洲周刊》,2009 年 12 月 6 日。

④ East Asia Analytical Unit, *Overseas Chinese Business Networks In Asia*, AGPS Press, Canberra, 1995, p.40.

（一）华人大型企业资产状况

印尼华资，包括印尼国内华商资产，也包含国际华商投资于印尼的资产，是一个相对广义的概念。印尼知名华商林文光曾按照资产额对印尼华商进行了分级，华人中约 170 位拥有大财团或集团企业；约 5 000 多位为中型以上企业老板，还有近 30 万经营商贸的小企业主。[①] 综合各方面公布的资料，课题组认可这一判断，并以此作为推算印尼华商资产的基础。

截至 2009 年 12 月，印尼证券交易所共有 399 家上市企业，同期印尼 170 家华人企业集团旗下的子公司数量则有上千家。从实力考虑，399 家上市企业中的华人公司绝大多数应属于这些集团。唯一一次对华人上市公司情况所作的详细调查是在 1995 年，由澳大利亚学者迈克尔·贝克曼及其研究小组完成的。他关于"华人企业资产占印尼私人企业市值 73%"的论断得到澳大利亚外交和商贸部认可，[②]并时常见诸分析印尼华人经济的各类文献，本课题组暂以此为据。2009 年 12 月底，印尼股市市值为 2 006.7 万亿盾。[③]减除 14 家上市国有企业的 630.8 万亿盾市值后剩余约 1 376 万亿盾，以 73% 的比例计算，则华人企业的资产有 993 万亿盾，合计 1 045 亿美元。

如把华人上市企业中原住民及外资所占股份和华人非上市企业的资产作大致抵销，则可将 1 045 亿美元视为 170 家华人企业集团的资产。

---

① 参见林文光先生在第三次世界华人论坛上的发言，http://2008.vod-vv.com/07/t5_2.htm。

② East Asia Analytical Unit, *Overseas Chinese Business Networks In Asia*, AGPS Press, Canberra, 1995, p.40.

③ ［印尼］《威瓦新闻》2009 年 12 月 30 日。见 http://bisnis.vivanews.com/news/read/117219－nilai_kapitalisasi _pasar_saham_naik_86_4_。

（二）华人中小企业资产状况

1.5 000 家中型以上华人企业资产

本课题组拟根据印尼合作社委员会对企业的普查结果,对 5 000 家华人企业资产作保守估算。据印尼合作社委员会 2008 年 7 月的统计数据,全印尼数千万家企业中,资产 10 亿～500 亿盾的中型企业占 0.24%;资产 500 亿盾以上的大企业占 0.01%。[①] 从华人在印尼经济中的历史地位判断,5 000 家华人企业大部分应属上述大型企业的范围。此处仅以净资产 500 亿盾（约 500 万美元）划分大中型企业的界限,作为上述华人企业的平均资产。以此推算,该部分华人企业的资产约为 250 亿美元。

2.华人小企业主和个体工商户的资产

印尼合作社委员会称,资产在 2 亿至 10 亿盾之间的小企业占印尼企业总数的 4.05%。如以其中间值 6 亿盾（6 万美元）作为华人小企业的平均资产,则可估算出 30 万华人业主的总资产大约为 180 亿美元。

印尼华人大多经商,著名华人企业家陈伯年认为 80% 的印尼华人拥有自己的产业。[②] 印尼约有 200 万华人家庭,按 80% 的华人家庭拥有产业估计,扣除拥有大中小型企业的家庭后,约有 130 万户华人家庭为个体工商户。按印尼合作社委员会所说个体工商户资产在 5 000万～2 亿盾之间推算,华人个体工商户的总资产约为 163 亿美元。

[①]　转引自印尼法规研究中心《中小型和微型企业法及其实施的挑战》一文,见 http://202.134.5.138:2121/pls /PORTAL30/indoreg.irp_editorial.show_editorial? id=1180。

[②]　《江门日报》,2009 年 6 月 9 日。

表 3-4　印尼华商资产总量情况表

单位:亿美元

华商类型	财团或企业集团	大中型企业	小型企业	个体工商户
资产金额	1 045	250	180	163
合计	1 638			

(三)外来华商资产

国际华资是印尼外资中的有机组成部分,其中以新加坡、香港、台湾地区和中国大陆的直接投资为主。

1.东盟对印尼的直接投资

根据新加坡统计局《对外投资统计 2003—2008》,新加坡每年对印尼的投资件数都超过 60 件,投资额均在 10 亿美元以上。截至2008 年,新加坡对印尼的投资存量达 183.1 亿美元。[①] 但根据东盟秘书处数据库《2003 年东盟统计年鉴》、《2008 年东盟统计年鉴》的统计显示,1995—1999 年东南亚九国对印度尼西亚直接投资累计为6.09亿美元,[②]2000—2008 年东南亚九国对印度尼西亚直接投资累计为 77.13 亿美元,[③]1995—2008 年合计 83.22 亿美元。

2.香港、台湾对印尼的直接投资

据东盟秘书处数据库《2003 年东盟统计年鉴》、《2008 年东盟统计年鉴》数据显示,1995 1999 年香港对印尼的直接投资累计为

---

① Department of Statistics, Ministry of Trade & Industry, Singapore, *Yearbook of Statistics Singapore* 2010, 2010, p. 94.

② ASEAN Secretariat — ASEAN FDI Database: *ASEAN Statistical Yearbook*, 2003, p. 158.

③ ASEAN Secretariat—ASEAN FDI Database 2009: *ASEAN Statistical Yearbook*, 2008, p. 129.

3.03亿美元,[①]2000至2008年香港对印尼的直接投资累计为8 760万美元,[②]1995—2008年合计3.91亿美元。

中国台湾在印尼的投资来源国(地区)中名列第8位,深受印尼政府器重和优待。据台湾"经济部"投资审议委员会、投资业务处统计数据,截至2008年12月底,台商在印度尼西亚投资达1 194件,金额累计为135.3亿美元。[③]

3.中国大陆对印尼的直接投资

中国对印尼的投资随着1990年两国复交而逐年增加,2005年中印(尼)双方缔结战略合作伙伴后,包括相互投资在内的经贸关系进一步密切。印尼在中国对外直接投资存量中排名第20位,在东盟各国中仅次于新加坡。至2008年末,中国大陆对印尼直接投资存量为5.43亿美元,[④]约占中国大陆对东盟各国直接投资总量的8%。[⑤]

表3-5 新加坡、香港、台湾和中国大陆对印尼直接投资情况表

单位:亿美元

国家(地区)	东盟	香港	台湾	中国大陆
累计投资	83.22	3.91	135.3	5.43
合计	227.86			

---

① ASEAN Secretariat — ASEAN FDI Database: *ASEAN Statistical Yearbook*, 2003, p.153.

② 东盟秘书处:《东盟统计年报2008》(英文版),第138页。

③ 1959—2005年统计数据来源台湾"经济部"投资审议委员会、投资业务处;2006—2008年统计数据来源自印尼投资协调署。

④ 这些统计并未包括石油和天然气领域的投资,而事实上中国在这个领域的投资额要远远高于其他领域,仅2005年印尼总统苏西洛访华时,两国签下的该领域投资协议就达40亿美元。

⑤ 中华人民共和国商务部、国家统计局、外汇管理局:《2008年度中国对外直接投资统计公报》,2009年9月,第21页。

　　需要说明的是,还有更多国家和地区华商对印尼进行了投资,但东盟、香港对印尼的投资中也包含非华资成分,此处作对冲抵销处理。另外,如果按照印尼官方的数据,各国华商对印尼的投资额高于本课题组统计,如认为至 2007 年中国对印尼投资项目数达 574 个,投资存量达 80 亿美元。① 这很大程度上是因为印尼国内资本(以华人资本为主)为获投资优惠采用了变通的投资方式。

　　印尼的国内华商资本(1 638 亿美元)与国际华资投资(227.9 亿美元)总量为 1 866 亿美元以上,相当于印尼 2009 年名义 GDP(5 908亿美元)的 1/3 左右。国内华资与国际华资良性互动,对维持印尼国民经济的发展作用突出。

表 3-6　印尼华商资产总量情况表

单位:亿美元

华商类型	财团或企业集团	大中型企业	小型企业	个体工商户	外来华商
资产金额	1 045	250	180	163	227.9
合计	1 865.9				

三、菲律宾华商资产估算②

　　菲律宾华商资产是由菲律宾籍华商、其他地区华商在菲律宾所拥有的资产组成,其中占主要地位的是菲律宾籍华商资产,约占菲律宾华商资产的 90% 以上,包括菲律宾华商上市企业、非上市大中型企业的资产。而微小型华商企业、个体商贩、种植业及其他小额华人资产则通过菲律宾籍华人私人资产来体现。其他地区华商在菲律宾

---

　　①　[印尼]《希望之声报》,2008 年 8 月 15 日,http://www.sinarharapan.co.id/berita/0808/15/eko02.html.

　　②　本文采用厦门大学南洋研究院 2009 级博士生王晓东关于菲律宾华商资产的估算。

的直接投资是菲律宾华商资产的重要补充。根据本课题组的统计估算,菲律宾的华商资产为 797.2 亿美元。

(一)华人大中型企业资产状况

截至 2009 年年底,菲律宾股市共有上市企业 248 家,[①]通过对这些企业的控股公司、董事会成员、持股结构的分析,确定属于华商上市公司共有 73 家,占菲律宾上市企业总数的 30%。其中菲律宾籍华商上市企业 68 家,主要属于吴奕辉、彭泽伦、叶应禄、郑少坚、陈觉中、吴聪满、杨应琳、陈永栽、施至成和吴天恩集团。上述菲律宾华商上市企业的资产总额约为 19 374 亿比索,约合 421.18 亿美元。而据菲律宾证券交易所 2009 年最后一期周报统计,菲律宾股市总市值为 60 291 亿比索,外资为 20 370 亿比索。华商上市公司资产占所有上市公司总资产的 32%,占菲律宾国内上市公司资产的 49%。

《华人经济年鉴》曾于 2001 年进行统计,华商拥有全菲 1 000 家最大公司和所有中型公司的半数。[②] 这一比例基本符合菲律宾股市中华商资本与原住民资本的比例,笔者假设这一比例目前仍然保持不变,对非上市菲律宾籍华商大中型企业的资产进行推估。根据菲律宾工贸部 2006 年的统计,菲律宾共有 2 596 家大型企业,2 839 家中型企业。[③] 据此数值推估出菲律宾目前非上市大型企业中华人企业在 1 200 家左右,华人中型企业在 1 500 家左右。而根据菲律宾工贸部对各类企业的划分,中型企业指资产在 150 万至 1 000 万比索之间的企业,大型企业指资产超过 1 000 万比索的企业。[④] 除个别企

---

① 本课题采用的菲律宾股市数据以 2009 年 12 月 24 日为基准。

② 华人经济年鉴编委会编著:《华人经济年鉴》(2000/2001),北京:朝华出版社,2001 年,第 96 页。

③ 菲律宾工贸部网站,http://www.dti.gov.ph/dti/index.php? p=32,2009 年 12 月 24 日。

④ 菲律宾工贸部,*Small and Medium Enterprise Development*(SMED)*Council Resolution*,No. 01 Series of 2003,2003 年 1 月 16 日出版。

业外,华商上市企业资产均超过了 5 亿比索。假设 5 亿比索为上市企业与非上市企业的分界线,则非上市大型企业资产集中在 1 亿至 5 亿比索之间,平均值为 3 亿比索/家;而中型企业资产取中间值 5 000 万比索/家。据此推算,菲籍华商非上市大中型企业资产总额为 4 350 亿比索,约合 94.6 亿美元。在菲律宾非上市华商大中型企业中也有不少资本雄厚的大型企业,如姚祖烈的联合制药,郭麦连洛的水银药业、陈永栽的菲律宾航空、亚洲啤酒、福川烟厂,吕希宗的椰油厂等知名企业。因此,94.6 亿美元只是保守数字。

(二)华人小企业及个人资产

从菲律宾华人就业分布情况来看,绝大多数华人从事零售业、餐饮业、种植业等行业,微小型企业居多,甚至是个体企业,他们的资产基本上属于个人资产,数额较小,难以统计。根据台湾"侨委会"1999 年的一项调查研究中,通过实地访问专家和地区代表领袖的方式估算出 2000 年亚洲地区华人的年平均所得为 4 248 美元,储蓄率为 42%。① 假设这两个数值适用于菲律宾小企业华商,根据平均储蓄率和"财产累积七年循环周期理论"②来计算,华人小型、微型华商企业、个体企业中的华商资产视为包含在其中。2000 年到 2009 年间菲律宾的 GDP 年增长率平均约为 5%,2003 年到 2009 年这七年的菲律宾华人年平均所得较 1999 年增长 30%,即 5 500 美元/每年,七年总收入为 38 500 美元,储蓄额为 16 170 美元。由于华人善于理财,较少浪费,除房屋贷款外很少负债,所以可视储蓄额为可自由支配的资产净额。以菲律宾华人人数为 150 万推估,得出菲律宾华人

---

①　台湾环球经济社国际经济研究所华人经济研究计划小组评估。

②　"财产累积七年循环周期理论"是指华人个人所得中,未消费掉的储蓄,每累积七年即可构成华人一笔具有固定性的财产。台湾"侨委会"在《全球华人经济力现况与展望研究计划总结报告》中使用该方法推计海外华人私人资产。

小企业及个人资产总额为 242.5 亿美元。

(三)外来华商资产

1.中国大陆对菲律宾的直接投资

据中华人民共和国商务部、统计局、国家外汇管理局《2009 年中国对外直接投资统计公报》的数据,2008 年中国对菲律宾投资流量为 3 369 万美元,占中国 2008 年对东盟直接投资流量的 1.36%。[①]截至 2008 年年底,中国对菲律宾直接投资存量为 8 673 万美元,占中国对东盟直接投资存量的 1.34%。[②]

2.台湾对菲律宾的直接投资

据台湾"经济部"投资审议委员会、投资业务处的统计数据,截至2007 年年底,台商经核准到菲律宾投资案例为 966 件,累计投资总额达 15.9 亿美元。[③]

3.香港、东盟对菲律宾的直接投资

根据东盟秘书处数据库《2003 年东盟统计年鉴》、《2008 年东盟统计年鉴》的统计数据资料,1995—1999 年香港对菲律宾直接投资累计为 4.26 亿美元,[④]2000—2008 年香港对菲律宾直接投资累计为4.284 亿美元,[⑤]1995—2008 年合计为 8.544 亿美元。

根据东盟秘书处统计数据显示,1995—1999 年,东南亚九国对

---

① 中华人民共和国商务部、统计局、国家外汇管理局:《2009 年中国对外直接投资统计公报》,2010 年 9 月,第 53 页。

② 中华人民共和国商务部、统计局、国家外汇管理局:《2009 年中国对外直接投资统计公报》,2010 年 9 月,第 54 页。

③ 台湾"侨委会"编:《2007 年台湾华侨经济年鉴》,台北:环球经济社,2008 年,第 116 页。

④ Source:ASEAN Secretariat—ASEAN FDI Database:*ASEAN Statistical Yearbook*,2003,p.155.

⑤ Source:ASEAN Secretariat—ASEAN FDI Database 2009,*ASEAN Statistical Yearbook*,2008,p.138.

菲律宾直接投资累计为 6.77 亿美元，[①]2000—2008 年，东南亚九国对菲律宾直接投资累计为 6.82 亿美元，1995—2008 年合计为 13.59 亿美元。

将上述几项统计数据整合，菲律宾华商资产总量约为 797.2 亿美元。

表 3-7　菲律宾华商资产统计表

单位：亿美元

	华商上市企业资产	华商非上市大中型企业资产	大陆直接投资	台湾直接投资	香港直接投资	东盟直接投资	菲律宾华人个人资产	合　计
金　额	421.2	94.6	0.87	15.9	8.54	13.59	242.5	797.2

四、新加坡华商资产估算[②]

构成新加坡经济的两大资本是外国资本和本地资本，后者包括政府资本、华人资本、马来人资本、印度人资本。外国资本在制造业有显著优势，金融业和服务业则是华人资本和外国资本各占一半，而政府资本掌握较多大型企业，如航空业、造船业、海运业、钢铁制造业、公共交通业基本都由政府资本企业控制。新加坡华人企业主要以金融贸易、房地产、商业服务业、旅游业等为主。

根据 1986 年统计数据，华人企业在新加坡销售额最大的 500 家企业中（金融业除外），分别占有 32.8％的企业家数，24％的销售额，10％的利润，32.9％的资产，比例都在 1/3 左右。[③] 在之后的近二十

---

①　Source：ASEAN Secretariat—ASEAN FDI Database；*ASEAN Statistical Yearbook*，2003，p.160.

②　本文采用厦门大学南洋研究院 2010 级博士生黄兴华关于新加坡华商资产的估算。

③　[日]游仲勋著：《华侨华人经济》，钻石出版社，1995 年，第 149 页。

多年,新加坡企业总体的资本比例分布情况,并未发生根本性的变化。然而,新加坡华人企业的资产总额规模却有了较大的发展。

(一)华人大型企业资产状况

根据 1999 年国际华商 500 强与 2008 年全球华商 1000 强中新加坡前十大华商企业资产状况进行纵向比较,1999 年新加坡前十大华商企业集团总资产为 1 135.5 亿美元,时隔九年之后,2008 年新加坡前十大华商企业的总资产已经跃增至 3 002.8 亿美元,约为 1999年的 3 倍。

此外,根据世界银行的统计,1993 年新加坡销售额最高的 500家企业中,从企业数量上来讲,外国资本的企业数最多,占 62.8%,华人资本企业数占有 32.8%,政府资本企业数占 4.4%。从资本来源看,外国资本占 44.2%,华人资本占 22.9%。在利润方面,外国资本占 70.5%,华人资本占 10%,政府资本占 19.5%。[①] 结合 2008 年《福布斯》全球上市公司 2000 强新加坡公司数据,新加坡华人企业销售额、市值分别占新加坡上榜企业总值的 31.1%、37.7%,华人企业集团资产占比情况则变化不大。

笔者综合各种资料,根据非银行业华人企业集团的销售额与资产比率来推估新加坡华人企业集团资产状况。2008 年香港《亚洲周刊》进行的全球华商 1000 强排名中,新加坡有 40 家华人企业集团入选,资产总值达 3 416.44 亿美元,销售额为 656.69 亿美元。减去2008 年大华银行资产总值 1 161 亿美元、销售额 32.3 亿美元,华侨银行资产总值 1 159 亿美元、销售额 28.4 亿美元后,其他华人企业销售额为 596 亿美元,总资产为 1 096.4 亿美元,非银行业销售额和总资产比为 1∶1.8。[②] 而 2007 年入选全球华商 1000 强排名新加坡非银行业华人集团资产总值为 587.7 亿美元,销售额为 334.4 亿美

---

① 世界银行报告:《政府政策与经济发展》,1993 年。
② [香港]《亚洲周刊》,2008 年 11 月 23 日。

元,非银行业华人企业集团销售额和总资产比为 1：1.9,2009 年入选全球华商 1000 强排名新加坡非银行业华人集团资产总值为 1 272 亿美元,销售额 540 亿美元,销售额和总资产比为 1：2.3。①

　　假定新加坡 1000 家最大企业集团中其他华人企业集团也符合该情况,综合以上三年入选《亚洲周刊》全球华商 1000 强排名中新加坡非银行业华人企业集团销售额和总资产比情况,可知 2007 年新加坡非银行业华人企业集团销售总额和总资产比约为 1：2。而根据新加坡企业发展局的统计,2007 年新加坡 1000 家最大企业集团的销售总额为 11 568.76 亿新元。再根据世界银行等的数据,华人企业集团的销售额约占新加坡 1000 家最大企业集团的 1/4 左右,推算出 2007 年新加坡 1000 强中华人企业集团的销售额为 2 892.2 亿新元,约合 2 178 亿美元。按华人企业集团销售额与资产比约为 1：2 计算,则华人企业集团总资产为 4 356 亿美元。

(二)新加坡华商中小企业资产状况

　　新加坡华人中小企业以商业和服务业为主,制造业中小企业比重相对较小,此外家庭企业也占据一定的比重。从 1998 年新加坡 50 杰出中小企业(90％以上为华人企业)行业分布来看,华人中小企业在行业上主要集中于批发零售业(22.6％),工程服务业(17％),精密制造业(13.2％),电子制造业(13.2％),商业服务业(9.4％)和后勤服务业(7.5％)。②

　　新加坡统计局等官方机构,未按族别对新加坡华人中小企业资产情况进行精确统计,这为新加坡华人中小企业资产估算增加了一定的难度。笔者根据以下方法对新加坡华人中小企业资产状况进行估算,尽管有所误差,但基本能反映出华人中小企业资产状况。

---

　　①　[香港]《亚洲周刊》,2009 年 12 月 6 日。
　　②　根据 1998 年新加坡 50 杰出中小企业排行榜整理。其他为房地产/建筑(9.4％),制造(建筑)(3.8％),制造(食品)(1.9％),制造(化学)(1.9％)。

　　估算方法一:以新加坡某一行业华人中小企业具体比例情况作为样本,环比推估总体华人中小企业资产。以新加坡统计局2007年餐饮业服务业常年调查报告较为精确的统计数据为样本,得出新加坡餐饮行业华人中小企业中微型企业、小型企业、中型企业企业数的比例大约为0.582∶0.407∶0.011,销售额比例为0.2187∶0.592∶0.1893。[①]

　　2007年新加坡中小企业前500强销售总额为134.91亿新元,[②]当年中小企业共有14.8万家。[③]　根据廖小健教授认为当前新加坡华族中小企业约占当地企业总数的约80％～90％,[④]笔者采取较为保守的80％占比,得出2007年华人中小企业总数为11.84万家。并以2007年新加坡中小企业前500强销售总额为134.91亿新元(华人中小企业占比80％,得出华人中小企业销售总额为107.9亿新元)作为华人中型企业的样本基数,根据新加坡餐饮行业华人微型企业、小型企业、中型企业企业数样本比例为0.582∶0.407∶0.011,营业收入样本比例为0.2187∶0.592∶0.1893,通过环比计算,推出新加坡华人中小企业营业总额约为967.3亿新元,约合683.6亿美元。由于新加坡华人企业(非银行业)营业额与资产比率约为1∶2,推估出华人中小企业资产为1367.2亿美元。

　　估算方法二:综合1979、1988、1994、2000年新加坡对中小企业分类标准,对新加坡中小企业采取居中的固定生产性资产平均约为150万新元来推。2007年新加坡中小企业数为14.8万家,华人中小

---

　　①　根据新加坡统计局2007年餐饮业服务业常年调查报告整理。

　　②　新加坡国际企业发展局与新加坡DP资讯集团调查数据。新加坡中小企业500强排名是由新加坡国际企业发展局支持,新加坡DP资讯公司从8000多家新加坡本地公司,根据它们前年6月1日到去年5月31日已审计财务报告所盈利排名前500中小企业。

　　③　新加坡标新局2007年统计数据。

　　④　廖小健等著:《全球化时代的华人经济》,北京:中国华侨出版社,2003年,第159～161页。

企业占比 80％,可知 2007 年新加坡华人中小企业数约为 11.84 万家,则 2007 年新加坡华人中小企业资产为 1 776 亿新元,约合 1 256 亿美元。

　　以上两种对新加坡华人中小企业资产的估算方法,是根据新加坡中小企业不同的方面来进行推算。尽管有所误差,但基本能反映出新加坡华人中小企业资本状况。笔者倾向采用方法一的数据,即华人中小企业资产约为 1 367.2 亿美元。

(三)新加坡的外来华商资产估算

　　1.东盟四国(印尼、马来西亚、菲律宾、泰国)对新加坡的直接投资

　　据新加坡统计局提供的数据,截止 2008 年年底,印尼、马来西亚、菲律宾、泰国对新加坡的投资存量分别为 23.59 亿新元、112.08 亿新元、10.97 亿新元、16.18 亿新元,东盟四国合计 163.20 亿新元,约合 115.34 亿美元。[①]

　　2.中国大陆对新加坡的直接投资

　　新加坡是海外中资企业最为集中的国家,也是中资企业在海外仅次于香港、纽约的第三大筹资地。目前,在新加坡注册的中资企业总数超过 2 000 家,中国 100 强大企业基本上都在新加坡设立了公司或办事处;投资的行业遍及海洋与航空运输、建筑与房地产、金融、能源、贸易、科技、法律与会计、新闻出版、旅游与酒店餐饮、教育咨询等十几个领域。中国大陆也是新加坡证券交易所海外上市公司的主要来源地,截至 2010 年 5 月底,在新交所上市的中国企业达 154 家,占在新交所上市的 303 家海外公司总数的 50％以上。[②]

---

　　①　Source:Yearbook of Statistics Singapore 2010,Department of Statistics,Ministry of Trade & Industry,Republic of Singapore,July 2010,p.76.

　　②　中国驻新加坡大使馆经济商务参赞处《中资企业仍是新加坡交易所积极争取对象》,http://sg. mofcom. gov. cn/aarticle/jians/201009/20100907151071. html? 4072292814＝168056801。

据中华人民共和国商务部、国家统计局、外汇管理局的统计数据,截至 2008 年年底,中国在新加坡的投资存量为 33.35 亿美元,[①]另据新加坡统计局的统计,同期中国对新加坡的投资存量为 35.02 亿美元,[②]双方统计结果差别不大。

3. 台湾对新加坡的直接投资状况

自 1996 年起,台湾对新加坡的投资大量增加,2007 年达到空前规模,投资金额高达 11.94 亿美元。据台湾当局统计 1952 至 2008 年,台商对新加坡投资项目 459 个,累计投资 54.39 亿美元,[③]据新加坡方面的统计,截至 2008 年年底,台湾对新加坡的投资存量为 64.76 亿新元,约合 45.78 亿美元。[④]

4. 香港对新加坡的直接投资

据香港政府统计处的数据,2008 年新加坡是香港第五大投资目的地和第九大外资来源地。截至 2008 年年底,香港对新加坡投资存量为 520 亿港元,约合 66.78 亿美元。[⑤]

综上所述,通过对新加坡本土华商和外来华商的分析,本土华商资产约为 5 723.2 亿美元,外来华商资产约为 262.92 亿美元。新加坡华商资产总额约为 5 986.12 亿美元。

①　中华人民共和国商务部、国家统计局、外汇管理局:《2008 年度中国对外直接投资统计公报》,2009 年 9 月,第 13 页。

②　Department of Statistics, Ministry of Trade & Industry, Singapore, *Yearbook of Statistics Singapore* 2010 , July 2010, p.76.

③　数据来自台湾"经济部"投资审议委员会:《2008 年核准华侨及外国人、对外投资、对中国大陆投资统计年报》。

④　Department of Statistics, Ministry of Trade & Industry, Singapore, *Yearbook of Statistics Singapore* 2010, July 2010, pp.76, 190.

⑤　香港政府统计处国际收支平衡统计科:《2008 年香港对外直接投资统计》,第 18 页。

表 3-8　新加坡华商资产统计表

单位:亿美元

	华人大型企业资产	华人中小型企业资产	大陆直接投资	台湾直接投资	香港直接投资	东盟四国直接投资	合计
金额	4 356	1 367.2	35.02	45.78	66.78	115.34	5 986.12

五、马来西亚华商资产估算[①]

　　根据马来西亚统计局 2009 年第四季度最新人口统计,马来西亚华人人口约为 647.9 万,约占马来西亚总人口的 22.6%。[②] 然而,马来西亚华人在马来西亚的经济发展和国家建设上,却扮演着举足轻重的角色。经本课题组研究估算,马来西亚华商资产为 1 811.9 亿美元。

(一)华人大型企业资产

　　关于马来西亚华人大型企业资产状况,可以根据《第三马来西亚计划(1976—1980)》和《第九马来西亚计划(2006—2010)》中马来西

---

　　① 本文采用厦门大学南洋研究院 2009 级博士生何启才关于马来西亚华商资产的估算。

　　② 人口数据乃引自马来西亚统计局于 2010 年 1 月发布的《每月统计简报》(Monthly Statistical Bulletin),有关 2009 年第四季度的人口估算所得。详情请参:马来西亚统计局,http://www.statistics.gov.my/portal/index.php?option=com_content&view=article&id=570&Itemid=14&lang=en。

亚有限公司的拥股资本分布情况获得。① 表 3-9 为相关年度马来西亚有限公司的拥股资本分布情况。

表 3-9　2000 年、2004 年、2006、2008 年马来西亚有限公司的拥股资本分布情况表

拥股类别		土著个人、信托机构	华　人	印度人	其　他	代理公司	外国人	总　计
马币 (百万令吉)	1970	125.6	1 450.3	55.9	320.1	—	3 377.1	5 329.2
	2000	62 976.0	129 318.3	5 136.8	2 957.7	28 119.4	103 909.4	332 417.6
	2004	100 037.2	206 682.9	6 392.6	1 897.3	42 479.1	172 279.6	529 768.7
	2006	120 387.6	263 637.8	6 967.8	2 608.8	41 185.7	187 045.8	621 833.5
	2008	127 407.6	203 092.1	9 564.6	698.8	20 547.2	220 530.8	581 841.2
百分比 (%)	1970	2.4	27.2	1.1	6	—	63.3	100
	2000	18.9	38.9	1.5	0.9	8.5	31.3	100
	2004	18.9	39	1.2	0.4	8	32.5	100
	2006	19.4	42.4	1.1	0.4	6.6	30.1	100
	2008	21.9	34.9	1.6	0.1	3.5	37.9	100

资料来源:整理自《第三马来西亚计划(1976—1980)》;《第九马来西亚计划(2006—2010)》;《第九马来西亚计划中期检讨报告书》;《第十马来西亚计划(2011—2015)》。

---

①　马来西亚拥股权乃是根据已向马来西亚公司委员会(Companies Commission of Malaysia)注册,并还保持活跃的公司的资料进行估算而得(《第九马来西亚计划》的股权估算是根据逾 680 000 家公司的资料而得)。马来西亚政府在估算各族的拥股权时,所采取的计算法是以面值(par value)为准,而不以市值计算。采这种算法的目的主要是可以涵盖所有上市公司(listed Companies)和非上市公司(non-listed companies);以市值(market value)为准的话,则只能计算马来西亚股票市场里的上市公司。此外,股份属于政府所有的公司,包括官联公司,并不列入计算范围之内。

　　根据表 3-9 的统计数据,马来西亚华人企业在 2008 年的累计资产为 2 030.9 亿令吉,约 615.8 亿美元,占马来西亚各种族企业总资产的 34.9%,为马来西亚各族群中比例最高者。然而,华人在各个行业的总体比重已经从 1970 的 36.9%,下降到 2000 年的 29.2%,比例呈现出日渐下降的趋势。华人在 1970 年时占有约 2/3 比重的行业如矿业与采石(66%)、制造业(65.4%)、营建业/建筑业(72.1%)、批发零售及旅餐业(65.3%),分别降至 2000 年的16.6%、28.1%、39.1%和48.5%。

　　在 2004 年数据中,通过华人在各行业的股权比重,可以看到华人偏重的行业主要为农业或种植业(52.9%),其次为商业和零售业(50.7%),以及建筑业(42.6%)、矿业(39.5%)和服务业(39.5%)等。华人企业参与较少的行业是公共行业,主要包括电力、水利、供水、石油等,大部分是涉及较大资金和高新技术的领域。从事公共行业的主要是外国公司(67.3%),这也是外国公司在马来西亚拥有最多股本的经济领域。①

　　(二)华人中小企业资产

　　中小型企业在马来西亚经济发展中占据相当重要的地位。截至 2008 年年底,马来西亚共有 59.8 万家中小型企业,占国内工商业机构总量的 99.2%,中小型企业也提供了马来西亚总劳动力 56% 的就业机会。②

　　马来西亚中小企业的可分为:微型企业、小型企业和中型企业三大类。它们主要集中在制造加工业、服务业和农业。其中马来西亚的微型企业占总企业的约 80%,多为家庭式经营的企业;小型企业

　　①　Economic Planning Unit, Prime Minister's Department, Malaysia, *Ninth Malaysia Plan*, 2006—2010, 2006.

　　②　National SME Development Council, Malaysia, *SME Annual Report* 2008, Nov. 2009, p. 47, http://www. smidec. gov. my/node/488.

和中型企业分别占比18％和2％。

马来西亚的华商在中小企业中所占比例超过80％。[①]若以总数59.8万家为基准进行测算,马来西亚华人中小企业大约有48万家,其中中型企业为0.96万家,小型企业为8.64万家,微型企业为38.4万家。笔者根据马来西亚中小型企业的分类标准中各类型企业营业额的平均值,计算出华人中型企业营业额为86亿美元(平均营业额为300万令吉),小型企业营业额为259.4亿美元(平均营业额为100万令吉),微型企业营业额为92.5亿美元(平均营业额为8万令吉),[②]华人中小型企业营业额总计为437.7亿美元,由于马来西亚企业(非银行业)营业额与资产比率约为1∶2,推估出华人中小企业资产为875.4亿美元。[③]

(三)外来华商资产状况

1. 中国大陆对马来西亚的直接投资

根据中华人民共和国商务部、国家统计局、外汇管理局《2008年度中国对外直接投资统计公报》的数据,截至2008年年底,中国对马来西亚直接投资的存量为3.61亿美元。[④]

据马来西亚工业发展机构2010年2月4日公布的《2009年度

①　陈子莹:《华商对政府援助一无所知,只会涌向商业贷款和逃税》,独立新闻在线,2007年5月11日,http://www2.merdekareview.com/news/n/4039.html;梁家兴:《马来西亚政府如何协助中小企业走向国际市场》,大马经济网,2006年11月9日,http://www.malaysiaeconomy.net/my_economy/my_sme/sme/2009-07-29/91.html。

②　马来西亚中小型企业机构(SME Corporation Malaysia)对马来西亚中型、小型、微型企业定义及分类标准。

③　根据香港《亚洲周刊》2007、2008、2009年全球华商1000强排行榜中马来西亚入选的非银行业华人企业营业额与总资产比综合得出。

④　中华人民共和国商务部、国家统计局、外汇管理局:《2008年度中国对外直接投资统计公报》,2009年9月,第39页。

马来西亚制造与服务领域的表现》数据,中国在马来西亚制造业的对外直接投资约为 1. 62 亿令吉,获批准的项目计有 17 项(2008 年的投资额为 3. 5 百万令吉),在马来西亚引进的 FDI 来源地中位居第十五位。[①] 中国继日本、韩国之后,成为在马来西亚相关领域直接投资快速增长的国家之一。

2. 台湾对马来西亚的直接投资

台湾是马来西亚吸收 FDI 主要的地区之一,1990 年位居马来西亚吸收对外直接投资国家和地区首位,当年投资额达到 23. 5 亿美元。截至 2007 年 12 月底,台商在马来西亚投资达 2 550 件,累计投资金额为 107. 2 亿美元。[②]

3. 新加坡对马来西亚的直接投资

新加坡对外直接投资的亚洲国家中,马来西亚排第二位,是继中国之后新加坡重要的对外直接投资国,截至 2008 年年底,新加坡对马来西亚的直接投资存量为 232. 32 亿新元,约合 164. 3 亿美元。[③]

4. 香港对马来西亚的直接投资

根据香港统计处的资料数据,马来西亚是香港对亚洲直接投资的 6 个主要国家(中国、新加坡、马来西亚、泰国、日本、印度)之一。2008 年香港对马来西亚的直接投资存量为 355 亿港元,约合 45. 59 亿美元。[④]

---

①　Malaysian Industrial Development Authority (MIDA), *Malaysia*: *Performance of the Manufacturing and Services Sectors* 2009, Kuala Lumpur: MIDA, 2009, p. 132 (A9).

②　台湾"侨委会"编:《2007 年台湾华侨经济年鉴》,台北:环球经济社,2008 年,第 128 页。

③　Department of Statistics, Ministry of Trade & Industry, Singapore, *Yearbook of Satistics Singapore*, 2010, 2010, p. 78.

④　香港统计处:《2008 香港对外直接投资统计》,第 12 页,http://www. censtatd. gov. hk。

综上所述,通过对马来西亚华人资产和外来华商的分析,本土华商资产约1 491.2亿美元,外来华商资产约为320.7亿美元。马来西亚华商资产总额约为1 811.9亿美元。

表3-10 马来西亚华商资产统计表

单位:亿美元

	华人大型企业资产	华人中小型企业资产	大陆直接投资	台湾直接投资	新加坡直接投资	香港直接投资	合 计
金额	615.8	875.4	3.61	107.2	164.3	45.59	1 811.9

六、泰国华商资产估算[①]

本课题研究根据曼谷证券交易所华人上市企业情况估算泰国华人大企业的资产情况。对于泰国华人中小企业,以2007年泰国各个行业的企业总数以及泰国中小企业资产划分为基准分行业对华人中小企业的实力进行分析。经研究估算得出初步结论:泰国华商资产为3 852.5亿美元。

(一)泰国华人大企业资产状况

1.上市华人大企业资产状况

本课题组以泰国2009年12月30日的股市数据为基准,对2009年12月30日曼谷证券交易所公布的SET100[②]家企业进行分析,华人企业有46家。这46家华人企业总市值为1 541 688.43百万泰铢,合 44 141.57 百万美元。而前 100 家上市企业的总市值为 4 971 586.97百万泰铢,华人企业市值所占比例为 31%。此外,前 100 家上市企业的总资产为 13 582 405.01 百万泰铢,其中 46 家华人企业的总资产为 4 654 788.85 百万泰铢,所占比例为 34%。[①] 因此,不论从上市企业的市值来看,还是从上市企业的资产总额来看,华人企业均占 1/3 左右。前 100 家上市企业市值占所有上市公司市值的比例为 84.65%,以此推算所有上市华人企业的市值约为 1 820 661百万泰铢,合 521 亿美元;上市华人企业的总资产约为 5 498 865 百万泰铢,约合 1 575 亿美元。

2. 未上市华人大企业资产状况

2007 年泰国工业普查数据显示泰国 1~50 人的企业数量为 2 168 728家,而 51 人及以上的企业有 19 687 家。[②] 本课题组仍按照 34% 的比例来推算,则非上市华人大企业约为 6 694 家。根据泰国新生股票投资市场(中小企业板块)统计的上市企业来看,大多上市企业的资产额都在 2 亿~7 亿泰铢之间,因此本课题取平均值 4 亿泰铢来计算非上市大企业资产,推算出非上市华人大企业的资产总额为 26 774 亿泰铢,约合 767 亿美元。

(二)华人中小企业资产状况

从中小企业的数量和行业分布来看,2007 年泰国工业普查将一人以上的企业都计算在内,共有 2 188 415 家。其中商业和服务业所占比重最大,达 73.7%,其中尤以零售业最多,达 35.3%;其次为制造业(21.1%)和陆路交通、仓储、旅游代理及电信业(3.8%);再次为建筑业,占 1.3%;最后为医药业,占 0.1%。1~50 人的企业数量为 2 168 728 家,占 99.1%,其中 1~30 人的企业就达 2 156 050 家,占

① 泰国曼谷证券交易所,http://www.set.or.th.

② National Statistical Office. Ministry of Information and Communication Technology,Thailand,*The 2007 Industrial census*,*Whole kingdom*.

98.5％。① 虽然 51～200 人的企业中包含了批发业和零售业以外的中小企业,但是 30～50 人的企业中包含了部分零售业大企业,而且零售业企业数量多,因此这两个数据相互抵消,据此推断泰国中小企业占所有企业总数的 99％。泰国《第二个中小企业促进计划》也指出目前泰国中小企业所占比例为 99％,②因此本课题以 99％的比例来推算中小企业的比例,由于不同行业的平均企业规模有很大差异,具体到不同行业则以实际统计为准。

泰国国家银行月报资料显示,1986 年泰国商业生产值达到 4 885.3亿铢,占国内生产总值的 40.9％。其中属于华商者达到 70％,也即属于华侨华人及华商者占国内生产总值的 28.6％。③ 据泰国华商社团估计,批发业、进出口业、杂货业、百货业、食品罐头业、西点面包业、药业、餐饮业、娱乐业等,华商均占同行业的 70％。④ 另据《泰国侨情手册》的数据,泰国华人的商业经营(括经营规模、范围、金额等) 约占全国该行业的 80％。⑤ 泰国证券交易所前 100 家上市企业中含有 6 家商业企业,而这 6 家全部是华人企业。综上所述,本文按照 70％的比例来计算商业和服务业领域华人企业的实力,并排除相互抵消等因素,以商业服务业领域来推估华人中小企业资产状况。

①　National Statistical Office, Ministry of Information and Communication Technology, Thailand, *The 2007 Industrial census*, *Whole kingdom*.

②　The Office of SMEs Promotion, Thailand, *The 2ⁿᵈ SMEs Promotion Plan*. 转引自:*White Paper on SMEs*,泰国中小企业促进办公室网站,http://www.sme.go.th/files/2552/SME－Master－Plan－2.pdf.

③　李国卿著:《泰国华人经济的演变与前瞻》,台北:世华经济出版社,1988 年,第 123 页。

④　台湾"侨委会"编:《1992 年华侨经济年鉴》,台北:海宇文化事业有限公司,1993 年,第 52 页。

⑤　广东华侨研究会编:《泰国侨情手册》,华侨志编撰委员会发行,1991 年,第 58～64 页。

根据泰国商务部发展商业发展厅统计,批发业、零售业、机动车修理业和家庭及个人护理产品业四个与国民生活息息相关的行业,2007 年共有 13 785 家新注册企业,总注册资金达 42 955.93 百万泰铢,平均每家企业 3.12 百万泰铢;2008 年共有 14 673 家新注册企业,注册资金 36 160.37 百万泰铢,平均每家企业 2.46 百万泰铢。[①] 泰国国家统计局数据显示,2007 年商业和服务业领域共有 1 698 210 家企业。若按照 99% 来计算中小企业的数量,中小企业数量为 1 681 227 家。按照 70% 的比例来计算华人中小企业,则约为 118 万家。再根据 2007 年泰国新注册中小企业平均每家资产 3.12 百万泰铢来计算,则泰国华人中小企业资产为 36 816 亿泰铢,约合 1 156.4 亿美元。

(三)外来华商资产状况

1. 中国大陆、香港对泰国的直接投资

据中华人民共和国商务部、国家统计局、外汇管理局《2009 年度中国对外直接投资统计公报》统计数据,截止 2009 年末,中国对新加坡直接投资的存量为 4.48 亿美元。[②] 根据香港统计处的资料显示,泰国是香港对亚洲直接投资的 6 个主要国家(中国、新加坡、马来西亚、泰国、日本、印度)之一。2008 年香港对泰国的直接投资存量为 383 亿港元,约合 49.18 亿美元。[③]

2. 台湾对泰国的直接投资

泰国的台商厂家约有 3 000 家,大曼谷地区(曼谷、北榄、拉加

---

① 泰国商务部发展商业发展厅,*Business Registrations Statistics*,http://www. dbd. go. th/mainsite/fileadmin/statistic/2009/YEAR/26_2009YEAR. pdf。

② 中华人民共和国商务部、国家统计局、国家外汇管理局:《2009 年度中国对外直接投资统计公报》,2010 年 9 月,第 40 页。

③ 香港统计处:《2008 香港对外直接投资统计》,第 413 页,http://www. censtatd. gov. hk。

邦)是台商主要聚集地。正式登记为泰国台湾商会联合总会会员厂
商者有 1 200 家。其中,台达电子(泰国)股份有限公司系当地最大
的台商企业。在泰国的台商人数约有 14 万人。2007 年台商经泰国
投资委员会核准投资案件计 49 件,投资金额为 2 亿 4 775 万美元,
位居在泰投资来源地第 3 位。台商多以中小企业的投资为主,主要
投资产业为电子电器业、金属制品业、纺织业、化学及纸业、食品业、
矿业及陶瓷业等。根据台湾"经济部"投资审议委员会、投资业务处
统计数据,1952 年至 2007 年 12 月底,台商在泰国投资达 2 023 件,
累计投资金额为 121.3 亿美元。[①]

3.东盟对泰国的直接投资

根据东盟秘书处数据库《2003 年东盟统计年鉴》、《2008 年东盟
统计年鉴》的统计数据资料,1995—1999 年东南亚九国对泰国直接
投资累计为 19.08 亿美元,[②]2000—2008 年东南亚九国对泰国直接
投资累计为 160 亿美元,[③]合计 179.08 亿美元。

表 3-11　泰国华商资产统计表

单位:亿美元

	华人大型企业资产	华人中小型企业资产	大陆直接投资	台湾直接投资	香港直接投资	东盟直接投资	合　计
金额	2 342	1 156.4	4.5	121.3	49.18	179.08	3 852.5

综上所述,通过对泰国华商资产和外来华商的分析,本土华商资
产约 3 498.4 亿美元,外来华商资产约为 354.8 亿美元。泰国华商

---

①　台湾"侨委会"编:《2007 年华侨经济年鉴》,台北:环球经济社,2008 年,第 123~128 页。

②　ASEAN Secretariat － ASEAN FDI Database:*ASEAN Statistical Yearbook*,2003,p.161.

③　ASEAN Secretariat － ASEAN FDI Database:*ASEAN Statistical Yearbook*,2008,p.138.

资产总计约 3 852.5 亿美元。

七、柬埔寨华商资产估算

柬埔寨华人经济实力普遍优于当地的柬埔寨人,同时涌入柬埔寨的海外华资,也为本地华人参与国家经济建设提供了良好的外部条件,外来华资和本地华资既合作又竞争,共同构建遍及柬埔寨各个经济领域的华商网络。

(一)华人大型企业资产

目前柬埔寨主要有 7 家华人创建的商业银行,分别是祖籍潮州的许瑞腾创办的湄江银行、李安弟创办的安达银行、方侨生创办的加华银行、陈丰明创办的柬埔寨澳纽皇家银行、香港商人任瑞生创建联合商业银行、马来西亚华商郑鸿标的柬埔寨大众银行以及台湾第一商业银行(金边分行)。截至 2010 年 9 月底,湄江银行在柬埔寨有 5 家分行、安达银行有 1 家分行、联合商业银行有 3 家分行、加华银行有 27 家分行、柬埔寨大众银行有 17 家分行。加华银行已经成为柬埔寨最大的商业银行,在柬埔寨国民经济的发展中发挥着重要作用,其存贷款量占据了柬埔寨全国银行业务量的 30% 以上。除银行业外,方侨生还投资于房地产开发,经营购物中心、工业园、酒店、歌剧院、民俗村等项目,逐渐实现金融、旅游、房地产多元化跨国经营。[①]

根据柬埔寨中央银行《2007 年度报告》的统计数据,七家华人银行的银行资产总额及所占柬埔寨全部银行总资产份额的情况如表3-12 所示。

[①]　康荣平、柯银斌、董磊石著:《海外华人跨国公司成长新阶段》,北京:经济管理出版社,2009 年 9 月。

表 3-12　柬埔寨华人银行资产情况表（2005—2007 年）

单位:百万瑞尔;%

银行名称	2007		2006		2005	
	资产	所占份额	资产	所占份额	资产	所占份额
柬埔寨大众银行	2 260 384	16.8	983 973	12.8	664 892	11.9
加华银行	2 242 342	16.7	1 522 579	19.7	1 225 674	22
澳纽皇家银行（柬埔寨）	2 241 988	16.7	830 301	10.8	370 364	6.6
安达银行	525 085	3.9	287 390	3.7	220 643	4
联合商业银行	484 253	3.6	423 585	5.5	348 780	6.3
湄江银行	248 674	1.8	109 339	1.4	88 076	1.6
台湾第一商业银行（金边分行）*	239 441	1.8	210 930	2.7	164 916	3
总计	8 242 167	62.8	4 518 915	58.6	3 210 508	57.7

资料来源：National Bank of Cambodia, Annual Report 2007。
注：* 表示外资分行。

柬埔寨华人大企业主要以银行业为主,上表所列 7 家华人银行的总资产为 8.24 万亿瑞尔,约合 20 亿美元。

（二）华人中小企业资产

柬埔寨的中小企业规模较小,根据柬埔寨统计局 2002 年的数据,在制造业部门中,大约 86% 的中小企业的雇员在 10 人以下,约 5% 的中小企业的雇员在 10~19 人之间,3% 的中小企业的雇员为

20～99 人。只有不到 7％的企业为大型企业,雇员在 100 人以上。[①]
柬埔寨的企业大部分为中小企业,在柬埔寨私营部门中发挥着重要
的作用,并逐渐形成了柬埔寨主要的工业体系,吸收了柬埔寨的大量
的劳动力。

2005 年,柬埔寨全国共有小企业 28 747 家,从业人员为 79 447
人,产值为 6 亿美元,约占柬当年 GDP 的 10％。[②] 2006 年柬全国共
拥有小型企业 30 535 家,比 2005 年增长 4.23％;从业人员为 88 040
人,比 2005 年增长 2.35％;产值为 6.25 亿美元,比 2005 年增长
2.02％,约占当年 GDP 的 10％左右。[③]

碾米企业在柬埔寨的中小企业占据较大的比重,根据柬埔寨一
项专项调查,[④]碾米企业大多是由柬埔寨华商所建立。在 2005 年的
第一次样本抽查中,16 家样本企业中,华人碾米企业为 12 家,占
75％。在 2007 年的第二次样本调查中,在 44 家企业中,华人碾米企
业有 42 家,占 95％。如果将两次的抽样结果进行折合估算的话,华
人创建的碾米企业所占比例大约为 85％。根据柬埔寨 2007 年《柬
埔寨中小企业统计》的数据,2007 年柬埔寨大约有中小型碾米企业
23 103 家,按照华人碾米企业所占比例为 85％进行推估的话,柬埔

---

① National Institute of Statistics, *Cambodia*, *Statistical Yearbook of Cambodia* 2002, 2003, http://www.nis.gov.kh.

② 中华人民共和国驻柬埔寨王国大使馆经济商务参赞处:《柬埔寨现工业发展状况》,http://cb.mofcom.gov.cn/index.shtml,2006 年 10 月 17 日。

③ 中华人民共和国驻柬埔寨王国大使馆经济商务参赞处:《柬埔寨工业近期发展方向》,http://cb.mofcom.gov.cn/index.shtml,2007 年 6 月 29 日。

④ 本文数据来源是在两次田野调查时对 16 家碾米企业和 44 家碾米企业的所有者进行面对面的访问和进行结构问卷调查和实地调查。第一次调查是在 2005 年进行的。根据柬埔寨中小企业委员会关于中小企业的定义,16 个样本碾米企业按类别划分为小型企业和微型企业。第二次调查是在 2007 年进行的,也属于小型企业和微型企业。所有样本碾米企业都在马德望省能源工业矿业厅登记。

寨华人中小型碾米企业大约有 19 638 家。再根据柬埔寨能源、工业和矿业部门关于中小型企业启动资金的定义,小型企业的平均启动资金为 5 万美元。结合第一次调查的数据,将 12 家华人碾米企业的启动资金平均折算,每家碾米企业的启动资金是 4.1 万美元,符合柬埔寨能源、工业和矿业部关于小型企业启动资金的定义。如果将 4.1 万美元作为平均启动资金,可以估算出 2007 年柬埔寨华人小型碾米企业的资产约为 8.05 亿美元。2007 年柬埔寨工业部门中超过 80% 的中小企业从事食品、饮料等行业,由此推算出华人中小企业资产约为 10.07 亿美元。

(三)外来华商资产

1.中国大陆对柬埔寨的直接投资

据柬埔寨中国商会会长高华介绍,到柬埔寨经商的中国商人已经突破 15 000 人,[1]涉及旅游、房地产、教育、新闻出版等各个行业。

根据中华人民共和国商务部、国家统计局、外汇管理局《2009 年度中国对外直接投资统计公报》数据,截至 2009 年年底,中国对柬埔寨直接投资的存量为 6.33 亿美元。[2]

2.台湾在柬埔寨的直接投资

台商是柬埔寨较活跃的外商之一,主要投资领域有房地产以及土地开发、农业开发、木材加工,纺织成衣、制鞋业、旅游业以及娱乐业等。根据台湾"经济部"投资审议委员会、投资业务处统计资料,1994—2007 年台商在柬埔寨投资 191 件,投资金额总计 3.93 亿美元。[3]

---

① 《展现生机的柬埔寨华人经济》,[柬埔寨]《星洲日报》,2006 年 10 月。

② 中华人民共和国商务部、国家统计局、国家外汇管理局:《2009 年度中国对外直接投资统计公报》,2010 年 9 月,第 39 页。

③ 台湾"侨委会"编:《2007 年华侨经济年鉴》,台北:环球经济社,2008 年,第 155 页。

3.香港、东盟在柬埔寨的直接投资

根据东盟秘书处数据库《2003 年东盟统计年鉴》、《2008 年东盟统计年鉴》的数据资料统计,1995—2008 年香港对柬埔寨直接投资累计金额为 4 220 万美元。1995—2008 年,东盟九国对柬埔寨直接投资累计金额为 8.944 亿美元。[①]

表 3-13　柬埔寨华商资产统计表

单位:亿美元

	华人大型企业资产	华人中小型企业资产	大陆直接投资	台湾直接投资	香港直接投资	东盟直接投资	合 计
金额	20	10.07	6.33	3.93	0.422	8.944	49.7

由于柬埔寨没有详尽的企业统计数据,无法较准确推估华商资产。但综上所述,柬埔寨华商资产至少在 49.7 亿美元以上,实际资产可能远远超过该数字。

八、缅甸华商资产估算

(一)华人资产状况

缅甸华人大多数都经商,华商从事的行业占当地同行业的比例为:商业为 70%,服务业 60%,农业 5%,工业 5%。但是华人企业大多仍以中小企业为主。工业以经营机械修配业、食品加工业及制衣业为主,在商业方面以杂货业、饮食业及金饰业为主。[②] 近年来缅甸

---

① 2000—2008 年数据来自:ASEAN Secretariat－ASEAN FDI Database:*ASEAN Statistical Yearbook*,2008,p. 129,1995—1999 年数据来自:ASEAN Secretariat－ASEAN FDI Database:*ASEAN Statistical Yearbook*,2003,p. 148.

② 台湾"侨委会"编:《2007 年华侨经济年鉴》,台北:环球经济社,2008 年,第 147 页。

经济保持了快速增长,缅甸华商的总体经济实力也不断提升。

1.零售杂货业

在缅甸各大城镇均有华侨华人开设的杂货铺。20世纪90年代至少有1 000家,平均每家资产在100万缅元以上。零售杂货业是缅甸华人经营的传统行业,2002年从事该行业的华商增长到2.5万家,平均每家的经营资产在200万缅元左右。

2.进出口贸易行业

该行业是在华人经济中发展较快的行业。1993年华人登记注册的进出口公司和代理商约有800家,约占全缅甸的14%。在缅甸20家最大的私营出口公司中,为华人所经营的占据一半左右。①2002年获准登记的进出口商、经纪商和合营公司达4 500家。随着中缅边境贸易的发展和进出口商品数量的逐步增加,华商贸易业所占比重将进一步扩大。

3.航运业

2002年缅甸华商从事内河及沿海传统航运业者约有700家,资产从500万缅元至8 000万缅元大小不等。同时华商经营汽车运输者也日益增加。

4.食品加工业

这是缅华商经营较多的行业,在20世纪90年代初大约有500多家,不过大部分规模较小,资产在100万缅元以下,主要生产面包、糕点和中国式食品等。2002年华商经营的食品加工工厂增加到5 000家,资产也增长为600万缅元至9 000万缅元不等。

5.纺织业

20世纪90年代华商经营的纺织厂数量不多,规模较小,经过近十年的发展,2001年纺织厂已经有500余家,资产大至7 000万缅元,小者约800万缅元。

---

① 方雄普:《缅甸华人经济掠影》,《侨园》,2001年第2期,第8页。

6. 服务业

缅甸华人从事服务业的人数众多,但主要集中在餐饮业,在 1992 年缅甸华人开办的中餐馆至少有 500 家,资产从数万到数十万缅元不等,随着缅甸大力发展旅游业,来缅的旅游和投资的东南亚华商不断增加,华人餐饮业无论是数量还是规模上都将快速发展,中餐馆资产少的几百万缅元,多则达 5 000 万缅元。

此外,华人开设小食店和茶室的数量在不断增加,2001 年仅仰光就有 2 000 多家华人小食店,平均资产约在 100 万至 200 万缅元。仰光华人经营的大小茶室约有 700 家,每家资产小者约为 100 万缅元,大者资产规模达到 4 000 万缅元。[①]

根据世界银行数据库的统计资料,2000 年缅甸国内生产总值产业构成为第一产业占比为 57.2%,第二产业占比为 9.7%,第三产业占比为 33.1%。[②] 另据国际货币基金组织 WEO 数据库的统计数据,2000 年缅甸的国内生产总值为 25 527 亿缅元,2007 年为 226 835 亿缅元,2008 年为 288 989 亿缅元,[③] 约合 270.2 亿美元。

根据以上数据,笔者假定 2008 年缅甸三产业占 GDP 比重基本与 2000 年一致,而华人所从事行业占当地行业比例状况也变化不大,则基本可以推算出 2008 年缅甸及华人三产业资产分别为 154.4 亿美元(华人 7.72 亿美元),26.21 亿美元(华人 1.31 亿美元),89.44亿美元(华人 58.14 亿美元),缅甸华人资产总计约合 67.17 亿美元。

---

　　① 贺圣达著:《当代缅甸》,成都:四川人民出版社,1993 年,第 355～357 页。华人经济年鉴编辑委员会编:《华人经济年鉴 2000/2001》,北京:朝华出版社,2001 年,第 93 页。

　　② Source:world Bank Database,转引自中华人民共和国国家统计局编:《2009 年国际统计年鉴》,北京:中国统计出版社,2009 年,第 44 页。

　　③ Source:IMF WEO Database,转引自中华人民共和国国家统计局编:《2010 年国际统计年鉴》,北京:中国统计出版社,2010 年,第 25 页。

(二)外来华资对缅甸直接投资状况

1.中国大陆对缅甸直接投资情况

自 2005 年以来,中国对缅甸投资成倍地增长。2006 年至 2009 年中国对缅累计投资总额增长了 11 倍,占外资累积投资总额的比例也上升至 7.34%,在外国对缅甸投资的排名中从第十一位上升为第一位。

根据中华人民共和国商务部、国家统计局、外汇管理局《2009 年度中国对外直接投资统计公报》统计数据,截至 2009 年末,中国对缅甸直接投资的存量为 9.3 亿美元。[①]

2.香港对缅甸直接投资情况

截至 2009 年 5 月底,香港在缅甸已批准的企业总数为 31 家,位于外资对缅投资第 6 位。香港华商在缅主要投资是制造业、木材业、酒店及旅游业、海产业、航空业、食品业、采矿业、能源行业等领域。据东盟秘书处数据库《2003 年东盟统计年鉴》、《2008 年东盟统计年鉴》的统计数据资料,1995—1999 年香港对缅甸直接投资累计金额为 4 810 万美元,[②]2000—2008 年香港对缅甸直接投资累计金额为 4.11 亿美元。[③] 1995—2008 年总计为 4.591 亿美元。

3.东盟对缅甸直接投资情况

根据东盟秘书处数据库《2003 年东盟统计年鉴》、《2008 年东盟统计年鉴》的数据统计,1995—1999 年,东南亚九国对缅甸直接投资

---

① 中华人民共和国商务部、国家统计局、国家外汇管理局:《2009 年度中国对外直接投资统计公报》,2010 年 9 月,第 39 页。

② ASEAN Secretariat — ASEAN FDI Database: *ASEAN Statistical Yearbook*, 2003, p. 155.

③ ASEAN Secretariat — ASEAN FDI Database: *ASEAN Statistical Yearbook*, 2008, p. 129.

累计金额为 8.44 亿美元，[①]2000—2008 年，东南亚九国对缅甸直接投资累计金额为 4.434 亿美元，1995—2008 年总计为 12.874 亿美元。[②]

由于缅甸目前仍禁止台商直接赴缅甸投资，所以在缅甸投资的台商多数经由第三国或是利用当地人身份前往投资，大多是经营成衣业，其投资具体数据难以统计。

综上所述，缅甸的本土华商资产为 67.17 亿美元，国际华资投资额为 26.77 亿美元，总计为 93.9 亿美元。

表 3-14　缅甸华商资产统计表

单位:亿美元

	华人资产	大陆直接投资	香港直接投资	东盟直接投资	合计
金额	67.17	9.3	4.59	12.87	93.9

九、越南华商资产估算[③]

越南华商主要从事进出口贸易、金融业、建筑和房地产业、酒店和旅游业、橡胶和制品工业、机械制造业等。自越南革新开放以来，越南本土华商企业成就显著，在两次金融危机的影响下充分利用各种经济资源，不断拓展国外市场，保持了良好的发展势头。与此同时，外来华商也成为对越投资的主力军。

越南的华商资产主要由越籍华人资产与外来华商资产构成。鉴于越南的经济发展存在较大的地区差异，且多达半数的越籍华人集

---

① ASEAN Secretariat — ASEAN FDI Database：*ASEAN Statistical Yearbook*，2003，p. 159.

② ASEAN Secretariat — ASEAN FDI Database：*ASEAN Statistical Yearbook*，2008，p. 129.

③ 本文采用厦门大学历史系 2009 级博士生阳阳关于越南华商资产的估算。

中于胡志明市,为越南华人的经济重心,在计算越籍华人总资产时依此情形分别计算胡志明市华人资产和其他地区的华人资产,再予以求和。越南外来华商资本主要包括中国大陆、港台、新加坡等其他地区华商对越南的投资。经笔者研究估算得出:越南华商资产总计为546亿美元。

(一)本土华人企业资产

1.胡志明市华人资产

胡志明市内的堤岸地区在历史上就是著名的华商集散地。现今的越籍华人主要居住于人口密度高度集中的第5、6、10、11郡,相对于全市6 810 461的人口总量[①]来说,华人数量仅为8%。然而胡志明市统计局数据显示,截至2007年,全市各类企业总数为45 076家,而该市华族企业数量占全市总数的30%,[②]亦即华族企业达13 522家。这些企业中,在胡志明市证券交易所挂牌上市的华族控股企业有3家,分别是陈金成集团的京都股份公司、郭万寿集团的天龙集团股份公司和邓文成集团的西贡商信TMCP银行。此外,该市著名大型华人企业还有尤凯成集团的平仙日用品制作有限公司、陈巧基集团的友联亚洲钢铁股份公司、张子谅集团的新强盛电线电缆责任有限公司、朱立基集团的万盛发投资公司、川亚责任有限公司、蔡俊纺织成衣集团、高肇力集团的亚洲ABC饼家、刘立政集团的喜临门饼家等。

鉴于胡志明市华人人口众多,越南政府成立了华人工作处,且市行政机构会定期发布有关全市以及华族经济情况的信息和数据,可大致估算出胡志明市华族的资产概数。从经济占有量来看,截至

---

① 越南胡志明市统计局,http://www.pso.hochiminhcity.gov.vn。
② (越南)《先锋报》,2007年2月22日。

2005 年，胡志明市的华族经济约占全市经济总量的 30%。[1] 根据越南胡志明市统计局的数据，2008 年胡志明市全部企业资产约达1 675万亿盾，[2]如仍按华人企业资产占 30% 推估，胡志明市越籍华人的资产总额约为 500 万亿盾，约合 256.5 亿美元。

2. 其他地区华族资产

越南其他地区(除胡志明市外)的华族居住相对分散，资产不及胡志明市华族雄厚，且散落于民间。华族企业规模有限，多以家庭为单位，从夫妻店、家庭作坊到小型加工厂之类，遍及城乡。根据这部分华族资产的特点，可依据台湾学者林建山的计算方法，通过计算某地区全体华人的储蓄额，再以 7 年作为循环周期，推算资产累计额，所得即为该地区华人资产。

2002—2008 年越南国民的人均月收入为 618 050 盾，人均年收入合 380.5 美元。亚太地区华人收入为国民平均收入的 350%～450% 左右，[3]由于越南是发展中国家，且自 2008 年起又遭遇金融危机，故选择低限 350%，则同期华人人均年收入约为 1 330 美元。除胡志明市外的越籍华人约占总数的 50%，其他地区华人总收入约为7.47 亿美元。2002 至 2008 年，亚洲发展中国家储蓄率为 35.1%，[4]华人素有勤俭储蓄的传统，储蓄率应不会低于此平均水平，则这部分越籍华人资产总额约为 18.4 亿美元。

综合以上数据，越籍华人总资产约为 274.9 亿美元。

---

① 《东南亚华人经济值得关注》，广西新闻网，http://www.gxnews.com.cn/staticpages/20051205/newgx439368f3-500991.shtml，2005 年 12 月 05 日。

② 越南胡志明市统计局网站，http://www.pso.hochiminghcity.gov.vn。

③ 林建山：《廿一世纪华人经济力之全球化与当地化发展》，台湾"侨委会"网站，http://www.ocac.gov.tw/public/dep3public.asp? selno=2473&no=2473&level=B。

④ 巴曙松：《从国际货币体系改革趋势看中国金融发展战略》，中国经济信息网，http://www.cei.gov.cn，2009 年 11 月 12 日。

(二)外来华商资产状况

1. 中国大陆对越南的直接投资

越南作为中国对东南亚地区投资的"桥头堡",近年来中国大陆不断加大对越南投资的力度,大型企业如力帆集团、春兰集团、TCL集团等纷纷进入越南市场。尤其是随着中国东盟10＋3合作机制的进一步深化以及中越边界协定的生效,中越两国的经贸合作进入了历史发展的新阶段。

根据越南国家统计局数据,从1988年至2009年,中国大陆对越直接投资项目共计810个,占项目总数的6.4%,在41个长期对越直接投资的国家和地区中排名第16位。根据中华人民共和国商务部、国家统计局、外汇管理局《2008年度中国对外直接投资统计公报》数据,截至2009年年底,中国对越南直接投资的存量为7.285亿美元。①

2. 台湾、香港地区对越南的直接投资

在越的华资企业中台商企业数量最众。截至2007年6月,在越台资厂家数量为1 636家,如算上以第三地名义出资、合资及联营等其他形式,台商企业可达2 500~3 000家。根据越南计划投资部统计,截至2009年年底,台湾地区对越投资达到126.35亿美元,约占越南吸引外资总额的12.1%,投资项目占总量的18.5%,位居榜首。②

从1988年越南颁布《投资法》开始,香港华商纷纷抢滩登陆,投资越南。据越南计划投资部统计,截至2009年年底,香港对越南投资项目共计564个,投资总额达77亿美元。③

---

① 中华人民共和国商务部、国家统计局、国家外汇管理局:《2009年度中国对外直接投资统计公报》,2010年9月,第40页。

② 越南国家统计局,http://www.gso.gov.vn/default。

③ 越南计划投资部网站,http://fia.mpi.gov.vn。

3. 东盟对越南的直接投资

东盟国家对越南的直接投资中新加坡最为积极,新加坡华商一直都很关注对越投资,越南革新开放后,新加坡一度名列对越投资首位。截至 2008 年年底,新加坡对越南直接投资存量为 22 亿美元。[①]新加坡企业在越南的投资领域广泛,包括不动产、工业园区投资,仓储、运输,港口、码头建设,教育,医药类等。

根据东盟秘书处数据库《2003 年东盟统计年鉴》、《2008 年东盟统计年鉴》的数据资料统计,1995—1999 年,东南亚九国对越南直接投资的存量为 19.51 亿美元,[②]2000—2008 年,东南亚九国对越南直接投资的存量为 41.54 亿美元,[③]总计为 61.05 亿美元。

综上所述,通过对越南本土华商和外来华商的分析,越南华商资产总额约为 546 亿美元,其中,本土华商资产约 274.9 亿美元,外来华商资产约为 271.7 亿美元。

十、老挝华商资产估算

根据相关统计数据,2007 年老挝华侨华人总数约为 28 万,约占老挝 600 万总人口的 4.8%,[④]主要分布在万象、琅勃拉邦、会晒、北滨等湄公河沿岸城镇。虽然老挝华人人口所占人口比例虽少,老挝华商却是当地经济不可小觑的力量。经笔者研究估算得出老挝华商资产总计为 13 亿美元。

---

①　Department of Statistics,Singapore,*Yearbook of Statistics Singapore 2010*,2010,p. 94.

②　ASEAN Secretariat — ASEAN FDI Database:*ASEAN Statistical Yearbook*,2003,p. 161.

③　ASEAN Secretariat — ASEAN FDI Database:*ASEAN Statistical Yearbook*,2008,p. 129.

④　庄国土:《东南亚华侨华人数量的新估算》,《厦门大学学报(哲社版)》,2009 年第 3 期,第 64 页。

(一)华人资产状况

老挝华人多从事进出口、批发、零售业等小型工商业,规模不大,但均自成系统,销售网络遍及全国,并与泰国、越南、香港、台湾华商联系,建立产品输出入管道,为当地市场商品的主要提供者。1975年以后,由于老挝国内局势变化,华人一度失去往昔商业地位。1986年以后,随着老挝新经济政策的实施,华人所经营的小型工商业已逐渐恢复。在各国华商投资的带动下,老挝华人渐与外商合资经营伐木及锯木事业,利用老挝天然资源拓展经营规模与领域。此外,不少泰籍华商与老挝当地华商合作共同投资纺织业、化学肥料、橡胶树、酒店业、银行业等。同时移民在外的老挝华商,也陆续返还原居住地谋求发展。根据老挝华人人口占比情况,假定老挝华人在老挝经济中占比略高于人口占比的比例,2008 年老挝 GDP 约为 51 亿美元,[①]推估老挝华人资产为 3 亿美元。

(二)外来华商资产状况

1.中国大陆对老挝直接投资

中国是较早进入老挝投资的国家之一。1989 年中老关系正常化以后,中资企业逐渐以合资、独资企业的形式对老挝进行投资。20世纪 90 年代以来,随着中国"走出去"战略的实施,越来越多的中国商人进入老挝投资,投资领域也逐渐多元化。根据中华人民共和国商务部、国家统计局、外汇管理局《2009 年度中国对外直接投资统计公报》数据显示,截至 2009 年年底,中国对老挝直接投资的存量为5.36 亿美元。[②] 投资项目集中在初级加工制造、服务、农业开发、贸

---

① ASEAN Secretariat — ASEAN FDI Database,*ASEAN Statistical Yearbook*,2008,p.38.

② 中华人民共和国商务部、国家统计局、国家外汇管理局:《2009 年度中国对外直接投资统计公报》,2010 年 9 月,第 39 页。

易、建设、矿产开发等领域。

2.台湾、香港、东盟对老挝直接投资

据东盟秘书处数据库《2003 年东盟统计年鉴》、《2008 年东盟统计年鉴》的数据,1995—1999 年台湾地区对老挝直接投资累计金额为 280 万美元,[1]2000—2008 年,台湾对老挝直接投资累计金额为 2 860 万美元。[2] 1995—2008 年总计为 3 140 万美元。

1995—1999 年,香港对老挝直接投资累计金额为 150 万美元,[3]2000—2008 年,香港对老挝直接投资累计金额为 40 万美元。[4]1995—2008 总计为 190 万美元。

1995—1999 年,东盟九国对老挝直接投资累计金额为 2.33 亿美元,[5]2000—2008 年,东盟九国对老挝直接投资累计金额为 1.96 亿美元。[6] 1995—2008 总计为 4.29 亿美元。

综上所述,老挝本土华商资产约 3 亿美元,外来华商资产约为 10 亿美元。老挝华商资产总额约为 13 亿美元。

十一、文莱华商资产估算

当代文莱华侨华人社会源于 20 世纪前期。1913 年,英荷壳牌

---

① ASEAN Secretariat — ASEAN FDI Database: *ASEAN Statistical Yearbook*, 2003, p. 154.

② ASEAN Secretariat — ASEAN FDI Database: *ASEAN Statistical Yearbook*, 2008, p. 138.

③ ASEAN Secretariat — ASEAN FDI Database: *ASEAN Statistical Yearbook*, 2003, p. 154.

④ ASEAN Secretariat — ASEAN FDI Database: *ASEAN Statistical Yearbook*, 2008, p138.

⑤ ASEAN Secretariat — ASEAN FDI Database: *ASEAN Statistical Yearbook*, 2003, p158.

⑥ ASEAN Secretariat — ASEAN FDI Database: *ASEAN Statistical Yearbook*, 2008, p129.

石油公司在文莱马来奕县发现大量石油后，随即进行大力开采。当时许多华工被招募雇佣从事石油开采和加工，华人开始大批迁移文莱。1960 年，文莱华侨华人增长到 21 795 人，1971 年为 31 925 人，1989 年为 44 400 人。文莱独立后，对外侨采取严格控制政策，文莱的华侨华人基本保持在 5 万人左右，其中约 2 万人已取得文莱国籍，1.5 万人为永久居民，另有 1.5 万人仍为临时居民。2006 年文莱华侨华人约 5.6 万人，占总人口的 15%。① 文莱摩拉县、都东县是华人主要聚集地。商业是文莱华侨华人从事最为密集的行业。律师是文莱华人另一主要从事的职业，有近百家私人律师事务所为华人所开设。

（一）华人资产状况

1.服务贸易业

1999 年文莱华商杂货业有 310 家，每家平均资产 75 000 美元，多属家族经营的传统杂货店、超级市场，销售日用品、食品罐头、面包、饮料、烟酒店等，占当地市场份额的 50%。资金充裕者往往自行进口部分货品，并兼营批发业务。

华人专营贸易业约有 50 家，每家平均资本约为 10 万美元，占当地贸易业份额 10% 左右。华商主要从新加坡、泰国、马来西亚、香港、菲律宾、台湾及中国大陆进货，充分利用华人经营网络，在经营上具有一定优势，因此也取得外国汽车、烟、酒等厂商在文莱的总代理权。

此外，华商餐饮业大约 45 家，平均每家资产 12 万美元。

---

① 台湾"侨委会"和廖建裕教授等所用各项资料，均按文莱华人占总人口 15% 比例推算。台湾"侨委会"编：《1997 年华侨经济年鉴》，台北：环球经济社，1998 年，第 105 页；Leo Suryadinata, Issues and Events of Ethnic Chinese Communities, in *Chinese Heritage Center Bulletin*, No. 9, May 2007, p. 4.

2. 工业及房地产业

华商经营的机械企业有 34 家,平均每家资产约 15 万美元,主要从事车辆、电器等各类产业机械维修业务,进而改造、装配机械业。塑胶加工企业有 4 家,平均每家资产约 15 万美元,经营的产品包括家用器皿、各种机器工具的组配件。

1970 年以后,文莱各项重大公共工程及住宅的兴建,主要由新加坡华商前往承揽。现有华商经营的建筑房地产企业 60 家,平均每家资产 100 万美元,并兼营房地产投资及交易。

此外还有食品加工企业 16 家,平均资产 4 万美元;制衣企业 8 家,平均资产 90 万美元;木板厂 7 家,平均资产 20 万美元。

3. 农业及采矿业

华商经营农场有 5 家,农户 18 家,主要种植水果,每家平均资产 20 万美元。此外,还有养殖渔业 3 家,他们是文莱农产品的重要供应商。同时华商从事采石业有 3 家,每家资产 100 万美元。[1]

根据文莱华人人口占比情况,假定文莱华人在文莱经济中占比略高于人口占比的比例,2008 年文莱 GDP 约为 141 亿美元,[2]推估文莱华人资产约为 17 亿美元。

(二)外来华商资产

1. 台湾对文莱的直接投资

文莱因人口少,市场规模小,其市场较不受各国重视,基本上被认定为马来西亚、新加坡市场之延伸。在文莱投资的台商约 50 余人左右,大部分聚集在首都文莱镇,主要从事批发、零售、贸易及建筑业。据统计,台商直接投资金额约 1.6 亿美元,最大企业资本额约

① 华人经济年鉴编委会编著:《2000—2001 年华人经济年鉴》,北京:朝华出版社,2001 年,第 72 页。

② ASEAN Secretariat — ASEAN FDI Database: *ASEAN Statistical Yearbook*, 2008, p.38.

450 万美金。①

2. 中国大陆、香港、东盟对文莱的直接投资

根据中华人民共和国商务部、国家统计局、外汇管理局《2008 年度中国对外直接投资统计公报》的统计数据。截至 2009 年年底,中国对文莱直接投资的存量为 0.174 亿美元。②

据东盟秘书处数据库《2003 年东盟统计年鉴》、《2008 年东盟统计年鉴》的数据资料统计,1995—1999 年香港对文莱直接投资累计金额为 2 540 万美元,③2000—2008 年,香港对文莱直接投资累计金额为 2 700 万美元。④ 1995—1999 年总计为 5 240 万美元。

1995—1999 年,东盟九国对文莱直接投资累计金额为 13.01 亿美元,⑤2000—2008 年,东盟九国对文莱直接投资累计金额为 1.91 亿美元。⑥ 1995—2008 年总计为 14.92 亿美元。

综上所述,通过对文莱本土华商和外来华商的分析,本土华商资产约 17 亿美元,外来华商资产约为 17.22 亿美元。文莱华商资产总额约为 34.22 亿美元。

----

① 台湾"侨委会"编:《2007 年华侨经济年鉴》,台北:环球经济社,2008 年,第 161 页。

② 中华人民共和国商务部、国家统计局、国家外汇管理局:《2009 年度中国对外直接投资统计公报》,2010 年 9 月,第 39 页。

③ ASEAN Secretariat — ASEAN FDI Database:*ASEAN Statistical Yearbook*,2003,p. 153.

④ ASEAN Secretariat — ASEAN FDI Database:*ASEAN Statistical Yearbook*,2008,p. 138.

⑤ ASEAN Secretariat — ASEAN FDI Database:*ASEAN Statistical Yearbook*,2003,p. 158.

⑥ ASEAN Secretariat — ASEAN FDI Database:*ASEAN Statistical Yearbook*,2008,p. 129.

第二节　新加坡华人企业发展研究[①]

在世界华侨华人中,新加坡华人是发展程度最高的群体之一。新加坡华商无论在教育和国际化程度、个人资产和对外投资方面,都是其他国家华商所不可比拟的。同时,新加坡华商的企业集团举世闻名,在中国以外的国际华商中占有重要的地位,其中小企业的表现也极为出色。因此,本课题特专列新加坡华人企业一节加以研究,以便在国际华商资产估计方面,作为中小企业份额比例的重要参考数据。

一、新加坡华人企业集团发展状况(1997—2008)

（一）新加坡华人企业集团的发展

1.华人企业集团资产迅速增长

1997 年亚洲金融危机以来,随着新加坡国内经济的恢复,新加坡华人企业集团又得到了迅速发展。从资产规模纵向角度来比较,笔者整理列出了《亚洲周刊》1999 年国际华商 500 强与 2008 年全球华商 1000 强中新加坡前十大华商上市企业的资产总值情况。1999 年新加坡前十大华商企业集团的总资产为 1 135.5 亿美元,时隔九年之后,在 2008 年新加坡前十大华商企业的资产总值规模已经达到 3 002.8 亿美元,约为 1999 年的 3 倍。新加坡华人企业集团发展迅速,总资产规模日益壮大。

---

① 本文采用厦门大学南洋研究院 2010 级博士生黄兴华关于新加坡华人企业发展的分析。

表 3-15 1999 与 2008 年新加坡十大华商上市公司情况表

单位:亿美元

1999 年十大华商企业	市值	资产总值	2008 年十大华商企业	资产总值
华侨银行有限公司	96.69	337.90	丰益国际有限公司	155.071
大华银行有限公司	67.64	305.97	大东方控股	308.642
新加坡报业控股	62.22	18.72	大华银行有限公司	1 160.841
城市发展有限公司	51.34	55.72	星狮集团	85.367
华联银行	41.62	262.32	中国航油(新加坡)	6.881
亚洲食品与房地产	27.86	37.29	华侨银行有限公司	1 158.565
创新科技有限公司	19.74	8.63	创业集团有限公司	20.228
创业制造	16.49	2.88	丰隆亚洲有限公司	21.615
花莎尼有限公司	13.24	40.03	城市发展有限公司	81.074
大东方人寿	12.97	66.01	佳杰科技	4.549
合计	409.77	1 135.47	合计	3 002.8

资料来源:根据 1999 年《亚洲周刊》国际华商 500 强、2008 年《亚洲周刊》全球华商 1000 强排行榜数据整理而成。

再从华人企业集团行业角度来分析,如表 3-16 所示,在 1999 年排名新加坡十大华商企业前两位是大华银行有限公司、华侨银行有限公司、华联银行,属于银行业的华人企业集团。进入 1999 年排名前十位的还有出版行业的新加坡报业控股,以及房地产业的城市发展有限公司,食品加工行业的亚洲食品,制造业领域的创新科技有限公司、创业制造集团、花莎尼有限公司等。而在 2008 年,尽管这些华人企业集团排名状况有所变化,如华侨银行 2008 排名跌至第 6 名,榜首位置被郭鹤年旗下的丰益国际有限公司所占据。但总体上分析,2008 年排在前列的新加坡华人企业行业属性并未发生多大的变化。1999 年新加坡十大华商企业在 2008 年的排名中仍位居新加坡华商企业前 30 强。同时,它们基本上保持了在各自行业领域的领先地位。

表 3-16　1999 年新加坡十大华商企业变化情况表

单位:亿美元

企业名称	主要股东	行　业	1999 年名次	1999 年资产总值	2008 年名次	2008 年资产总值
华侨银行有限公司	李成伟家族	银行	1	337.90	6	1 158.57
大华银行有限公司	黄祖耀家族	银行	2	305.97	3	1 160.84
新加坡报业控股	林金山	出版,多媒体服务,投资控股等	3	18.72	19	21.18
城市发展有限公司	郭令明	房地产发展、投资	4	55.72	9	81.07
华联银行	连瀛洲,华兴公司	银行	5	262.32	—	—
亚洲食品与房地产	金光集团	农产品业务,食品加工,房地产	6	37.29	28	19.12
创新科技有限公司	沈望傅	开发、制造	7	8.63	20	7.50
创业制造	Various Institutions	制造、设计	8	2.88	7	20.23
花莎尼有限公司	华侨银行有限公司,大东方人寿	制作和销售软饮料、啤酒	9	40.03	4	85.37
大东方人寿	华侨银行	人寿保险	10	66.01	2	1308.64

资料来源:根据 1999 年《亚洲周刊》国际华商 500 强、2008 年《亚洲周刊》全球华商 1000 强排行榜数据整理而成。

注:大华银行于 2001 年兼并华联银行,星狮集团前称为花莎尼集团。

新加坡银行业的华人企业集团的资产增加状最为显著,1999 年华侨银行有限公司,大华银行有限公司的资产总值分别为 337.9 亿美元、305.97 亿美元。2008 年二者的资产总值达到了 1 158.57 亿美元、1 160.84 亿美元,分别比 1999 年增长了 3.43 倍、3.8 倍。这主要由于在 1997 年亚洲金融危机后,新加坡加快了银行业的重组与改革。从 2001 年 6 月起,新加坡掀起了银行兼并风潮,除新加坡星展银行兼并邮政储蓄银行外,大华银行兼并华联银行,华侨银行也兼并了吉宝达利银行。华人银行还在内部实施严格的内控制度,进行有效的成本控制和绩效评估,从而在新加坡国内形成了发展银行、大华银行、华侨银行三足鼎立的国内银行体系。[①]

2. 华人富豪资产变化

1996 年,香港《福布斯》杂志列出全球拥有 1 亿美元资产以上的世界华人富豪榜共有 339 人,资产合计为 3 854.85 亿美元,东南亚五国有 154 人(占 45.4%),资产 2 366.5 亿美元(占 61.4%)。其中新加坡共有 20 名华人富豪入选,占总人数的 5.9%,资产额为 274 亿美元,占总资产额的 7.1%。新加坡华人富豪人均资产为 13.7 亿美元。[②]

2007 年《福布斯亚洲》杂志发布的新加坡 40 大富豪榜,排在前十位的分别为,第一位是地产大王黄廷芳(财富 67 亿美元),第二位是邱德拔家族(57 亿美元)。大华银行集团主席黄祖耀及家族则以 33 亿美元排名第三。此后依次为仁恒置地总裁钟声坚(25 亿美元)、丰隆集团主席郭令明及家族(11 亿美元)、丰益国际主席兼总裁郭孔丰(9.6 亿美元)、股票大王林荣福(8.3 亿美元)、华侨银行前主席李成伟(6.5 亿美元)、主要业务集中在澳洲的任九皋(6 亿美元)和莱佛

---

①　王勤著:《东盟国际竞争力研究》,北京:中国经济出版社,2007 年,第 165、172 页。

②　[香港]《福布斯》杂志,1996 年第 56~58 期。

士教育集团总裁周华盛(5.95 亿美元)。① 2007 年新加坡十大华商富豪财富总计为 229.35 亿美元,人均财富为 22.9 亿美元,与 1996 年华人富豪资产相比有较大增长。

(二)新加坡华人企业集团发展特点分析

1.对中国大陆及新兴市场投资力度加大

自中国改革开放以来,新加坡是中国利用外资的主要来源地之一,截至 2007 年年底,新加坡对中国直接投资项目累计达 16 615 个,占中国吸收直接投资项目总数的 2.6%。实际吸收新加坡直接投资金额 333.91 亿美元,占总额的 4.22%。②

新加坡华人企业集团在新加坡对中国的投资中占据重要的力量,新加坡华人企业集团不仅参与新加坡政府主导的在中国大型投资建设项目,如苏州工业园区开发建设以及中新天津生态城项目建设等,还积极响应中国政府提出西部大开发、振兴东北老工业基地、中部崛起等区域发展战略,参与中国内陆地区投资与开发。如新加坡星狮集团 2008 年 11 月在成都投资 7 亿人民币建设的"星狮元埠—大合仓"项目,是中国西部唯一由发改委批准立项的现代物流中心项目,占地面积达 294 亩,总建筑面积约 70 万平方米,将建成为中国西南地区最大的物流园。③ 益海嘉里是新加坡丰益国际有限公司在华投资的以粮油加工、油脂化工、物流船代、内外贸易及种业研发为主的多元化企业集团,益海嘉里自 20 世纪 90 年代进驻中国大陆以来,已投资设立了 100 多家工厂、贸易公司,并成功地塑造出"金龙鱼"、"胡姬花"、"益海"等国内著名粮油品牌,"金龙鱼"已经连续多

---

①　《福布斯亚洲发布新加坡 40 大富豪,黄廷芳居首》,[新加坡]《联合早报》,2007 年 8 月 24 日。

②　中国商务年鉴编辑委员会编:《中国商务年鉴·2008 年》,总第 25 期,北京:中国商务出版社,2008 年,第 197 页。

③　[新加坡]《联合早报》,2008 年 11 月 10 日。

年成为中国小包装食用油的第一品牌,并在 2007 年被认定为"中国驰名商标"。

进入 20 世纪 90 年代以来,新加坡华人企业集团不断向经营领域多元化和经营地区国际化发展。2007 年新加坡国际化 100 强企业的海外营业收入达到 1 730 亿新元,比 2006 年的 1 444 亿新元增长了 20.4%,有 78 家公司连续两年上榜。东南亚仍是它们的最大海外营业收入来源地,比重占 28%,欧美各占 15%,来自中国的比重快速增加到 25%。2007 年印度是新加坡国际化 100 强企业增长最强劲的市场,来自印度的营业收入增加超过 150%,来自中国和东南亚的营业收入,也有 59% 和 37% 的高增长率。[①]

2. 跨国化进程进一步加快

在全球化时代,企业集团的跨国化程度是衡量该企业国际竞争力的重要标志。1997 年亚洲金融危机以后,新加坡华人企业集团加快了跨国化的步伐,跨国化程度不断提高,国际竞争力显著提升。在 2004 年进入发展中国家最大 100 家非金融跨国公司中,新加坡企业共有 12 家,其中新加坡华人企业有 7 家,分别是花莎尼、创新科技、陈唱国际、城市发展、维信、亚太啤酒、亚洲食品等,它们的跨国程度指数都在 58% 以上,其中亚洲食品以 90.4%,丰隆亚洲以 88% 的跨国程度指数名列前茅。这主要是因为东南亚金融危机之后,新加坡华人企业集团通过重构自身经济实力,在巩固传统市场同时,积极开拓新市场,不断增强跨国投资力度。

---

① 《企发局将助企业继续开拓海外业务》、《本地企业应继续寻找新的市场》,[新加坡]《联合早报》,2008 年 11 月 4 日。

二、新加坡华人中小企业发展状况(1997—2008)

(一)新加坡华人中小企业发展概况

1. 华人中小企业在新加坡经济中的作用

华人中小企业在新加坡的国民经济中占有重要的地位,华人中小企业约占当地企业总数的 80%～90%,主要从事的行业有商业零售、日用品和加工业、国内外旅游、小规模的进出口贸易和建筑工程承包等。

1999 年新加坡中小企业数为 102 750 家,占国内企业总数的89.4%,吸纳就业人数为 61.8 万,占新加坡居民就业总数的51.7%;中小企业增加值为 296.86 亿新元,占国民生产增加值的30.4%。① 2007 年,根据新加坡标新局的统计数据,中小企业数量为 14.8 万多家,比 1999 年增加了近 5 万家,占企业总数的比例由 1999 年的89.4%增加到 97%以上。②

新加坡华人中小企业是吸纳新加坡劳动力就业的重要力量。2007 年新加坡中小企业吸纳就业人数高达 170 万人,2007 年全年新加坡本地中小企业还创造了 14.5 万个就业岗位。而在 2005—2007年这 3 年里,新加坡的中小企业共创造了 33 万个就业机会,占新加坡创造的总就业岗位数量的 63%。从中小企业增加值来看,在2005—2007 年三年间,新加坡中小企业的附加值年均增长高达11%,大大超过新加坡国内生产总值 7.7%的增长率。1999—2007年,新加坡中小企业国民生产增加值由 1999 年的 296.86 亿新元增加到 2007 年 1 138 亿新元。占国民生产增加总值比重也由 1999 年的 30.4%提升至 47.5%。③

---

① 新加坡标新局:《2001—2002 年度报告》,http://www.spring.gov.sg。
② 新加坡标新局 2007 年统计数据,http://www.spring.gov.sg。
③ 新加坡标新局 2007 年统计数据。

（2）新加坡华人中小企业盈利状况

根据新加坡国际企业发展局与 DP 资讯公司发布的盈利排名前 500 名的新加坡"中小企业 500"数据，新加坡 500 强中小企业 2008 年创造的总利润超过了 9.571 亿新元，年营业额达 149 亿新元，与 2007 年相比，利润增长 43.8%，营业额增长 6.7%。而在 1999 年，其总利润仅为 7 030 万新元。新加坡"中小企业 500"总体盈利状况不断增长，表明近年来新加坡中小企业整体运营状况日益良好，发展也较为强劲和稳健。①

（二）新加坡华人中小企业经营行业分析

新加坡的华人中小企业以商业和服务业为主，制造业中小企业比重相对较小，同时家庭企业也占据一定的数量比例。

1. 商业与服务业

新加坡中小企业的产业部门分布主要以商业和服务业为主，集中于零售、餐馆、旅游、金融、不动产和娱乐业等，在新加坡经济构成中占据重要的地位。从企业数量上来讲，中小企业占据新加坡服务行业总数的 99%，由 1996 年的 9.9 万家，增长到 2004 年的 13.1 万家。在就业人数上，1996 中小企业雇佣人数为 54.7 万人，占服务行业就业总人数的 66% 以上。2004 年，新加坡的服务业的中小企业吸收了 61.9 万就业人口，并贡献了该行业 69.5% 左右的生产总值。②

以新加坡餐饮业为例，根据新加坡统计局餐饮业服务业常年调查报告，2007 年新加坡餐饮业企业数共有 5 244 家，其中包括 1 750 家餐馆、315 家快餐店、254 家伙食供应商和 2 925 家其他饮食业者，95% 以上为华人所经营。它们共聘用 7.94 万名员工，平均每家业者雇佣 15 人。雇佣少于 100 名员工的公司占整个餐饮业的 98.9%。

---

① 《本地 1000 家最佳企业金融风暴前盈利大涨 57%》，[新加坡]《联合早报》，2009 年 2 月 5 日。

② Department of Statistics，Singapore，*Annual Survey*，1990—2004.

聘请员工少于 10 名的微型企业多达 3 049 家(占 58.2%)。从营业收入分析,员工小于 10 名的公司营业收入也相对少,仅为 11.04 亿新元,占新加坡餐饮业 50.49 亿总营业收入的 21.87%。相比之下,拥有不到 100 名员工的 2 134 家(占 40.7%)小型企业的营业收入达 29.89 亿新元,占新加坡餐饮业营业总收入的 59.2%。而员工规模较大的中型企业 61 家(占 1.1%),营业收入达 9.56 亿新元,占餐饮业总营业收入的 18.93%。① 新加坡餐饮业华人中小企业的企业数目与收入的分布比例,基本上也反映了新加坡整个服务业华人企业的状况。

2. 制造业

早期新加坡华人制造企业,主要是对橡胶、木材等原材料进行加工的工业企业,以及生产水泥、钻瓦等建筑材料和生产饼干、黄梨、糖果等食品和肥皂、小五金及日用品的中小型企业。新加坡发展替代进口工业时期,华人除了继续发展原有的加工工业、建筑材料、食品加工和日用品工业外,还逐步扩展到纺织、制衣、自行车、缝纫机、油漆等新行业,20 世纪 70 年代以来,随着新加坡出口工业的不断发展,华人也投资发展电子电器等出口工业。一些大的华人企业还与国家资本和外国资本合作,参与造船工业、石油化工、甚至精密仪器等制造领域。

近年来,新加坡制造业华人中小企业发展迅速。新加坡制造业中小企业数量从 1999 年 3 048 家,增长到 2004 年 7 892 家;吸纳的就业人数 1999 年为 11.65 万人,2004 年增加到 15.24 万人。② 若根据新加坡学者有关 1986 年制造业的统计分析数据,华人制造业中小企业产值占新加坡制造业中小企业总产值的 20%,华人制造业中小

① 《统计局:2007 年餐饮服务业总营业盈余增 12.0%》,[新加坡]《联合早报》,2009 年 2 月 3 日。

② Economic Department Board, Singapore, *Report on Census of Manufacturing Acticities*, 1990—2004.

企业数约占新加坡制造业中小企业总企业数的 79.2%。[1] 据此来估算 2004 年的新加坡华人制造业中小企业状况,则 2004 年新加坡制造业华人中小企业大约为 6 000 多家,产值约为 180 亿新元。

三、新加坡华人中小企业发展特点及面临挑战分析

1997 年亚洲金融危机以来,新加坡政府通过《中小企业 21 世纪行动计划》等举措扶持,并通过融资、人力、市场和能力建设等四方面来支持中小企业发展,营造了有利于中小企业和初创公司增长的亲商环境。新加坡华人中小企业发展十分迅速,对中国大陆及新兴市场投资力度进一步加大,国际化趋势也日益明显。

(一)新加坡华人中小企业发展特点分析

1. 发展速度非常快、战略比较灵活

新加坡华人中小企业有很强的韧性,具有"船小调头快"的优势,在国际市场的激烈竞争中,能适应国际市场变化的需要。华人中小企业还适合于需求量小而花色品种又多的小批量生产,以及市场狭小、制造工艺复杂、产品不适于长途运输的小规模生产,满足市场对这些产品的需求。

以新加坡家具业为例,以往新加坡家具业华人中小企业主要以小家庭经营业务为主,但是近年来它们根据市场的变化迅速调整,发展为以全球市场为主要经营业务。许多新加坡家具企业在本地开展设计、研发、行销等高增加值的业务活动,并以具有创意的设计在海外成功竞争。在 2003—2007 年间,新加坡家具业产值以平均每年 15% 速度增长,2008 年产值已超过 24 亿新元。正因为新加坡华人中小企业根据市场需求,不断及时灵活地调整战略,促进了华人中小企业的持续发展。在 2005—2007 年间,新加坡中小企业每年取得

---

[1] Lee Tsao Yuan, Linda Low, *Local Entrepreneurship in Singapore Private & State*, Singapore: Times academic press, 1989, p. 38.

11％的增长,比 7.7％的国内生产总值增长高出 3.3％,还创造了 33
万个就业岗位。

2. 对中国大陆及新兴市场投资力度加大

1997 年亚洲金融危机之后,随着新加坡政府对新加坡中小企业
拓展海外业务的鼓励和扶持、引导,新加坡华人中小企业的国际化程
度明显提升,除了在对中国的投资扮演先锋角色,在印度、中东以及
越南等新兴市场的海外业务也迅速扩展,投资步伐明显加快。

根据《2009 年新加坡统计年鉴》数据,2001—2007 年 7 年期间,
新加坡对外直接投资增长最快的几个国家和地区分别为印度、越南、
中南美洲、中东等新兴市场地区,对中国大陆以 218 亿新元的直接投
资额位居首位,对印度、越南、中南美洲等新兴市场投资额分别为 32
亿新元、69 亿新元、118.7 亿新元。①

根据新加坡工商联合总会和新加坡 DP 资讯集团联合进行的
"2008 年新加坡全国商业调查"数据,2008 年新加坡中小企业企业最
想前往经商的海外地点比例最高的分别为中国(34％),越南(32％),
印度(22％)以及中东(18％)等。② 中东市场已逐渐吸引越来越多新
加坡华人中小企业前往投资。例如,新加坡腾飞集团、盛康集团等许
多旅游、基础设施、环境科技、运输物流、资讯科技等实力不菲的华人
中小企业均在阿曼进行投资。

3. 国际化趋势日益明显

20 世纪 90 年代以来,随着新加坡经济的迅速发展与国土狭小、
资源缺乏的矛盾日益剧烈,以及面对国际市场竞争的强大压力,在新
加坡政府提出"环球城市"的观念的影响下,加上政府的鼓励和直接
扶持,新加坡华人企业更是源源不断地涌向海外投资经营,充分利用

① Department of Statistics, Ministry of Trade & Industry, Singapore, *Yearbook of Statistics Singapore* 2009, July 2009, p. 92.

② 《高成本是企业最大的挑战》,[新加坡]《联合早报》,2008 年 6 月 28
日。

其他国家的资源和机会来赢得自己的发展。华人企业利用自己的华商网络,以及新加坡政府为中小企业向外扩展的各种措施和便利,不断扩展海外经贸活动。

2001 年 4 月,新加坡标新局信贷资讯机构曾经对新加坡本地的中小企业国际化展开调查,结果显示,本地中小企业半数在海外有业务活动,而其中约 20％的本地企业,海外营业额占企业营业总额的一半以上。[①]另外,根据 DP 资讯公司对新加坡本地中小企业 2003—2007 年一项调查表明,2007 年多达 70％的本地中小企业在海外开展业务,与 2006 年相比增加了 11％。[②]

与其他的国际竞争者相比,由于中小企业的资源相对有限,新加坡华人中小企业携手抱团共同开拓海外市场日益增多。尤其是 2003 年 10 月新加坡企业发展局启动了"国际伙伴计划",企业发展局资助合格的企业在海外发展商务和产品方面 30％～70％的成本,例如人力、器材、公干支出、咨询和设立海外业务据点的支出,以鼓励中小企业通过抱团的形式整合资源,在产品的供应上互补,并取得规模经济,在海外争取更大的项目,从而扩大投资成功的可能性。该项目自 2003 年启动至 2008 年年底,共有 32 个中小企业财团成立,帮助 161 家新加坡中小企业携手打开海外市场。[③]

4.通过凯利版上市融资

新加坡华人中小企业的发展过程中,往往因缺乏充足的担保,而无法获得银行持续增长的贷款。根据 2009 年 1 月新加坡 DP 资讯集团推出的"中小企业话题"调查,新加坡本地多达 46％的中小企业

---

① 《本地中小企业半数在海外有业务活动,而其中约 20％的本地企业海外营业额占营业总额的一半》,[新加坡]《联合早报》,2001 年 7 月 27 日。

② 《中小企业可在境内开海外户头》,[新加坡]《联合早报》,2008 年 3 月 13 日。

③ 《四公司组财团进军中东市场》,[新加坡]《联合早报》,2008 年 12 月 13 日。

反映现金周转出现问题,60％企业表示企业融资有困难。[①]

因此,华人中小企业发展到一定规模时,为了更好地扩大生产和筹集资金,上市往往成为华人中小企业的选择。由于新加坡证券交易所主板上市条件比较严苛,2007 年 11 月 26 日新加坡证券交易所正式推出凯利板,面向尚处于成长阶段、盈利规模较小的企业,解除了企业筹集资金的后顾之忧,有力地促进了新加坡华人中小企业的快速发展。成立于 1956 年的新加坡的老曾记集团是新加坡餐饮业华人中小企业中通过上市融资快速发展的代表。老曾记集团在 2007 年 11 月新加坡证券交易所正式推出凯利板不久,于 2008 年在凯利板上市交易、市值达 1 310 万新元。老曾记集团通过上市筹集了 500 万新元的资金,并把其中的 100 万新元用来扩充海外业务,约 50 万新元通过策略联盟、收购、合资企业与特许经营的方式拓展业务,已在新加坡和海外分别开设了 60 家和 11 家分店。[②]

(二)新加坡华人中小企业发展面临的挑战

1. 资金短缺、融资困难,经不起冲击

新加坡华人中小型企业作为新加坡经济发展的重要驱动力之一,在成长和发展过程中,依然面临资金短缺问题。由于新加坡绝大部分的华人中小型企业业务规模较小,大多从事传统、非高科技产业,因此也得不到创业投资公司的青睐。同时,往往缺乏充足的担保,而无法获得银行持续的贷款。即使是一些很有潜质的新加坡华人中小企业,也由于缺乏资金,不能进一步发展业务。由于自有资金不足,有的华人中小企业通常选择贷款,却因为借贷过度,导致企业贷款压力太大,最后被债务压倒,因无法偿还债务而不得不宣布倒闭。从新加坡华人中小企业长远发展来看,尽可能争取上市筹集资

---

① 《中小企业周转不灵,问题出在收不到账》,[新加坡]《联合早报》,2009 年 2 月 14 日。

② 《老曾记售股,每股买两角》,[新加坡]《联合早报》,2008 年 6 月 1 日。

金来支持企业的健康、持续发展,是一条较可行之路。

2.人力资源短缺

新加坡华人中小型企业发展过程中面临的另一个重大的挑战就是人力资源不足,这一问题在制造业、建筑业、餐饮业等行业中表现尤为突出。尽管外籍员工已占到新加坡就业人口总数的30%左右,在建筑业内外籍员工占60%,制造业内外籍员工占45%左右。但本地员工流动性大,不愿意从事需要轮班或艰苦的工种,仍有一半左右的中小企业面临人力短缺问题,[①]只能希望政府放宽外籍劳工引进的标准以缓解人力需求。

3.信息化程度较低

信息化程度较低是新加坡华人中小型企业发展进程中面临的一大瓶颈。由于新加坡华人中小型企业中有众多企业为家族式经营,有的企业员工规模也较少,因此信息化程度较低体现得较为明显。根据新加坡资讯通信发展局2006年的一项调查数据,虽然网络是公司接触顾客的主要工具,但是很多规模较小的公司并没有充分地利用资讯交流所带来的优势,尤其在员工少于10人的企业中,38%的公司仍然没有使用电脑,56%的公司不使用宽频,而77%的公司没有自己公司的网页。[②]

第三节　泰国华商行业与规模研究
——以中小企业为重点[③]

泰国不但华侨华人数量之多仅次于印尼,而且华商数量与总资

---

① 《高成本是企业最大的挑战》,[新加坡]《联合早报》,2008年6月28日。

② [新加坡]《联合早报》,2008年11月24日。

③ 本文采用厦门大学南洋研究院2007级硕士生王艳关于泰国华人中小企业发展的分析。

产居世界前列。泰国是中等发展程度的国家,其发达程度低于新加坡和马来西亚,又高于印度支那三国、印尼、菲律宾和缅甸。在研究世界华商规模、行业和资产等方面,在海外华侨华人中较有代表性。

一、泰国华侨华人数量与分布

(一)泰国华侨华人数量

泰国华人社会由华侨、泰籍华人、泰籍华裔组成。华侨多为第一代或第二代中国移民,目前以已上年纪的老人居多;泰籍华人为第二三代中国移民而已加入泰籍者;泰籍华裔则已完全泰化,其中不少与泰人混血。1983 年泰国政府公布泰国华侨华人约为 630 万,占泰国总人口的 13%。[1] 此后,泰国政府未再将华侨华人作单项统计。再加上泰国是华侨和原住民在民族同化和融合方面进展最快最好的国家,华侨华人的数目更难以统计。我们认为,20 世纪 60—80 年代的泰国华人中,会有部分人因融入泰人社会而丧失华人标志,而 20 世纪 80 年代以来,很多有中国血统的泰人重新认同华人身份。两者相抵,泰华占总人口比例 10%。考虑到近年来泰国人口自然增长基本停顿,故设定泰华的人口增长率应相当于总人口增长率,不影响按泰华人口占总人口的 10%的估算。据美国统计局发布的世界人口资料,2007 年泰国人口为 65 068 149 人。[2] 因此,泰国华人约为 650 万,加上近 20 年涌入泰国的 40 万～50 万中国新移民,估计泰国华侨华人应在 700 万左右。[3]

---

① 国务院侨办侨务干部学校编著:《华侨华人概述》,北京:九州出版社,2005 年,第 62 页。

② *CIA World Factbook*,美国中央情报局网站,https://www.cia.gov/library/publications/the-world-factbook/geos/th.html。

③ 庄国土:《东南亚华侨华人数量的新估算》,厦门大学学报(哲社版),2009 年第 3 期,第 65～66 页。

（二）泰国华侨华人的分布

泰国华侨华人的分布与华人经济的发展有着相辅相成的关系。早期华侨发展皆以交通便利的首都，或接近首都大河流域的都市，或水运便利的半岛沿岸都市等为主，当时进出内陆者较少。20 世纪前半叶，华人华侨主要集中在泰国湾（旧称暹罗湾）周边，春武里、佛统、尖竹汶等地，以曼谷—吞武里都市区为最，其次是大城及沙拉武里。曼谷作为泰国首都，不仅集政治、经济优势于一身，还是华人进入泰国的主要港口。曼谷及周围 50 公里内聚集了 50％的华侨华人，仅在曼谷市，就聚集了 20％的华侨华人。[①]

随着内陆经济的开发，交通的发达，华侨人口膨胀的压力，华侨渐渐向内陆迁移。内地各府的华侨大多集中在交通要道、商业繁荣、物产富饶之地。

华侨在泰国大都按不同的方言和祖籍地相对集中在一定区域居住，这也是中国到泰国的早期华侨的一大特征。华侨华人主要聚居在曼谷、清迈、合艾等大中城市，以曼谷为最多，主要是潮州人；闽籍华人主要聚居在泰南，集中在甲拉廊府至董里府一带的西海岸上；海南籍华侨则集中在沙梅岛往南一直到拉他越东海岸一带。普吉府总人口约 50 万，华侨华人约占总人口的 60％，约 30 万人。[②] 泰北 17 个府现有华侨华人约 100 万，其中华侨约 5 万，其祖籍地绝大多数为云南、广东和海南等省。清迈府是华侨华人聚居较为集中的地区，约有华侨华人 30 万。祖籍潮州和云南的华人占大多数，其次是客家

---

① G. W. Skinner, *Chinese Society in Thailand: An Analytical History*, Cornell University Press, 1957, p. 203.

② 刘红梅：《中国的发展太不可思议了——泰国普吉侨领访华》，国务院侨务办公室编：《侨情》，2004 年 8 月 3 日，第 10 页。

人、海南人和广肇人。①

二、泰国华侨华人职业结构及经济概况

（一）泰国华侨华人的职业结构

泰国华人的经济地位举足轻重,在商业、金融业、纺织业、钢铁业、制糖业、运输业、农产品加工业中都有很强的实力。1957 年《华侨经济年鉴》对华侨所经营的事业有以下叙述:在约 370 万华侨中,从事商业者约占 70％,约为 260 万人;从事工业者约占 16％,约 59 万人;从事矿业者约占 6％,约为 22 万人;从事农业者约占 8％,约 28 万人。华侨在泰国商业中占主导地位,其在该行业所占具体比例为:银行 15％;保险公司 80％;金饰 95％;侨汇 99％;航运 20％;酒楼 90％;旅馆 80％;出入口商 75％;米业 90％;矿业 25％;木业 70％;药业 75％;五金 80％;纱布 60％;洋什 90％;零售商 80％等。②

由于华侨华人注重"五缘"关系,特别是亲缘、地缘关系,因此来自不同祖籍地的华侨华人在职业上也有不同的选择。泰国华侨华人中最大的族群是潮州人,比例高达 40％,在泰国经济中占主导地位;其次是海南人,占 18％;客家人和福建人占 16％;广府人占 9％。③泰国华侨华人中潮州籍最多,其经济实力也最强大,主要从事金融业、保险业、进出口业、碾米业、纺织业、土产业、五金业、化妆品业、娱乐业、出版业、船运业、珠宝首饰业等。客家人多从事皮革业、百货业、制鞋业、裁缝业、银行业。广府人多经营机械业、建筑业、饮食业。

① 朱柳:《独具特色的泰北侨情》,国务院侨务办公室编:《侨情》,2004 年 4 月 15 日,第 6 页。

② 台湾"侨委会"编印:《华侨经济年鉴》,1957 年,第 355 页。

③ Edmund Terence Gomez and Hsin-Huang Michael Hsiao, *Chinese Business in Southeast Asia*: *Contesting Culture Explanations*, *Researching Entrepreneurship*, Curzon Press, 2001, p. 8.

海南人多经营饮食业、旅馆业、理发业及药房。福建人则经营橡胶、锡矿、茶叶买卖为多。① 云南人主要从事珠宝、宝石买卖。来自中国大陆其他省份的华侨华人，则主要从事木材加工业、外贸业以及其他现代工业；来自台湾的华侨华人则主要从事外国产品的进口和销售。②

(二)泰国华侨华人经济概况

早期的华商企业规模较小，大都是家庭式的作坊与店铺，所谓夫妻店、父子店之类。凭借华商吃苦耐劳的精神和善于理财和储蓄的观念，逐步发展成经济领域的佼佼者。

在整个 20 世纪，泰国经济主要由国家资本(主要是王室、军队控制的资本和大众企业资本)、外国资本和私营资本(主要是华侨华人资本)三股力量控制。国有资本在泰国于 20 世纪 30 年代至 50 年代国家引导工业化过程中所形成，目前在能源、交通、烟草、玻璃、糖业等产业仍占 1/3 的比例。外国资本在泰国经济中也占 1/3 的比例，所涉及的部门有：能源工业(炼油、天然气、锡矿等)；进口替代工业(汽车装配、化学工业等)；出口导向工业(电子电器等)；消费品工业(化妆品、医药、软饮料等)和国际贸易等。泰国私营资本在近 30 多年有了巨大发展，其主要集中于三个部门：金融(商业银行等)；制造业(水泥、糖、农产品加工)和出口贸易。私营企业主要是华人企业。

尽管学者们从不同的角度研究泰国华人在私营资本中的比重，但都从各侧面证明了华人在私营资本中的主导地位。有人认为，20世纪 70 年代中期，占人口比例 8.5% 的华人控制了泰国 90% 的商

---

① 广东华侨研究会编印：《泰国》，1991 年，第 58～68 页。

② Yuan—li Wu, Chun—hsi Wu, *Economic Development in Southeast Asia : The Chinese Dimension* , Hoover Institution Press, 1980, p. 61.

业、90％的制造业和 50％的银行金融业。[①] 也有人从股权比例的角度对华人资本进行分析。从 20 世纪 80 年代华人经济发展的情况来看,这个时期华人经济出现两大特点:一是产业结构和技术结构的升级,即向多元化发展,从单一经营初级产品的生产加工和出口的家庭式手工业,向技术密集型的现代化外向型生产的逐步转化。二是统一的经营多种行业的企业集团的形成,特别是银行、保险资本占支配地位,企业的多元化经营和集团化,进一步加强了华人资本在地区和国际上的竞争力。20 世纪 80 年代中期至 90 年代中期,是泰国华人经济由多元化向集团化、国际化发展的阶段,出现了正大卜蜂集团、盘谷银行、律实他尼集团等一批跨行业、跨地区的集团化、国际化的企业王国。除大企业外,泰国华人也主导着中小企业。泰国华商所从事行业包括了国计民生各个方面,在各个行业中都有相当分量的比重。华人中小企业涉及面广阔,既有劳动密集型产业,也有资本密集型产业和技术密集型产业。华人在各行业的企业多、历史久、范围广、贡献大,足以看出华人资本在泰国资本中的重要地位。

(三)泰国华侨华人经济的特点

1. 泰国华人经济与本地民族经济融合程度深

为提高本地民族经济在国民经济中的比例,东南亚各国在不同程度上都采取了限制外侨经济的政策,而泰国则以融合的方式解决外侨问题。长期以来,泰国奉行温和的民族同化政策,鼓励华侨入籍。1956 年颁布的《公民权法令》规定,一旦成为泰国公民后,可享受政治、经济与社会的基本权利,不受职业限制。1975 年,泰中建交后,泰国政府进一步放宽华人入籍条件,华侨入籍后就可以享受公民权。经济上,华人同泰人拥有同样的权利,华人企业能享受政府的各

---

① Victor S. Limlingan, *The Overseas Chinese in ASEAN: Business Strategies and Management Practices*, Manila: Vita Development Corporation, 1986, p. 2.

种优惠政策。由于泰国一直实行相对温和的同化政策,大多数华人已经"落地生根",目前已经很难区分华人和泰人了,而且在华人企业有大量泰人的股东,在泰人企业也有华人所有者,这也是泰国华人经济难以统计的原因之一。

2. 泰国潮汕人最多,实力最强

早在 20 世纪早期,潮汕人就占泰国华侨华人总数的 40%,而且垄断了大米、侨汇等较为有利可图的行业。此外,曼谷地区较为杰出的华侨华人领袖也大多为潮汕人。20 世纪 80 年代中期至 90 年代中期,又有大批潮州新移民涌入泰国,数量可能在 20 万人以上。[①]20 世纪 80 年代末,泰国最大的 100 家企业中华人控制了 37 家,其中也是由几个潮州人家族所控制。[②]

3. 泰国华人经济地位高,但泰华冲突小

在过去 200 年里,泰国华侨华人在经济领域发挥重要作用。目前在许多行业,仍然是华人占主导地位。金融危机前,泰国最大的三四十家企业集团中,除了少数是国家控制外,其他均为华人控制。而在中小企业领域,华人的比重更是惊人。但由于泰国人的温和以及华侨华人对泰国的强烈认同,泰华冲突相对较小。

4. 泰国华侨华人资本实力大于外国资本实力

在英国、荷兰、美国的原殖民地,外国资本往往大于华侨华人资本,而在泰国情况则相反。从企业数量的比例看,1960 年泰国批准的外资有限公司所占比例为 11.3%,1970 年下降到 6.3%,同期的泰籍资本(华资为主)比例则由 67.9% 上升到 90.6%。从企业资本额来看,国家资本、私人资本和外国资本额在 1979 年所占份额分别

---

① 庄国土:《华侨华人分布状况和发展趋势》(未刊论文)。

② Edmund Terence Gomez and Hsin — Huang Michael Hsiao, *Chinese Business in Southeast Asia : Contesting Culture Explanations , Researching Entrepreneurship* , Curzon Press, 2001, p. 10.

为 36.3％、53.6％、10.1％，1984 年分别为 38.3％、56.2％和
5.5％。[①] 在 1997 年亚洲金融危机之前泰国主要的商业银行几乎全
部由华人控制。

　　5. 泰国华侨华人经济"官商结合"的特点显著

　　在与侨居国当地人的关系上，泰国华人通过联姻、任命等方式，
有经济势力的华侨华人多与泰人统治阶层联盟。普通泰华由于在宗
教、外貌、待人友善等方面的相似性，融合也较为容易。因此泰国华
侨华人经济的"官商结合"的特点较为明显。大城银行在 1963 年通
过利用巴博元帅和警察总监巴硕的关系获得快速增长。盘谷银行也
曾邀请巴硕出任董事长（1957—1973 年）和主要股东。泰华农民银
行与政界关系也十分密切，乃楚·兰三、乃伽讪·兰三与国家银行行
长黄培谦有密切的私人关系。伍班超是前外交部长蒙昭·比迪贴·
铁互功亲王的女婿，他在 20 世纪 60 年代曾邀请他依元帅出任银行
董事。

三、泰国华人资产概况

　　对华人大企业的分析以上市企业为主体，而上市企业的资产也
可以得到较确切数据，因此可以推算出华人大企业的资产总额，掌握
华人大企业的经济实力。泰国中小企业的资产总额没有确切数据可
以查询，而且华人中小企业在所有中小企业中所占比例也是依据学
者的估算来推算，因此不能精确统计出华人中小企业的资产总额。
本课题组将根据泰国华商最主要的商业和服务业领域粗略估算华人
中小企业的资产总额，并分别以 2007 年泰国各个行业的企业总数和
2006 年泰国国内生产总值为基准来分行业分析华人中小企业的实
力。

---

　　① Suehiro, Akira. *Capital Accumulation in Thailand* 1855—1985, Yok-yo: The Centre for East Asian Cultural Studies, 1989, p. 275.

（一）泰国华人大企业资产概况

在统计和推估泰国华人企业资产时,判定的标准是企业的主要股东是否为华人。由于企业持股情况复杂,所判定的华人企业必然含有非华人资本成分,但其他非华人企业中也同样含有部分的华商资本,因此视之为对冲抵消。此外,本文仅根据笔者所能查询到的华人股东情况来统计,因此本文统计的华人企业数量可能比实际数量略少。

如前所述,本课题组以 2009 年 12 月 30 日泰国的股市数据为基准,对泰国曼谷证券交易所公布的 SET100 家企业进行分析,其中华人企业共有 46 家。进而推算出上市华人企业的总资产约为 5 498 865 百万泰铢,约合 1 575 亿美元。另根据 2007 年泰国工业普查数据及泰国新生股票投资市场(中小企业板块)的统计数据,推算出非上市华人大企业的资产总额为 26 776 亿泰铢,约合 767 亿美元。

（二）泰国华人中小企业资产概况

亚洲金融危机以来,泰国政府在帮助破产者、失业者二次创业,鼓励自主就业等方面提供全方位的服务,采取了许多有效措施,泰国的中小企业发展迅速。以 2006 年为例,泰国的中小企业有 2 274 525 家,占企业总数的 99.5%;中小企业就业人数为 8 863 334 人,占就业总人数的 76.7%;中小企业增加值为 3 041 896 百万泰铢,对 GDP 的贡献率达 38.9%;中小企业创造的出口额为 1 438 280 百万泰铢,占出口总额的 29%。[①]

---

① The Office of SMEs Promotion: The 2nd SMEs Promotion Plan，泰国中小企业促进办公室网站,http://www.sme.go.th/files/2552/SME－Master－Plan－2.pdf。

1. 中小企业的界定

亚洲金融危机对泰国经济的巨大影响使泰国政府进一步认识到中小企业的重要性。1998 年 11 月 20 日,泰国工业部长苏瓦特宣布起草《中小企业法案》,并成立一个由来自工业部、商业部、财政部、泰国银行、小型产业财务公司、泰国资产金融公司、泰国进出口银行、小企业信用担保公司、国家储蓄银行、农业合作银行、泰国商会的代表组成的特别委员会。1999 年 1 月 15 日,泰国特别委员会制定出中小企业的划分标准:(1)制造业与服务业就业人数未满 200 人,批发业就业人数未满 50 人,零售业就业人数未满 30 人;(2)制造业与服务业固定资产少于 2 亿泰铢,批发业固定资产少于 1 亿泰铢,零售业固定资产少于 6 000 万泰铢。

表 3-17　泰国工业部对中小企业的界定

行业	按固定资产划分(百万泰铢)		按就业人数划分(人)	
	中型企业	小型企业	中型企业	小型企业
制造业	51~200	<50	51~200	<50
服务业	51~200	<50	51~200	<50
批发业	51~100	<50	<50	<25
零售业	31~60	<30	16~30	<15

资料来源:Philippe Regnier, *Small and Medium Enterprises in Distress: Thailand, the East Asian Crisis and Beyond*, Gower Publishing Limited, 2000, p.30.

2. 泰国中小企业概况

从中小企业的数量和行业分布来看,2007 年泰国的工业普查将一人以上的企业都计算在内,共有 2 188 415 家。其中商业和服务业所占比重最大,达 73.7%,尤以零售业最多,达 35.3%;其次为制造业(21.1%)和陆路交通、仓储、旅游代理及电信业(3.8%);再次为建筑业,占 1.3%;最后为医药业,占 0.1%。1~50 人的企业数量为

2 168 728家,占总数的 99.1％,1～30 人的企业就达 2 156 050 家,占总数的 98.5％。① 虽然 51～200 人的企业中包含了批发业和零售业以外的中小企业,但是 30～50 人的企业中包含了部分零售业大企业,而且零售业企业数量多,因此这两个数据相互抵消,据此推断泰国中小企业占所有企业的 99％。

从从业人员来看,2006 年泰国企业的从业人员共为 11 551 272人。其中大型企业从业人员为 2 687 938 人,比例为 23.3％;中型企业的从业人员为 1 338 398 人,比例为 11.6％;小型企业的从业人员为 7 524 936 人,比例为 65.1％,即中小型企业的从业人员占所有企业从业人员的 76.7％。制造业就业人数最多,占 45.3％;其次是服务业,占 30.0％;再次为贸易业,为 24.7％。②

从中小企业的地区分布来看,泰国地区经济发展较为不平衡,曼谷集泰国的政治、经济中心于一身,也是华侨华人最早定居和华侨华人最多的地方。泰国的大企业大多集中在大曼谷区,而中小企业一半以上也都集中在大曼谷区。此外,中小企业的行业分布也很不均衡,商业领域中小企业最多,占到了 43％;制造业和服务业分别占29％和 28％。

3. 华人中小企业资产概况

如前所述,泰国华商企业约占泰国商业和服务业领域企业总数的 70％,排除相互抵销等因素外,本文以商业服务业领域来推估华人中小企业资产状况。根据泰国商务部发展商业发展厅的统计,批发业、零售业、机动车修理业和家庭及个人护理产品业四个与国民生

---

① National Statistical Office, Ministry of Information and Communication Technology, Thailand, *The 2007 Industrial census*, *Whole kingdom*, 1997. 泰国国家统计局网站,http://web. nso. go. th/en/stat_theme_socpop. htm。

② The Office of SMEs Promotion, Thailand, *The 2nd SMEs Promotion Plan*,泰国中小企业促进办公室网站, http://www. sme. go. th/files/2552/SME－Master－Plan－2. pdf。

活息息相关的行业,2007 年共有 13 785 家新注册企业,总注册资金达 42 955.93 百万泰铢,平均每家企业 3.12 百万泰铢。[①] 泰国国家统计局统计数据显示,2007 年年底商业和服务业企业领域共有 1 698 210 家企业。若按照 99% 来计算中小企业的数量,中小企业数量为 1 681 227 家。按照 70% 的比例来计算华人中小企业,则约为 118 万家。按照 2007 年泰国 13 785 家新注册中小企业人企业平均每家资产 3.12 百万泰铢来计算,得出泰国华人中小企业资产为 36 816 亿泰铢,约合 1 156.4 亿美元。

四、泰国华人中小企业的行业结构

2006 年商业和服务业、制造业、建筑房地产业三大产业对泰国 GDP 的贡献达到 82.8%,而华商中小企业在这三大领域的数量多,比重大。另外,从这三大行业中也可以反映出华人经济的发展轨迹,由于政府对投资制造业较少限制,从事传统商业得以积累部分资金的华人,一般习惯把资金投入制造业,从中小企业发展到大企业,再投资于房地产或金融等行业。

(一)商业和服务业

如前所述,根据泰国国家统计局的数据,2007 年商业和服务业企业领域共有华人中小企业约 118 万家。根据泰国中小企业促进办公室公布的《第二个中小企业促进计划》中小企业对 GDP 的贡献率为 39%。其中贸易和服务业中小企业在中小企业总产值中所占比

---

① 泰国商务部发展商业发展厅,*Business Registrations Statistics*,http://www. dbd. go. th/mainsite/fileadmin/statistic/2009/YEAR/26 _ 2009YEAR. pdf。

例分别为 31.2％和 34.2％,[①]即贸易和服务业的总产值分别为
847 214百万泰铢和 928 677 百万泰铢。若仍然按照 70％的比例来
推算,则商业和服务业领域华人中小企业的产值为 1 243 124 百万泰
铢,约合 356 亿美元,占泰国 GDP 的 17.85％。

(二)制造业

在制造业领域,华人一直从事着碾米、锯木、制糖、采矿等工作,
保持着良好的竞争能力。20 世纪 90 年代以前,华人在制造业中就
占据主导地位,特别是食品加工业、饮料业、皮革制品业、橡胶制品
业、纺织业和服装业等。根据泰国国家银行统计资料,1984 年泰国
制造业的生产总值达到 1 962.57 亿泰铢,华人经营工业在若干重要
行业占总额的 40％~60％。[②] 具体而言,华人企业约占纺织和食品
加工业的总产值的 60％,机械业、炼钢业、电器业占 40％左右。近
20 年来,华人在化学工业、金属加工业、机械业以及重工业等领域有
了很大的发展。本文按照 50％的比例来计算制造业领域华人中小
企业的数量。

2007 年泰国工业普查显示泰国共有 461 756 家制造业,食品加
工业和纺织制衣业比例最大,分别占到 25.3％和 17.9％,其次是木
材加工业和金属制造业,分别占 14.1％和 7.5％,其他行业比例则低
于 10.0％。461 756 家制造业企业中,1~15 人的企业占 94.3％,
16~25 人的企业占 1.8％,26~50 人的企业占 3.1％,200 人以上的
企业为 356 家,占 0.8％。泰国制造业中小企业比例为 99.2％,即

① The Office of SMEs Promotion, Thailand, *White Paper on SMEs* 2006 *and Trends* 2007,泰国中小企业促进办公室网站,http://cms. sme. go. th/ cms/c/portal/layout? p_l_id=34.36。
② 李国卿著:《泰国华人经济的演变与前瞻》,台北:世华经济出版社, 1988 年,第 143 页。

458 061家。① 若按照 50％的比例来推算,则制造业领域华人中小企业数量为 23 万家。

根据泰国中小企业促进办公室公布的《第二个中小企业促进计划》中小企业对 GDP 的贡献率为 39％,制造业中小企业在中小企业总产值中所占比例为 30.3％,②可以得知制造业中小企业总产值为 822 776 百万泰铢。若仍然按照 50％的比例来推算,则制造业领域华人中小企业的产值为 411 388 百万泰铢,约合 118 亿美元,占泰国 GDP 的 5.91％。

（三）建筑业和房地产业

从 1963 年开始,伴随工业化发展而带来建筑物的需求增加,泰国开始允许国民建房自由出售,于是华商把房地产建筑业作为开发、建造、销售、租赁一条龙的新业务发展起来。到了 20 世纪 80 年代后期,随着泰国经济的起飞,建筑业和房地产业发展更迅速。

根据 2004 年建筑业调查数据,泰国共有 20 766 家建筑企业,其规模均较小,1～5 人的企业有 11 460 家,所占比例为 55.2％;6～10 人的有 4 897 家,占 23.6％;11～20 人的有 2 720 家,占 13.1％;20 人以上的占 1 682 家,占 8.1％,平均每家企业人数为 11 人,雇员人数为 10 人。在 20 766 家建筑企业中,有注册资金的为 6 185 家,其中 79.5％的企业注册资金少于 1 000 万泰铢,12.7％的企业注册资金在 1 000 万～4 900 万泰铢之间,4.7％的企业注册资金多于 5 000

---

① 根据 *Executive Summary*，*the* 2007 *Industrial Census* 数据整理所得,资料来源:泰国国家统计局网站,http://web. nso. go. th/census/indus/who_summa. pdf。

② The Office of SMEs Promotion，Thailand，*White Paper on SMEs 2006 and Trends* 2007，泰国中小企业促进办公室网站,http://cms. sme. go. th/cms/c/portal/layout? p_l_id＝34. 36。

万泰铢。① 根据泰国2007年城市地区建筑业的统计,1～50人的建筑企业比例为95.5%,51～200人的为3.8%,200人以上的仅有0.7%。② 综上所述,泰国中小建筑企业所占建筑企业总数的比例约为99.3%。

据泰国国家统计局统计,2007年泰国建筑企业为28 449家,房地产企业为76 595家。③ 在泰国最大的100家上市企业中,建筑房地产企业占26家,而其中华人企业占16家。按该行业总数量的60%来计算华人建筑和房地产企业数量,分别为17 069家和45 957家。再按99.3%为中小企业比例来计算华人建筑和房地产业中小企业数量,则分别为16 949家和45 635家。

第四节　美洲华商发展研究

一、美国华商现况分析

总体而言,美国华商经济力量还相对弱小。但由于中美两国在国际政治、经济舞台上的特殊性与重要性,美国华商的影响力已远超其本身的经济实力。

① National Statistical Office, Thailand, *The 2004 Construction Industry Survey*, *Whole Kingdom*, 2004. 泰国国家统计局网站,http://web. nso. go. th。

② *Preliminary Report of the 2007*, *Information and Communication Technology Survey* (*Establishment*), *Whole Kingdom*. 泰国国家统计局网站,http://web. nso. go. th。

③ National Statistical Office, Ministry of Information and Communication Technology, Thailan, *The 2007 Industrial census*, *Whole kingdom*,2007. 泰国国家统计局网站,http://web. nso. go. th。

(一)美国华人企业现况

1. 美国华人企业的数量及收入

美国华商是美国华侨华人的一个重要群体,其发展变迁与美国移民、经济政策密切相关。1965 年,美国实行新移民法以来,华人以惊人的速度涌入美国,从而造就了数量众多的美国华商。近 30 年来,美国华人企业取得惊人的发展。1977 年,华人企业仅有 23 270 家,1987 年增加到 89 717 家,1997 年又增至 252 577 家,到 2002 年,华人企业数已达到 286 041 家,较 1977 年增加了 11 倍以上,占亚裔企业总数的 25.9% 和全美企业总数的 1.2%。就企业数量年均增长幅度而言,华人企业不仅快于亚裔企业,更遥遥领先于全美企业。以 1987—2002 年为例,在这 15 年间,华人企业由 89 717 家增长到 286 041 家,年均增长企业 13 088 家,年均增长率为 8.04%,而同期亚裔及全美企业的年均增长率仅为 6.33% 和 3.51%。

表 3-18   1987—2002 年美国华人、亚裔及全美企业数量变化对比表

单位:家

年份	华人企业	亚裔企业	全美企业
1987	89 717	439 271	13 695 480
1992	153 096	603 426	17 253 143
1997	252 577	912 960	20 821 934
2002	286 041	1 103 587	22 974 655
年均增长企业数	13 088	44 288	618 612
年均增长率	8.04%	6.33%	3.51%

资料来源:系笔者根据 U. S. Census Bureau 公布的 *Asian-Owned Firms*:*2002*,*Asians and Pacific Islanders*;*1997 Economic Census*,*Asians and Pacific Islanders*,*American Indians*,*and Alaska Natives*:*1992 Economic Census* 整理而成。

　　根据美国人口普查局 2006 年公布的调查数据,2002 年华人企业的总收入为 1 051 亿美元,每家企业的平均收入为 367 261 美元,在所有亚裔企业中仅次于印度裔企业,位居第二,领先全美其他少数族裔企业的平均收入。但相对于美国非少数族裔企业至少 40 万美元以上的平均收入,[①]华人企业的平均收入水平显得逊色不少,也反映出华人企业的规模普遍较小。

　　总体而言,美国华人企业大多数属于中小型企业,鲜见如东南亚地区那样的华人大企业。然而,随着高新技术产业逐渐成为美国经济新的增长点,已经涌现出了一批具有相当规模和影响力的华人高新技术企业。在硅谷,华裔自行创业公司不下 1 000 家,至少 20 家公司已经上市,其中入选"2009 年度硅谷 150 强排行榜"的 15 家华人上市公司 2008 年销售额达 262 亿美元,市值近 325 亿美元。[②]

　　2. 美国华人企业的地理和行业分布

　　在地理分布上,华人企业显示出高度集聚的特点。如 2002 年在加利福尼亚州,就拥有华人企业 110 823 家,创造了 562.25 亿美元的收入,占全美华人企业数和收入的 38.7% 和 53.5%。在笔者依据美国人口普查局公布的各州华人企业资料进行爬梳和整理后,发现华人企业数量位列前十的各州,合计有华人企业数 237 568 家,收入达 907.12 亿美元,分别占全美华人企业数和收入的 83.1% 和 86.3%。而这十个州与华人人口数量最多的十个州又恰好一致,分别是加利福尼亚、纽约、夏威夷、德克萨斯、新泽西、马萨诸塞、伊利诺斯、华盛顿、宾夕法尼亚、佛罗里达州。由此可见,华人的集聚既是华人企业发展的前提条件,同时也是其发展的重要动力。

　　这十个州的华人企业又形成了四个集中地,分别是东部的纽约大都会区,南加利福尼亚州的洛杉矶都会区,北加利福尼亚州的旧金山湾区及华盛顿—北弗吉尼亚州都会区,这四个集中地共有华人企业

---

①　《少数族裔企业,美国经济新引擎》,[美国]《侨报》,2009 年 8 月 31 日。
②　《感受硅谷之都的变迁》,[美国]《侨报》,2009 年 12 月 14 日。

174 497 家,收入达 674.64 亿美元。与以往华人和华人企业集中于美国西部不同,如今的华人企业分布范围更为广泛,在全美华人企业数量最多的十个州中,就有半数位于美国东部地区,华人企业的四个集中地亦有两个是在东部。

依照美国人口普查局的行业分类标准,华人企业已遍布美国的各个行业。但就总体而言,华人企业在行业分布上仍显现出相对集中的特点。华人企业数量最多的两类行业为"专业与科技服务"和"膳宿与食品服务",各有企业 49 158 家和 43 745 家,分别占华人企业总数的 17.19% 和 15.29%。除上述两个行业外,华人企业数超过万家的尚有六个行业,即以各种个人服务、修理和维护为主的"其他服务";以超市和杂货店为代表的"零售贸易";以房地产公司为典型的"房产与出租";以中医、针灸等为特色的"健康护理与社会协助";包括国内与国际间贸易的"批发贸易";主营员工管理、安全服务等的"管理、支持与维护服务",这六大行业分别占华人企业总数的 4%~10%。如果算上数量最多的"专业与科技服务"和"膳宿与食品服务",则数量过万的八大行业共有企业 235 934 家,占华人企业总数的 82.5% 之多,华人企业的行业集中度之高由此可见一斑。

行业收入方面,"批发贸易"类行业占有较大的比重,收入逾 425 亿美元,其企业数仅占华人企业总数的 7.4%,却贡献了全美华人企业收入的 40.47%。收入超百亿的还有"零售贸易"(143 亿美元)和"膳宿与食品服务"(121 亿美元),以上三个行业收入达 689 亿美元,占华人企业总收入的近 2/3,这也再一次印证了华人企业经营行业的高度集中。而在企业收入方面,"批发贸易"类行业可谓一枝独秀,每家企业收入逾 208 万美元,遥遥领先其他行业的平均收入,是全美华人企业平均收入的 5.7 倍。然而,一个不可忽视的事实是,除去个别行业外,华人企业收入总体处于较低的水平。如在 2002 年,只有华人"批发贸易"、"制造业"、"零售贸易"、"信息"四类行业的收入高于华人企业平均收入。而企业数量最多的"专业与科技服务"行业,其平均收入仅有 14 万美元,尚不到平均收入的一半,反映出此类行业的华人企业尽管数量众多,但规模却较小。

(二)华资企业对美国的投资概况

1.中国大陆企业对美国的投资

随着中美贸易快速增长,中国在美国兴办的贸易型和非贸易型公司也呈快速增长趋势。1999年,经批准的中国大陆在美国投资的企业有590家,至2008年年底,中国在美企业数已超1 200家,十年间中国对美直接投资企业数翻了一番以上。与此同时,中国企业对美投资净额(流量)和累计净额(存量)也以惊人的速度增长。2003年,中国企业对美直接投资流量和存量只有6 505万美元和50 232万美元,2008年则分别达到46 203万美元和238 990万美元,分别增加6倍和将近4倍。即使是深受金融危机影响的2008年,中国企业对美直接投资也逆势而上,投资流量达4.6亿美元,较上一年增长136%。[①]

2.台湾、香港企业对美国的投资

与中国大陆企业来对美投资的快速增长相比,近年来,台湾企业对美投资则呈明显放缓趋势。尤其是在2008年,受金融风暴的影响,台湾地区对美核准投资只有67件,不到4亿美元,尚不足2007年的1/4,比2008年大陆企业对美直接投资的流量还少。然而,由于台商从事中美贸易较早,具有较强的经济实力,其累计投资金额也较大。据统计,从1969—2008年的40年间,台湾企业累计对美投资近107亿美元。[②]

此外,港商在对美投资方面亦有不俗表现。截至2008年年底,

①　中国商务年鉴编辑委员会编:《中国商务年鉴·2009》,北京:中国商务出版社,2009年。

②　根据台湾"经济部"投资审议委员会公布的"核备对外投资分年分区统计表"整理而得。

港商对美投资存量已近55亿美元(427亿港元)。①

(三)美国华商投资的特点

1.投资行业集中化

尽管美国华商拥有近29万家企业,但大多数集中于几个行业,如"专业与科技服务"、"膳宿与食品服务"等华人企业数量过万的八大行业占据了华人企业总数的4/5。近年来,这种行业集中性依然在延续。以中餐馆为例,自1848年第一家中餐馆"广州饭店"出现在旧金山后,美国华人中餐业至今已有160多年的历史。1992年,全美有中餐馆大约3万家,2002年有36 000家,2005年达41 350家,至2007年已达57 000家,遍布全美50个州,年营业额逼近300亿美元。②

华商的这一投资特点还鲜明地体现在温州籍新移民上。他们大部分聚居于纽约,经过一段时间的发展,从曼哈顿至皇后区、布鲁克林等区,到处可见温州籍新移民所开设的大小商店。其经商最大的特色在于相互帮助集资,然后共同进军某个产业。在纽约,温州人的生意主要集中于三个行业,一是曼哈顿中城的批发中心;二是曼哈顿下城的礼品店;三是法拉盛的超市。这种行业的相对集中有助于华商在特定区域迅速形成产业集聚优势,从而垄断该区域的相关产业。然而,这种同区域的行业投资又极易导致内部的恶性竞争。

2.投资地域扩散化

历史上,传统华埠是华人移民美国落脚的第一站,更是众多华人商家集聚之地。然而,随着人口激增,唐人街生存环境出现危机,华人商业竞争渐趋激烈,经营成本日益高昂。因此,华人商家纷纷把目光投向唐人街以外,寻求新的商机。以福州新移民为例,2000年后,

---

① 香港政府统计处编:《香港统计年刊·2009》,香港政府统计处网站:http://www.censtatd.gov.hk。

② 《中国谷崛起,中餐业兴旺》,[美国]《侨报》,2007年7月10日。

纽约的福州新移民开始向外流动,不少福州新移民在房价房租远低于纽约的费城创业置产,并发展出餐饮、零售、装修、银行、保险等五脏俱全的华人社区。伴随着人口流动,华人经济事业也扩散到更多的地区。

3. 投资领域:传统与前沿并重

美国是一个市场经济发展极为成熟的国家,各种主流经济趋于稳定与饱和,外来移民的机会不是太多。然而,随着科技日新月异的发展,高新技术产业逐渐成为美国经济新的增长点。但正因为其新,尚未形成主体经济的既成格局,从而给华商提供了平等竞争的机会。这也决定了华商除了固守传统经济领域外,前沿经济领域成为他们投资的另一重点领域。

2006年美国人口普查局公布的华人企业调查结果显示,以杂货店和超市为代表的"零售贸易"、以中餐馆为主体的"膳宿与食品服务"及以制衣业为典型的"制造业"三类传统行业共有华人企业78 745家,依然占据全美华人企业总数的27.5%。而在以硅谷高科技企业和圣地亚哥生物制药业为代表的前沿经济形态领域,美国华商亦有出彩的表现。得益于美国发达的资本市场、完善的基础设施以及自身的人才优势等,从20世纪80年代初至90年代后期,华人企业在硅谷的比例从9%增加至20%。此后,每年涌现的5 000家初创企业中,约有1/4由华侨华人创办。[①] 加利福尼亚州第二大城市圣地亚哥已经成为"全美排行第一的生物技术与制药行业聚落",该市生物医学行业中的科学家、教授、董事长、总经理与其他员工中约有20%是华人,当地500多家生物医学公司中,华人拥有或与他人共同拥有的至少有30家。鉴于美国市场经济的成熟和产业结构的特点,传统经济领域与前沿经济领域并重仍将是美国华商未来投资的一大特点。

---

① 《促经济复苏,华人贡献大》,[美国]《侨报》,2009年8月30日。

（四）美国华商发展的有利条件及不利条件

1. 有利条件

从 20 世纪 90 年代以来，美国的产业结构发生明显的变化，无论从各产业增加值，还是从各产业从业人数看，第二产业都呈明显的下降趋势，而第三产业所占比重则不断上升。这一情况表明，在经济全球化的背景下，美国在其本土所从事的物质生产活动越来越少，低技术的劳动力密集型企业逐渐被技术和知识密集型服务业所取代。与此相应，中国的优势恰恰在于丰富、廉价的劳动力和资源，能提供众多美国市场所需的物美价廉的商品。因此，越来越多的华商活跃于中美之间的进出口贸易。与"批发贸易"类行业发展的机遇相似，"制造业"、"零售贸易"及"膳食与食品服务"这三类华人传统行业之所以继续存在与发展，除了由于华商有悠久的从业历史外，更重要的原因在于这三大行业属于劳动密集型产业，美国主流企业纷纷退出，大部分转移到海外，华人企业得以借机壮大。而利用美国产业结构转型之机获得快速发展的典型，当属以高科技企业为主体的"专业与科技服务"行业。拥有人才优势的华人充分利用了美国发达的金融市场，在高科技产业中迅速崛起。据统计，华人拥有"专业与科技服务"类企业 49 158 家，成为华人企业中数量最多的行业。

美国华人历来十分重视子女的教育，对教育的投入更是不遗余力，华裔接受高等教育比例普遍高于美国的其他族裔。雄厚的人才储备为华人群体进军美国前沿经济领域奠定了坚实的基础。所受教育程度的提高，也直接带来个人收入的提高。2007 年，全美华人家庭中位收入是 66 118 美元，比全美家庭中位收入（50 740 美元）高出 15 378 美元。[①] 在全美 286 041 家的华人企业中，自雇企业达 89 049 家，占华人企业总数的 31.1%。家庭中位收入的提高对维持华人家庭式小企业的日常经营及保证今后发展都具有重要的作用。

---

① 《华人在美国收入状况调查（一）》，[美国]《侨报》，2009 年 1 月 12 日。

美国是个典型的移民国家,少数族裔经济是美国经济的重要组成部分。然而,与美国非少数族裔公司相比,少数族裔企业一般规模较小,总体收入偏低,抵御风险能力较弱。鉴于少数族裔企业的重要作用及自身存在弱点,美国各部门相继提供了一系列扶助措施。如2001年,受9·11事件的影响,华埠商业蒙受重大损失,不少华商借助美国小商业局低息贷款渡过难关。2007年爆发次贷危机后,美国相关部门也积极协助少数族裔企业度过危机。2009年初,奥巴马政府出资150亿美元援助小企业。只要符合申请条件,少数族裔企业便可获得3.5万美元的无息贷款。①

2.不利条件

美国华人经济力量略显弱小,华人企业总体也正处于初步发展阶段,由此也决定了华人企业在经营管理上存在诸多问题,如资金的获得、在职教育的培训、科技的成长等。由于美国华人企业以中小型企业居多,家庭式经营和管理现象尤为严重。这些华人企业常常在初创阶段比较积极,但由于经营中不愿意聘请职业经理,而只任用家族成员,导致了企业发展缺乏后劲,往往三到五年就止步或者倒闭。华商还热衷于依靠个人信用开展业务,由此也引发了不少经济纠纷。一些华商为图一时之利,不惜违法经营。如华人中餐馆为最大限度降低经营成本而雇佣非法移民等。此外,美国华人企业常常与"中国经济"一起被一些别有用心的政客和媒体当作渲染"中国威胁论"的"箭靶"而遭受"政治歧视",中美之间贸易摩擦频现等,使华商的经营环境变得复杂,对其发展极为不利。

① 《商务部拟加强少数族裔企业扶助》,[美国]《侨报》,2009年6月17日。

二、加拿大华人中餐馆的现状与发展

(一)加拿大中餐馆的类型、规模、分布状况

1. 分布状况及类型

餐馆业成为华人在加拿大的最庞大的行业,从东海岸到西海岸,从南部到北部,都能找到中餐馆。加拿大的中餐馆主要分布在安大略省、魁北克省和不列颠哥伦比亚省,其中规模稍大、数量较多的基本集中在多伦多、蒙特利尔和温哥华,这种分布状况基本上与华人人口在加拿大的分布状况相吻合。多伦多的士嘉堡北部地区和约克区的南部地带,是中餐馆最为密集的地区。中餐馆的类型有酒楼型、自助餐型、风味小吃型、外卖型、茶餐厅等。还有一些店名明显地体现了中餐的烹饪方法,如大旺记烧腊店、扒王之王、郭氏第一煲仔坊等。

2. 规模

近 30 年来,随着加国观光旅游业的发展,中国新移民数量的增多,中餐馆越开越多。1998 年华侨华人在多伦多、温哥华、蒙特利尔三大都会区及首都渥太华中餐馆增至 1 436 家,全加约 2 500 家,投资总额达 5 亿加元。[①] 多数为家庭经营的小型餐厅或外卖店,另有规模大、装潢富丽堂皇者,成为加国的高级社交场所,也是吸引国际观光客的场所。根据中新社《2007 年世界华商发展报告》的统计,2007 年温哥华有逾 1 100 家家中餐馆,多伦多有 800 多家。

(二)中餐业对华侨华人的影响

餐馆业既是早期华侨华人在加拿大的主要谋生行业之一,同时也是许多新移民最初来加从事的职业。一部分经营中餐馆的华人老板,把经营中餐馆当做原始资本积累的一种手段和积累经商经验、技能的重要方式。积累一定的资本后,他们往往转而从事其他利润高、

---

① 台湾"侨委会"编:《1998 年华侨经济年鉴》,台北:环球经济社,1999 年。

风险相对较大的较高层次的行业,如开设家庭旅馆、移民公司、投资房产等。

中餐馆的员工主要是缺乏足够学历和技术的新移民、留学生及部分非法移民等。这既是他们初到加拿大的一种重要的谋生手段,同时也是他们人生中的一段重要经历和宝贵财富,锻炼了他们的语言、人际交往能力等,能更快地融入加拿大社会。

(三)中餐馆的经营模式及策略

加拿大中餐馆多采用薄利多销,吸引回头客的营销策略。如较流行的中式自助餐可分为点心自助餐、火锅自助餐和热菜自助餐等,具有价格便宜、菜式丰富、空间宽大、形式轻松、卫生简单的特点,颇受华人和部分西方人,尤其是年轻人的青睐。自助餐馆灵活的经营方式对各个层次的顾客都有较大的吸引力。很多中式自助餐厅都采取一些优惠措施来吸引顾客,如不太计较儿童年龄或者身高,收费较具弹性等。许多中餐馆还对菜式进行创新和本土化改良,根据客人的需求调整口味。加拿大中餐业正逐步采用科学的经营管理方式,提高服务质量,在吸引华人顾客的同时也让西人顾客了解中餐的多样化,从中体会到中国的饮食文化。

三、阿根廷华人超市行业的发展

1980 年代以前阿根廷根廷华侨华人主要来自台湾省。之后大陆移民迅速增加,大部分来自福建省。华侨华人主要居住在首都布宜诺斯艾利斯及其近郊,近年来,部分华侨华人陆续移居比拉尔、马德普拉斯、科尔多瓦和罗萨里奥等地。华侨华人主要以经营餐饮、超市和商贸为主。其中超市对旅阿华人的立足和生存贡献最大,阿根廷总统曾两次专门接见华人超市业代表。

(一)超市在华人经济中的地位

据 2005 年阿根廷《财富周刊》报道,"华人超市目前在全国总数逾 3 000 家,尽管社会上存在许多偏见,然而华人超市依然在零售业市场上蓬勃发展。仅于首都和大布宜诺斯艾利斯地区,就有近 2 200 家华人超市,内地有 800 多家,每家华人超市每日营业额平均介于 1 500 披索至 2 000 披索,亦即使在如此低迷的经济现况中,华人超市业界每年所掌控的资金流量仍不低于 10 亿披索"。① 2007 年,阿根廷华人超市占全国食品销售总额的 30%,以每个月大约 20 家的速度向内地市场扩张。② 发展至 2010 年,阿根廷华人已开办超市 8 000 多家,仅在首都布宜诺斯艾利斯就有 1 300 多家。③ 华人超市的快速发展,主要是因为商品价廉物美,临近生活小区,营业时间较长等优势。但也存在卫生、商品质量、货架堆放不整齐、与客人沟通有限等问题。

针对传统华人超市不注重形象的弊病,阿根廷华人超市公会与 500 家华人自助超市配合,通过安装精美的广告牌来改善华人超市的形象,并提供专线来解决华人与阿根廷社会存在的语言交流不畅等问题,改变以往阿根廷社会对华人超市行业发展的各种不良印象。此外,华人超市公会自 2005 年开始,每年都举办华人超市展销会,聚集所有的华人超市与自助商店,促进彼此的融合,并且加强华人会员与阿根廷国人之间的互相了解,促进华人超市行业的可持续性成长。

(二)当地政策的影响

阿根廷华人超市行业的发展不仅要面对商业零售业原有格局的挑战,同时也必须接受阿根廷宏观经济发展的政策性制约。阿根廷

① 《财富周刊报导布宜诺省市华人超市公会消息》,《阿根廷华人超市公会月刊》,2005 年 9 月,第 18 页。
② 《阿根廷华人超市公会已经全国联邦化》,《阿根廷华人超市公会月刊》,2007 年 5 月。
③ 陈传应《出访阿根廷、巴西、智利情况报告》,《福建侨务》2010 年第 6 期,第 11 页。

华人在努力融入当地社会的同时又积极地同各种不合理的政策进行抗争。从2005年至2009年间，阿根廷华人超市公会积极向中央、地方政府争取平等发展权，抗议各种不合理的限制性因素，其内容包括物价、治安与有关超市发展的法律法规等。

自经济危机以来，阿根廷国内的物价不稳定，经常性波动多。华人超市支持国家的物价政策，在稳定物价方面发挥着重要作用。2007年5月华人超市公会通过与供应商谈判，确保货品正常交货，并迫使某些商品降价。制订零售价格时主动与政府协商交流，并与政府签订了降价5%的协议。布宜诺斯艾利斯直辖市商业工会秘书长Nieva表示，华人超市公会对于政府打击通货膨胀、落实物价政策扮演了非常重要的角色。

在向内陆地区扩张的过程中，保护性与歧视性法规对于华人超市业发展的影响很大。有的地方政府通过有争议的法律条文，对新超市开张进行限制，尤其是针对华人超市。还有一些针对华人超市营业面积、开店数量等歧视性的规定。为此，阿根廷华人超市公会积极与有关政府部门谈判协商，并与政府签订了有利于华商及当地商业发展的协议。在治安问题上，阿根廷华人超市业界一方面对政府进行抗议、表达诉求，同时也积极地进行互助，提高自身的保护能力，并协助政府解决治安问题。

四、巴西华商现况

（一）华侨华人企业概况

华商是巴西华侨华人的一个重要群体，其发展变迁与巴西移民、经济政策密切相关。除中餐馆、百货零售批发等传统行业外，华侨华人还从事进出口贸易、农场种植、养殖加工、超市、石油化工、陶瓷制造等行业。

巴西华侨华人较多经营餐馆业、商业、农牧业和进出口业等。华人餐馆已遍布巴西各个城镇，除了开设较具规模的中国饭店之外，还创设了一种带有中国烹调技术而纯属外国风味的"角仔店"。巴西华侨华人所经营的商业和服务性行业企业已有近 8 000 家,资产总计逾 6 亿美元。[①] 另外,华人经营的较大型农牧场也有 60 多家。

(二)外来华资投资

1974 年中巴建立外交关系,双边经贸关系取得了稳定的发展,巴西已成为中国在拉美地区最大的贸易伙伴。随着中巴贸易额的快速增长,中国在巴西兴办的企业也呈增长趋势。2002 年,经批准的中国在巴西投资企业仅新增 2 家,而截至 2010 年 6 月底,仅半年时间就增加了 23 家。

表 3-19　2003—2010 年 6 月中国对巴西直接投资企业数、投资流量表

单位:个;万美元

年度	2003	2004	2005	2006	2007	2008	2009	2010
核准企业数	1	1	16	10	11	15	22	23
投资流量	667	643	1 509	1 009	5 113	2 238	3 023	—

资料来源:根据《中国商务年鉴》编纂委员会编《中国商务年鉴》历年数据编制而成,其中 2010 年数据截至 6 月底。

台商对巴西的投资金额也不大,如 1997 年台商在巴西投资额为302 万美元,1999 年为 980 万美元,2000 年为 729 万美元,2001 年为1 438 万美元,2002 年为 1 625 万美元,2003 年为 740 万美元,2007年为 385 万美元,[②]其他年份则投资额较少。

---

①　李艳林:《华侨开拓南美市场的现状与展望》,《亚太纵横》,2007 年第 4期。

②　根据台湾"经济部"投资审议委员会、投资业务处相关数据整理而成,http://cus93. trade. gov. tw/fsci。

第五节　非洲、大洋洲和中东的华商

一、非洲华商行业与类别

非洲华商主要来自浙江、广东和福建，其中浙商最多，主要可分为三种类型。第一类是大型国企和中兴通讯、华为等大型企业，以承接大型工程为主。第二类是把工厂转移到非洲的制造业企业，因为税率和劳动力价格的因素，通过海外投资来降低成本，避开西方国家诸如配额之类的非关税壁垒。第三类是商贩，把中国商品销售到非洲市场。

（一）非洲个体华商概况

1. 非洲个体华商从业状况

非洲个体华商主要涉及以下几个行业：

（1）批发零售业。依托中国商品优势，在非洲从事中国商品进出口贸易以及批发零售是非洲个体华商的普遍行业，其经营范围高度集中在鞋帽、箱包、服装等日用百货商品。早期开店的个体华商正是依靠这种小规模的经营模式攫取了"第一桶金"，完成了最初的原始资本积累。在约翰内斯堡就开办有 8 家以中国商人为主的市场，摊位数达 2 000 家。但从 2004 年之后，因为这种技术含量低、投资少、见效快的经营模式吸引了大量华商蜂拥而至，结果为争夺市场进行低价竞销，导致行业利润大幅度降低。加之为了抵制中国廉价商品的进入，保护本国工业，许多国家开始设立壁垒限制进出口贸易，增加了经营风险。因此，有实力的华商开始转行，从经营日用百货商品为主向电脑通讯、家用电器、五金工具、办公设备、建筑材料、农机具和生产资料等方面扩展或者转向实业。

（2）餐饮业。中餐馆是海外华商的传统行业，不少来非洲创业的华侨华人也选择餐饮业作为起点，收获颇丰。如南非的中餐业已经相当发达,约翰内斯堡东区西罗町的新唐人街,最具代表性的就是各式各样的中餐馆,令人目不暇接。20 世纪 90 年代中期,华商胡介国投资 500 万美元在尼日利亚拉各斯兴建的"金门大酒店"已经成为业界翘楚,闻名遐迩。

(3)旅游业。自 2002 年埃及成为非洲第一个中国公民组团出境旅游目的地以来,中国赴非旅游持续升温。目前中国批准开放的非洲旅游目的地国增至 26 个,包括埃及、肯尼亚、南非和津巴布韦等地。广阔的旅游市场使得不少个体华商瞄准契机,开展针对中国市场的旅游服务业务。

(4)医疗卫生行业。在非洲,尤其是撒哈拉以南的黑非洲地区,艾滋病、疟疾等疾病肆虐,而非洲许多国家缺医少药。因此,在非洲开办诊所,兼做中成药生意具有广阔空间。从 1963 年中国第一支援外医疗队踏上非洲大陆后,中国医生良好的医德和精湛的医术就在非洲大陆声名远播。许多中国医生在援外任期届满后,纷纷留在当地,开办自己的诊所。此外,一些退休的中国医生也不远万里,前往非洲开办诊所。在治愈数以万计的非洲病人的同时,也给自己带来了可观的收益。

(5)加工制造业。非洲绝大多数国家具有单一经济结构的特点。为实现工业化的目标,发展工业,解决就业,避免外国商品对于本国产业的冲击,许多非洲国家在采取关税和非关税措施限制进口的同时,特别鼓励外商投资实业,并在税收、资金进出等方面提供优惠措施。于是,有实力的华商抓住机遇,从贸易转向实业,从受打击的对象变成被保护的对象,所涉及的范围包括纺织、服装、鞋帽、建材加工等方面。从事加工制造业华商的增多,行业范围不断扩展,极大地提升了非洲华商的经济实力。

(6)房地产开发。随着非洲华商自身实力的增强,以及中国对非洲投资的迅速增长,在非洲多数国家投资环境不断优化的基础上,一些华商开始投资非传统行业,房地产开发就是其中的典型。例如,南部非洲浙江商会会长、温籍侨领胡李明投资 8 000 万兰特(约 1 280

万美元),在约翰内斯堡筹建南部非洲"中国温州商城"。① 此外,南非中国商贸城、中非商贸城、麒麟商城、东方商城三期等一系列华人商城陆续筹建或完工,为华商提供了一个再次"掘金"的好机会。

2.非洲个体华商的特点

(1)非洲个体华商的基本特征表现为"行业高度集中,资金高度分散",主要集中在零售业及餐饮业上。仅在南非一国,30万华侨华人中就有10万~20万的个体华商从事批发零售业。而在莱索托,当地8个城市的几百家超市、商场,基本上为2 000多名福清籍华商所经营。这些个体华商的起步资金一般较小,多则五六万美元,少则一两万美元,有的甚至区区一两千美元就能成为他们创业的资本。他们从沿街摆摊起家,待扎稳根基以后再开店,但是这种零散的经营方式不利于华商向资本和技术密集型产业转变。随着非洲华商整体力量的不断增强,这个特征将给群体经济带来越来越明显的负面影响。

(2)依托中国产业集群优势,在当地形成庞大的营销网络,带动中国轻工业产品向非洲的出口。非洲的个体华商大多来自沿海地区,特别是轻工业比较发达的浙江、广东和福建等省。同时他们大多分布在非洲国家的首都或经济中心的商业市场中,不但能利用交通、商业枢纽的便利辐射到周边国家,而且能以当地市场为平台接触到非洲小商贩。因而这些个体华商形成了庞大的中间销售网络,一方面从中国产业集群中获得价格低廉的商品,另一方面借助非洲各大商业枢纽将产品销售到非洲各个角落,有效地开拓了中国轻工业产品在非洲的市场。以南非为例,据当地浙江商会会长估算,仅2004年一年,400名浙江商人就创造了15亿元的销售额。②

① 《温州商人大手笔在南非建立温州商城》,《温州都市报》,2005年11月30日。

② 丁可:《浅析中国对非洲轻工产品贸易快速发展的原因》,《西亚非洲》,2009年第1期。

（3）尽管非洲个体华商经济还处于起步阶段,但是其实力正在逐步增强。非洲华侨华人以新移民居多,主要从事零售业及餐饮业,缺乏大企业集团,因而非洲华商整体实力较为薄弱。但近年来非洲华商呈现蓬勃发展趋势,他们中开始涌现出许多诸如"钢铁大王"、"快餐大王"、"自行车大王"、"轮胎大王"等业界翘楚,为居住国经济发展做出了重要贡献,社会影响力也在不断扩大。

（二）非洲中资企业概况

截至 2008 年年底,中国在非洲设立境外企业 1 600 家,占中国境外企业总数的 12.9％。中国已对 49 个非洲国家和地区进行了直接投资,投资覆盖率达 81％,非金融类直接投资存量达到 78 亿美元,占中国对外直接投资总额的 4.2％。在《1999—2008 各年中国对非洲直接投资流量情况表》中可以发现,2006 年中国对非洲投资开始迅猛增长。2008 年中国对非洲投资达到 54.9 亿美元,与 2007 年的 15.74 亿美元相比,增幅高达 249％,是当年中国对外投资增长幅度最大的地区。[①]

根据《2008 年度中国对外直接投资统计公报》的数据,截至 2008 年年底中国对非洲累计投资最多的国家是南非,达到 30.49 亿美元,占中国对非洲累计投资总额的 40％左右。其次是尼日利亚,7.56 亿美元;赞比亚,6.51 亿美元;苏丹,5.28 亿美元;阿尔及利亚,5.09 亿美元。[②] 尽管近年中国对非洲投资呈现快速增长趋势,但是与英、美、法等国家相比,中国对非洲的投资额仍然远远落后。

1. 中国对南非的投资

南非是吸引中国对非投资数额最多的国家,截至 2008 年年底,

---

① 中华人民共和国商务部、中华人民共和国国家统计局、国家外汇管理局:《2008 年度中国对外直接投资统计公报》,2009 年 9 月,第 7 页。

② 中华人民共和国商务部、中华人民共和国国家统计局、国家外汇管理局:《2008 年度中国对外直接投资统计公报》,2009 年 9 月,第 35 页。

中国累计在南非设立超过150家中资企业。众多中国企业投身南非的原因一是市场相对成熟,二是依靠南非市场的辐射作用,进入其他非洲国家。中国对南非投资涉及行业包括能源工程、矿产冶金、消费电子、通讯设备、纺织服装、金融、运输、轻工业、建筑等多个领域。

(1)金融业。目前有四家中资银行在南非开展业务,分别是中国建设银行、中国工商银行、中国银行和中国光大银行。

(2)建筑业。进入南非市场的中资建筑企业主要包括中国海外工程公司南非有限责任公司、中铁七局集团南非有限责任公司、通用技术南非有限公司、中国水电南非责任有限公司等。其中,中国海外工程南非有限责任公司是南非最大的建筑企业之一。

(3)消费类电子。包括海信、上广电、厦华在内的多家中国家电企业已经在南非设立生产线,进驻家电市场,其中最具有代表性的是海信。海信南非发展有限公司是海信集团属下的最大海外公司,1996年10月正式成立,总投资79.5万美元,设计年产黑白和彩色电视机各10万台。目前海信已经全面进入南非市场,其中海信的主打产品——电视机在南非市场所占份额超过15%,家庭影院、DVD播放机、冰箱和微波炉等其他产品的市场份额均在10%左右,成为南非最成功的中资企业之一。

(4)制造业。中国企业已经全面进入南非的重工业和轻工业领域。在重工业制造业方面,一汽汽车制造南非有限公司是在南非最成功的汽车生产厂家。2002年一汽集团与南非本地一家设备制造商以60:40的股本比例共同投资建立一汽汽车制造南非有限公司。经过多年努力,在南非大约有6 000辆一汽卡车在运营,其营销网络已经扩展到乌干达。在轻工业生产领域,上海实业集团则是此行业的领头羊。上海实业非洲有限公司成立于1996年,在南非的投资项目已达20多个,其中,顺风金属制品有限公司生产的不锈钢餐具在南非市场上很受欢迎,效益也不错。

(5)矿业。与非洲其他国家一样,南非丰富的矿产资源吸引了大批中国企业的投资。但是由于矿业投资大,多数中国企业选择合资参股的方式进入。1997 年,中钢集团与南非林波波省北方公司就建立了合资项目——南非 ASA 铬矿,是中国在南非最大的资源性投资项目之一,包括一座年产 40 万吨的铬矿山和年产 12 万吨铬铁的冶炼厂。

2. 中国对赞比亚的投资

中国对赞比亚的投资主要分布在农业、建筑业、医疗卫生、制造业、矿业、服务等行业。据赞比亚相关部门的统计数据显示,1993—2007 年中国对赞比亚投资项目 166 个,总额达 6.66 亿美元。中国投资主要集中在制造业上,占投资总额的 81%。在制造业中,投资的主要领域是与矿业相关的产业以及纺织业,包括中国有色矿业建设集团公司投资 1.5 亿美元建设并经营的谦比希铜冶炼厂,金川矿业投资 2.2 亿美元建立的金川矿业赞比亚公司,以及投资 1 898 万建立的中赞合资隆穆古希纺织厂等。中国向赞比亚投资建筑项目 23 个,投资总额达到 4 158 万美元。农业方面,农业投资项目 23 个,投资总额 1 003 万美元,主要有中垦集团投资 184 万美元的中赞友谊农场,江苏农垦集团投资的喜洋洋农场和中华农场等。在金融业方面,中国银行在 1996 年投资 3 000 万美元设立了赞比亚中行。

(三)非洲的台商

非洲的台湾地区侨民中居住在南非的最多。近年来一些国家(如史瓦济兰、马拉维和莱索托)积极鼓励外国企业前往当地投资设厂,因而也吸引了一批以纺织成衣业为主的台商。从表 3-20 可以看出,虽然台湾对非洲投资占其全球投资的比重不大,但是增长态势明显。

1. 南非台商经济状况

目前居住南非的台商 9 540 人,主要集中在约翰内斯堡、开普敦、布鲁芳登、德班等地。但近几年来,因治安以及南非货币升值等问题,部分台商已经关厂或歇业,整体投资金额和数量有下降趋势。依据南非贸工部 2007 年统计数据,台商企业在南非投资案件大约

620件,投资金额约14.3亿美元,超过2/3的资本投资于工业生产领域。投资工业生产的台商企业约有280家,占台商企业总数的45％,投资金额约10.43亿美元。主要分布在纺织成衣、毛衣厂两个行业,其他行业也有塑胶、电子、鞋类、木材加工、金属制品、宝石加工、饰品、钟表、皮革、食品及化学品等。投资贸易及服务业的台商企业约有340家,资本额大约3.87亿美元,以进出口贸易为主,也涉及批发业、杂货业、餐馆业、不动产业、运输及旅游业、工商服务业等行业。

表 3-20　台湾核准对外投资统计表

单位:件;千美元

地区 年度	非洲地区		全　球	
	件数	金额	件数	金额
2003	24	33 429	714	3 968 588
2004	25	21 009	658	3 382 022
2005	10	13 633	521	2 447 449
2006	11	50 719	478	4 315 426
2007	19	80 622	464	6 469 978

资料来源:系笔者根据台湾"经济部"投资审议委员会公布的《核备对外投资分年分区统计表》整理而成。

2.莱索托台商经济状况

在莱索托的台商不多,但是数量增长显著。据统计,2007年在莱索托的台商仅有200人,到2008年则增加到400人。自2003年到2007年上半年,台商对莱索托直接投资达1.6亿美元。截至2007年上半年,台湾在莱索托投资企业约有96家,其中92家集中在首都马塞卢,投资金额约达1.5亿美元。台商在莱索托投资也主要集于纺织业,台商相互合作,建构了强大的台商网络,成功地将当地纺织业扶植起来,建立起了"纺织王国"。莱索托成为南部非洲国家最大的美国成衣市场出口国，在莱索托的出口总额中，有 9 成是台商企业贡献的。[①]

3.史瓦济兰台商经济状况

史瓦济兰是一个内陆国家，国内市场狭小。2001 年美国《非洲成长与机会法案》生效，为史瓦济兰政府提供了包括纺织品在内的 98％输美产品享有免配额及零关税的优惠待遇。在史瓦济兰政府的奖励措施下，台商于 2000 年开始前往投资。截至 2007 年 6 月底，史瓦济兰有 26 家各类台商工厂，包括成衣厂 17 家，绣花及印花厂 2家，纺纱厂、织布厂、染整厂、塑料编织袋厂、机械厂、纸箱厂及水洗厂各 1 家，总投资额合计约 8 470 万美元。南部非洲最大的针织厂，台商南韩集团投资 1 200 万美元建立的织布厂及染整厂现已开工生产，成为史瓦济兰最重要的新兴产业。台商为史瓦济兰创造了近 2万个就业机会，对史瓦济兰经济做出了相当大的贡献。[②]

二、澳大利亚华商经营状况

（一）华商行业结构

澳大利亚的华商企业类别多种多样，既有与日常生活息息相关的杂货业、餐饮业等初级服务行业，又有电子业、金融保险业及地产业等新兴行业。华商企业中有很多家族式企业，经过华人一代又一代的辛苦经营，有很多已经成为同行业的佼佼者，很多华商也因此而跻身澳大利亚富豪榜，如梅光达、陈秉达、邱德拔、胡仙、陈锡恩等等。地产、金融、电子等新兴行业，华人虽涉足时间不长，但凭借华人特有的勤奋和努力，其发展也同样令人瞩目。

---

① 台湾"侨委会"编：《2007 年华侨经济年鉴》，台北：环球经济社，2008 年，第 497 页。

② 台湾"侨委会"编：《2007 年华侨经济年鉴》，台北：环球经济社，2008 年，第 500 页。

1.贸易杂货业

杂货业是早期华商从事的主要产业,现已逐渐发展成为大贸易公司,从事电脑、五金、文具、海鲜、机器及电子仪器等商品交易等。2008年,在澳经营的华资杂货商店和贸易公司约为6 000家,以台商为主,投资额由25万至150万澳元不等。

2.餐饮业

全澳华资经营的餐馆约9 000余家,除小部分颇具规模的酒楼外,多数为家庭经营的中小餐馆。主要以中餐厅为主,也包括小吃店和外卖店,规模一般不大,每家资本额自5万澳元至100万澳元不等。华人餐馆一般集中在唐人街或市中心,为了迎合白人顾客,进行了中餐西化的改革,深受所在地顾客欢迎。

3.地产及建筑业

华人涉足房地产业起步较晚,但发展迅速。华资经营的房地产企业大约有450家,大部分从事小型工地建筑等,每家资本额自100万澳元至1 000万澳元不等。其中很多企业是来自东南亚的华资集团。如马来西亚郭氏兄弟集团在悉尼等地收购大量房地产,并改建为大型住宅区。陈振南家族拥有的怡保花园集团,在悉尼兴建大型商场、酒店、办公大厦等。① 目前最大的华人地产商、澳中集团董事局主席金凯平旗下拥有十幢商业大厦和数万平方米可供开发的土地,曾在1995年买下以前总理霍克命名的澳洲总工会大楼。此外,还有很多从事其他行业的华商也投身于地产业。

4.医药业

随着近年来中国大陆、香港、台湾及东南亚华人移民的增加,在澳大利亚开设的中医诊所数量也逐渐增多。目前在澳中医诊所大约有4 000余家,每家投资额20万至50万澳元不等,具有中医执照的医生超过2 500名,使用中医药作为治疗手段的健康从业者约有

---

① 《华侨华人百科全书·经济卷》,北京:中国华侨出版社,1998年,第20页。

3 000 名。① 此外还有马来西亚华商创立的护理公司和私人医院等。

5. 电子机电业

从事电子机电业的主要是台商企业，约有 40 家。规模及影响力较大的有东元电机、宏碁电脑、联强国际、华硕电脑等，在澳大利亚占据了较大的市场份额。凭借价格服务等优势赢得当地消费者的信任，多次成为政府整体采购供应商。此外，来自中国大陆的电子企业如华为、联想等也积极拓展澳大利亚市场。

6. 金融保险业

主要是台商经营，数量在 270 家左右，以财务公司及保险代理居多，资本额也相对较少，约在 15 万到 90 万澳元之间。华商王人庆于 1991 年创建的澳大利亚宝泽金融集团是拥有雄厚实力的澳大利亚非银行金融机构之一，其总部位于悉尼，在澳大利亚主要城市设有分公司，并在北京、上海、香港等地建立了分部。宝泽集团凭借全球化视野和超前的行业发展战略，在澳大利亚非银行金融机构发展中探索出了极具价值的扩张模式，2008 年 10 月成功地全资收购了澳大利亚三大证券交易所之一的"澳大利亚太平洋证券交易所"，堪称华商在金融行业之楷模。②

7. 新闻文化业

华商经营报业共计 8 家，每家资本自 80 万至 550 万澳元不等，主要包括《星岛日报》、《澳洲日报》、《澳大利亚时报》、《华人日报》等。

8. 纺织服装业

华商在澳大利亚经营的成衣厂约 260 余家，每家资本额 25 万～110 万澳元不等，经营这些成衣企业者多为香港和台湾的移民。其中，来自中国广东的陈锡恩家族经营的纺织成衣厂规模最大，1991 年资产总额达 9 500 万澳元，2004 年陈锡恩家族资产增至 1.85 亿澳

① 《光明日报》，2010 年 7 月 20 日。
② 王望波、庄国土编著：《2008 海外华侨华人概述》，北京：世界知识出版社，2010 年，第 98 页。

元,在澳大利亚富豪榜上排名第 124 位。①

9. 化学工业

华商投资经营化学工业的约 140 家,主要从事化学原料贸易,每家资本额约 20 万至 400 万澳元。

10. 运输业

华商在澳大利亚经营运输行业的约有 30 家,主要以货船代理及货运包装为主,资本额 50 万至 300 万澳元不等。

(二)台商

台湾和澳大利亚产业互补性较强,海上交通也极为便利,台湾是澳大利亚原料的主要出口地区之一。1991 年 10 月台澳直航以后,双方经贸交流更为密切。在澳洲的台商可分为两类:一是移民到澳洲后,在澳洲经营事业者;另一类是母公司在台湾,到澳洲投资设厂、设立分公司或分销点者。根据澳大利亚政府统计外商在澳投资产业分类方式,台商主要经济活动为矿产开发、制造业、农林渔牧业、服务业、金融业、房地产业以及旅游业等,台商及台湾移民在澳大利亚的投资总额在数百亿美元以上。目前在澳大利亚事业较为成功的台商企业案例包括台电、台糖、宏碁、联强神通、友讯、裕丰集团、正隆企业、台聚企业等。这些大企业的成功不仅让投资者在经济上获益多多,同时也使台湾投资企业和移民在澳大利亚工商业活动的实力得到主流社会的肯定。

(三)中资企业

中资企业在澳大利亚投资主要集中于采矿业、制造业、金融业等行业,其他产业如贸易、物流、零售、建筑等行业的比重相对较低。根据中国商务部统计的境外投资企业名录,目前在澳投资的中央企业

---

① 《五华裔及一华商家族登上澳洲富豪榜》,中国网,http://www.china.com.cn/chinese/ChineseCommunity/571100.ht,2004 年 5 月 24 日。

21 家,其他地方企业、民营企业在 300 家以上。

1. 矿业开发

澳大利亚矿产资源非常丰富,铀和镍储量均占世界的 37%,铝矾土占 23.2%,铁矿石也占 10%,其他矿产也十分丰富。一些大企业特别是央企纷纷在澳投资矿产行业,从事基本金属(以铅锌为主)勘探与开发项目,如中国有色金属建设股份有限公司、鞍山钢铁集团、中国中钢股份有限公司等。

2. 房地产开发

中资企业进入澳大利亚地产行业时间相对较晚,一般是在 2000 年以后,主要从事建筑工程承包和土地开发与销售。较大的房地产公司有北京筑鼎源置业有限公司、北京大宅房地产开发中心及顺天通房地产开发集团有限公司等。

3. 纺织行业

澳大利亚盛产羊毛,吸引了众多中国纺织企业前往投资,如山西省就有三家较大型企业在澳大利亚经营纺织原料、家用纺织品、服装等及与纺织服装类产品相关的仓储物流等业务,分别是山西天利恒贞实业有限公司、山西中艺国际贸易有限公司和山西华溢生物技术公司。

4. 酒店餐饮业

新进入澳大利亚的中资企业依然钟情于中餐行业,来自大连的大连新型企业集团有限公司于 2005 年在澳大利亚投资设立阳光国际有限公司,主要从事中餐、会议服务等,上海锦江国际餐饮投资管理有限公司也在澳大利亚设立分公司,经营中西式快餐连锁业务。

此外,中资企业还广泛涉足其他行业,在货运、旅游、生物、制药、进出口贸易、电子机电产品等领域投资的中国企业数量也相当可观。

三、迪拜华商经营状况

由于迪拜拥有宽松的自由贸易政策和商业环境、得天独厚的地理位置,加上迪拜经济结构的有序调整与经济模式的成功转型,自

20 世纪 90 年代起,吸引了大量华商前往投资。

(一)华商进入迪拜(迪拜债务危机爆发前)

1.华商进入迪拜进程

20 世纪 90 年代,第一批中国企业开始进入迪拜,至 2009 年迪拜债务危机爆发前,华商已在迪拜驻足近 20 年。阿联酋有 20 万华侨华人,其中绝大部分在迪拜经商,以来自温州、台州等地的浙商为多,共注册了 2 000 多家企业。

第一批进入迪拜的中国企业主要是中建公司等大型国有企业。从 20 世纪 90 年代末开始,中国私营商人也开始进入迪拜。他们看准服务业成为迪拜经济主要推动力的契机,积极从事服务贸易业。如浙商陈志远 1999 年开始到迪拜投资,随后十年的时间里先后创办了"中国商品城"、"中国轻工城"、"志远鞋城"、"中国五金汽配城"四大市场,为中国商人特别是温州商人在迪拜经商提供了的大平台,年营业额达 5 亿~6 亿美元。

2000 年之后,华商进入迪拜的数量大幅增加,高峰时期在 2004 年到 2005 年,国有企业与私营企业纷纷入驻,呈现出百花齐放的势头。根据中阿两国政府的合作意向,中国商务部委托中国中东投资贸易促进中心与阿联酋迪拜杰拜阿里自由区于 2003 年 1 月签订协议,在迪拜"国际城"内建设中国商品分拨中心,是中国在海外建立的规模最大、投资最多、档次最高、服务功能最全的经贸平台,为数千家中国企业提供商品交易、仓储、运输、生活等服务,展示数万种中国高中档商品。市场的辐射范围包括中东、中亚、东欧和非洲 60 多个国家在内的大约 15 亿人口的广大地区。该分拨中心也是中国在海外设立的集商贸、文化、餐饮、娱乐等为一体的最大的华人社区,吸引了众多华商前往投资。

2.发展特点

第一,华人数量迅猛增长。1996 年,阿联酋仅有 2 000 多华人。迪拜的商机吸引了大批华商聚集于此。截至 2005 年年底,阿联酋华

人已激增至 10 万人,其中绝大多数集中在迪拜,从事商贸活动者约
6 000 人。至 2009 年迪拜债务危机爆发前,仅参与迪拜当地投资和
建设的华人已猛增至 10 多万人。

第二,华商的结构性分布层次不齐。从华商来源地看,来自浙
江、福建、江苏、东北、上海、广东、香港等多个地方,但来自温州、台
州、义乌等地的浙商与来自福建莆田等地的闽商最为集中,浙商占据
了迪拜华商人数近一半,达 5 万多人。最初,浙商主要从事五金电
器、皮鞋、箱包和小商品等的销售与转口贸易,完成原始资金积累及
迪拜楼市崛起后,许多原先从事传统贸易的浙商开始投资地产领域。
与浙商不同的是,闽籍商人主要从事油画、沙发、家具、木雕、奢侈品
等行业,较少投资地产业。

从华商的产业结构来看,最先进入迪拜的华商涉及的行业包括
建筑、饮食、酒店、制造业等,但主要是从事贸易行业。从 2000 年开
始,温州、义乌、福建等地商人蜂拥而入,主要销售五金电器、皮鞋、箱
包、打火机、灯具等商品。随后,迪拜相继出现了中国建材城、鞋城、
眼镜城,以及 2004 年华商建造的有上千个摊位的迪拜龙城,经营范
围有所扩大。

随着资本的积累与财富的增加,迪拜华商又开始逐渐参与房地
产业,以浙商参与程度最高。从 2003 年开始,迪拜的楼市一路看涨,
投资的回报率之高、回报周期之快均是传统贸易所无法企及的。浙
商看准这一契机,大力投资房地产业务,半数以上从事贸易的浙商拥
有或买卖过房产。到迪拜债务危机爆发前,如按平均每人购买一套,
每套以 100 万元人民币计算,浙商在迪拜投资楼市的总额便达 50 多
亿元人民币。

(二)金融危机背景下(迪拜债务危机后)迪拜华商发展
状况

2009 年 11 月 25 日,迪拜政府突然宣布:受巨额债务困扰,其主
权投资实体迪拜世界公司将重组,公司所欠 590 亿美元债务将至少

延期 6 个月偿还,迪拜陷入债务危机中。

1. 从事非房地产业务的华商

迪拜债务危机首当其冲的是房地产业,而从事传统贸易的华商,受冲击相对较小。对于最近一两年刚来迪拜经商的小商人来说,因为没有长期、固定的客户群体,又缺乏稳定的商品货源,危机袭来,首先受到影响的就是他们。但对于规模较大的投资公司,特别是在中国有生产基地、在迪拜有贸易公司和稳定客户群的企业,所受影响相对较小。总体来说,债务危机对迪拜从事非房地产业务的华商影响有限。华商在迪拜主要经营转口贸易,其中大多是从事生活必需品贸易,市场需求未因主权债务危机出现而下降。

2. 从事房地产业华商所受到的冲击

金融危机爆发后,迪拜房地产业首当其冲,中国的建筑企业也受到影响。迪拜房地产和建筑经济规模占经济总量的 22.6%,居地产、贸易、金融和旅游四大支柱产业之首。尽管华商整体参与迪拜房地产业务的规模有限,但是浙商尤其是温州商人却大多数涉入了房地产投资当中,因此,他们在本次迪拜债务危机中所受到的冲击最大。迪拜房地产陷入危机,热钱大规模撤离,房产市场价格全线下调,浙商在迪拜投资楼市有 20 多亿元资产缩水,剩余的 30 多亿元资产已基本被套牢。此外,在迪拜注册的中国建筑企业有 35 家,还有一些以合作的方式在当地开展业务。危机爆发后,由于迪拜没有外汇管制等政策,热钱流出,资金紧张,迪拜的建筑工程市场进入萧条期,很多大工程、大项目因资金流断裂被迫停工,在建工程也将面临拖延支付款项等风险。

第六节　东北亚华商发展研究

一、日本华商

根据日本财团法人入管协会 2009 年公布的数据,在日中国人投资经营者已达 2 096 人,华人企业机构已经出现很大变化,大型制造业、大型零售业开始出现,以 IT 产业为代表的多家高新技术企业在日本上市,其实力已被日本市场认可。

(一)日本华商发展状况

1. 在日华商状况

2009 年 6 月,中国企业苏宁电器集团与在日华人企业日本观光免税株式会社,向日本上市企业 LAOX(日本电气量贩)株式会社增资 15 亿日元。增资收购完成后,苏宁电器集团与在日华人企业日本观光免税株式会社分别成为 LAOX 株式会社的第一、第二大股东。此次合作,既是中国企业首次收购日本上市公司,也是在日华人企业首次入主日本上市公司。

至此在日本证券交易所上市(含并购)的华人经营企业已有 5 家,分别是在东证一部上市的 Soft Brain、Ever Progress System (EPS),在创业板 Jasdaq 市场上市的 SJ Holdings,在东证 Mothers 上市的 Stream,以及在东证二部上市的 LAOX 等。5 家华人企业上市以来,经营状况良好,各自有了新发展。如 SJ Holdings 在创业板上市以来,针对软件开发行业流动易变的特点,在日本和中国完成了不少跨行业的并购,企业规模迅速扩大。在日华人宋文洲创办的 Soft Brain2008 年末股票价格约为 2 000 日元/股,2009 年末则涨至约 6 000 日元/股。

在日本中华总商会登记的华商较大型企业共有 226 家,能够获得其中 39 家企业资产金额数据,共计 6 252 830 000 日元,合 7 435 万美元。①

此外,华人传统经营的商业零售业,也出现了地域化集群的趋势。除了以横滨、神户、长崎三大中华街为代表的传统华人商业区

---

① 中国新闻社"世界华商发展报告"课题组:《2007 年世界华商发展报告》,2008 年 1 月 16 日。

外,汇集了 200 多家华人饭店、近 500 家华人中小企业的东京池袋地区,在最近 10 多年间已成为华人商业的代名词。

2. 在日外来华商状况

根据《2008 年中国对外直接投资统计公报》数据显示,2008 年,中国对日本直接投资流量为 5 862 万美元,占当年中国对外投资流量的 0.10%。截至 2008 年年底对日本直接投资存量为 50 969 万美元,占当年中国对外投资存量的 0.28%。[①]

2008 年,台商经核准前往日本投资或设立企业的案件数累计达252 件,占台商对亚洲投资总件数 2 957 件的 8.52%。截至 2008 年年底投资金额累计达 2.0286 亿美元,占台湾在亚洲总投资额47.2746 亿美元的 4.3%。[②] 投资行业由以往的国际贸易业、批发零售业、服务业为主转为电子及电器产业为主。

此外,截至 2008 年年底,新加坡对日本直接投资额累计为 28 亿美元。[③]

(二)日本华商经营行业分布

在日华商经营的行业日趋多样化,主要有餐馆、娱乐、贸易、房地产、金融、旅游、食品杂货、软件开发、教育、医疗、文化、艺术等。尤其是 IT 产业发展迅速,已成为在日华人企业仅次于餐饮业第二集中的行业。日本全国各地约有 7 000 多家中餐馆,著名的有杨永镜的皇宫大饭店、黄云霖的香港大饭店、曾淑铭的聘珍楼等。另外,日本华侨华人经营咖啡吃茶店多达 2 000 余家,业绩普遍良好。著名华商林瑞祥的惠通商事会社夜总会,员工有 2 000 余人,主要营业项目

---

① 中华人民共和国商务部、中华人民共和国国家统计局、国家外汇管理局:《2008 年度中国对外直接投资统计公报》,2009 年 9 月,第 27、33 页。

② 台湾"侨委会"编:《2008 年华侨经济年鉴》,台北:环球经济社,2009 年,第 143 页。

③ 新加坡统计局编:《对外投资统计 2002—2007》,2009 年 7 月。

有舞厅及餐厅等。李北川的联合海外旅行社、蔡新平的泰新旅行社、倪天雄的国际旅行社等也较具规模。

二、韩国华商

(一)本土华商

本土华商即传统华商,90％来自山东,主要分布在首尔、仁川、釜山、大邱等地。由于韩国的种种限制,华商在韩国的经济规模有限,直到 20 世纪 90 年代初,华商经营行业依然是以餐馆业及支援性食品工业为主,约占华商总数的 70％,其中约半数华商经营餐馆。其余 30％的华商主要经营旅游业、贸易业和中医中药业等。

1997 年亚洲金融危机后,韩国经济受到沉重打击,为了走出经济困境,韩国开始调整经济政策,重视引进外资,华商成为韩国引资的重要目标。韩国开始改变过去针对华侨的诸多苛刻规定,恢复传统华侨社区成为韩国政府的目标之一。但韩国传统华侨数量日渐减少,而大陆新移民又以求学和补充韩国劳动力缺口为主,本土华商要恢复原有繁荣尚需努力。

(二)台商在韩国的投资

1990 年后,台湾对韩国的投资金额在 1999—2000 年、2008—2009 年出现了两个高峰。这两个高峰有一个共同点:即都出现在经济危机后。1997 年亚洲经济危机后,韩国政府为恢复经济采取了吸引投资的政策,创造了更为宽松的投资环境,为台商扩大对韩国的投资创造了条件。2008 年经济危机后状况也与此类似,韩国政府对外商在韩投资实行全面自由化和鼓励的政策。在这种背景下,台商对韩国的投资再次出现大幅增加。台商在韩国的投资项目集中在金融及相关产业、电子产业及化学材料等产业。

表 3-21　1996—2009 年台湾在韩国投资统计表

单位:件;百万美元

年度	件数	投资金额	年度	件数	投资金额
1996	3	6.02	1997	4	0.35
1998	3	1.83	1999	8	80.91
2000	34	93.05	2001	16	12.1
2002	11	5.19	2003	9	10.67
2004	9	6.37	2005	8	3.61
2006	7	15.91	2007	10	11.01
2008	5	235	2009	4	276

资料来源:根据台湾"经济部"投资审议委员会、投资业务处相关数据整理而成,http://cus93.trade.gov.tw/fsci。

注:2009 年数据为 1—6 月统计数据。

(三)中国大陆对韩国的直接投资

1992 年中韩两国建交后,两国经济关系迅速发展,越来越多的中国大陆企业进入韩国,近年来增长较快。1992 年中韩建交至 1998 年韩国爆发金融危机这一阶段是中国企业对韩国直接投资的准备期。在这一时期,中国企业对韩国的直接投资主要是以贸易、餐饮业为主的小规模投资,对制造业领域的投资较少。随后,中国对韩国的制造业的直接投资有了较大的增长。中国企业在韩国进行了几项大额投资活动,如 2007 年上汽集团收购韩国双龙汽车等。截至 2009 年年底,中国对韩国直接投资存量已达 12.18 亿美元。[①]

---

①　中华人民共和国商务部、中华人民共和国国家统计局、国家外汇管理局:《2009 年度中国对外直接投资统计公报》,2010 年 9 月,第 17 页。

表 3-22　　2003—2009 年中国对韩国直接投资流量/存量情况表

单位:万美元

年度	流量	存量	年度	流量	存量
2003	15 392	23 538	2004	4 023	56 192
2005	58 882	88 222	2006	2 732	94 924
2007	5 667	121 414	2008	9 691	85 034
2009	26 512	121 780	—	—	—

资料来源:根据《2009 年度中国对外直接投资统计公报》数据整理而成。

　　总体而言,中国大陆对韩国的直接投资主要集中于制造业与服务业。在制造业中,投资金额居前三位的是运输机械、电子电器及化工产业。在服务业中,投资金额居前三位的是批发零售、餐饮及运输仓储业。

第 四 章

融入主流社会与参选参政

随着华侨华人人数的增多、实力的增强,以及华侨华人自身的努力,对融入与回馈当地社会及提升自我政治地位的认识也越来越深刻。积极参政议政,不仅是老一辈华人争取合法权益的斗争利器,更是年轻华裔实现自身价值的选择之一。尤其值得关注的是,第二代华人移民大多受到多元文化的熏陶,兼具中外视野,在政治事务中具有得天独厚的优势,开始崭露头角。海外华人屡屡问鼎各国政坛高位,个仅展示出其参政意愿的提升,而且其贡献及能力也渐获主流选民的认可。

2010 年海外华人参选参政继续取得进展,出任各级众议员、参议员、行政官员的华人越来越多,还有许多华人当选为市长等职务。3 月 26 日,华人黄严辉当选为菲律宾国会众议员。6 月 5 日,莲舫成为日本最年轻且是第一位华裔内阁阁员,担任行政革新大臣。8 月 5日,菲律宾总统阿基诺委任华人律师及计算机专家埃万·约翰·黄(音)为信息和通讯科技署署长。9 月 11 日,澳大利亚总理吉拉德宣布新内阁名单,前气候变化部华人女部长黄英贤将出任财政部长。9月 14 日,秘鲁总统阿兰·加西亚改组内阁,宣布由华裔教育部长何塞·安东尼奥·陈接任总理。同时,在地方选举中华人亦表现出色。在加拿大,2010 年参加大多伦多地区市长、市议员,以及教育委员竞选的华裔人士至少有 41 人。7 月份,菲律宾中吕宋蜂雅丝兰省拉古坂市华人社会"三喜临门":林国民先生当选为拉古坂市市长、林瑛瑛女士蝉联拉古坂市副市长、黄书达先生荣膺蜂雅丝兰省省议员,创下华人精英参政议政的辉煌成绩。

与此同时,面对不公平状况勇于维护与争取正当权益,积极投入到慈善事业,服务于当地社会的华侨华人也越来越多。

第一节　美国华人的参选参政

2010年5月22日,由于夏威夷原任众议员艾伯可伦辞职转而竞逐州长,夏威夷州第一选区国会众议员举行特别选举。最终投票结果显示,共和党籍的檀香山市议员周永康以39.4%的得票率战胜两位民主党籍对手,成为近20年来夏威夷州首位共和党籍国会众议员。5月25日下午,美国第三位华裔国会众议员周永康在众议长佩洛西的主持下,宣誓就职。周永康宣誓就职后成为美国第三位华裔国会议员,另两位分别是俄勒冈州国会众议员吴振伟和加州国会众议员赵美心。在11月的美国中期选举中,赵美心和吴振伟获选连任。但遗憾的是,周永康最终不敌民主党对手,失去众议员席位。然而,就任仅5个多月的周永康,失败固然可惜,但根据当时当地的特殊情况和周永康的努力,也属虽败犹荣。

在这次中期选举中,成功当选或连任的华人增多。除两位国会众议员成功连任外,在地方选举中,华人候选人也有所斩获。在加州,华人民选官员参与的连任选举全部通过,如主计长江俊辉,州众议员伍国庆等。在华人中知名度较高的纽约州众议员孟昭文也成功获得连任;麻州破纪录地选出两名华人州议员。此外,华人选民受到前所未有的重视,成为各候选人的必争之地。许多候选人都纷纷使用各种招数到华人社区拜票,有的大打中文广告,有的给自己取易读上口的中文名字,频频向华人示好。这既说明美国华人的地位得到重视,也是华人群体多年不懈努力的结果。参与投票的华人,总体上呈现增加的趋势。尤其可喜的是有更多华人新生代选民积极参与投票,用选票表达诉求。

特别值得一提的是,在这次中期选举中,61岁的美籍华人关丽珍当选为加利福尼亚州奥克兰市下一任市长,成为该市的首位女市长,同时也是首位担任美国大都市市长的亚裔美国人。

在其他政治领域,华人的表现也越来越积极,并取得了一些成就。2010年1月,美国海军唯一的华裔将领强纳森·袁(Jonathan A. Yuen,译音)准将抵达夏威夷珍珠港,接任太平洋舰队后勤司令部副参谋长新职,挑起协助领导这支庞大舰队的重担。4月21日,自香港移民到纽约的陈卓光,获参议院98票同意通过出任联邦第二巡上诉法院(纽约)上诉法官,这是美国建国200多年以来第一位亚裔膺此殊荣。

5月13日,美国政治圈深具影响力的政治杂志宣布2010年"明日之星"(2010 Rising Stars),加州民主党洛杉矶县政治部主任华裔李天然当选民主党明日之星,更是41位明日之星中唯一的华人。

9月21日晚,获奥巴马总统任命的美国总统亚太裔顾问委员会成员在首都华盛顿美国国会大厦访客中心宣誓就职。来自全美各地的17位成员将成为亚太裔与奥巴马政府直接沟通的桥梁,并向总统提供建议,使美国联邦政府深入了解亚太裔关注的议题,为亚太裔社区争取权益,确保得到联邦政府提供的服务。来自旧金山的华裔郭为婉女士担任本届总统亚太裔顾问委员会主席。除郭为婉女士外,华裔葛怀中也被任命为美国总统亚太裔顾问委员。葛怀中是美国奥斯汀市有史以来的第一位华裔法官。毕业于耶鲁大学历史系和芝加哥大学法学院、担任民权律师多年的葛怀中在宣誓就职后接受媒体采访时表示:"我非常关心亚裔事务和他们面临的困难,我希望自己努力做好,在这个委员会有更大的影响。我希望在自己两年任期内能取得一些真正的结果,而不是光说或写报告,我希望真正影响到亚裔在美国的生活,让亚裔感受到这个联邦政府真正对他们关心,听到他们的声音。"

第二节　英国华人参政新局面

　　20 世纪 80 年代,英国内政部首次进行华人在英生活情况调查,形容华人是一个"自给自足"、"沉默"的社群,一石惊起千层浪,在英华人首次被"唤醒",意识到华人必须站出来为自己争取更多关注,更多权益。2010 年对于英国华人参政来说是创造历史的一年,华人不再做"没有话语权的社区"的呼声从未像现在这样高涨,八名华裔国会候选人同时参选,打破华人在英国近 200 年来的纪录。英国主流媒体和华文媒体的关注,使华人参政意识在华社得到更广泛推广,奠定更坚实的公众基础。英国新政府上台后收紧移民政策陆续出台,华人组织和社团反应迅速,在第一时间站出来发出声音,维护自己的权益。

　　2010 年 2 月 11 日"英国华人参政计划"的组织者,5 位来自不同党派的华人议员参选人在英国议会下院举行新春招待会。在新春招待会上,华人议员参选人李泽文、杜淑真、成世雄、吴克刚、凌家辉通过讲述他们自身的参政经验,鼓励新一代华人积极参与英国政治和公众事务,努力融入当地社会。"英国华人参政计划"还在 2010 年举行的英国大选前展开一系列活动,发布《英国华人大选宣言》,鼓励华人参加选民登记,力争掀起当地华人参政热潮。英国华人工党组织的"英国华人与政治"讨论会也于 2010 年初在工党大楼媒体中心召开。华人工党邀请了包括英国工党秘书长 Ray Collins,国会议员 Stella Creasy,移民政策专家 Sarah Mulley 等在内的 10 名政治活动家、学者进行专题演讲。与会者有来自华人工党成员,华人参政计划的代表以及伦敦公民组织的成员,也有以个人名义到会学习的华人留学生和华人移民。华人工党主席梁辛尼表示,组织该项活动目的一是向到会者传递工党的政治理念,二是为华人社区的年轻一代提供机会,学习什么是政治,如何参政,如何把政治理念应用到实践中去。

在 2010 年 5 月 6 日的英国国会选举中,包括移民自中国大陆的国会议员候选人吴克刚在内,共有 8 名华人候选人参选。尽管 8 名候选人在这次英国大选中均告败选,但已取得了不少进步,在很大程度上改变了英国社会对华人的看法。其中李沛腾、凌家辉和李泽文的票数在 10 000 至 11 200 票之间,其他华人候选人的票数从 1 300 至 7 000 票不等。华人候选人的参选旅程,更有诸多可圈可点之处。参选者所表达的政治理念,已不仅仅局限于华社利益;竞选手法更成熟;参选者更多赢得党内实力人物的力挺;华人投票率也较往届大选增多,显示华人参政意识整体性的增强。

"英国华人参政计划"的发起人李贞驹律师评论说:"英国整个华人社区已经是胜利者。"其实所谓"胜利"与否,并不一定取决于是否"最终当选",而是在于是否"达到了预期目标"。"当选"并不是八位华人国会候选人的主要目标,通过在这些选区的表现,对所在党派的全局起到积极促进作用,并为其个人未来的参政道路积累资本,才是真正的目标。从这个角度来分析几位华裔国会候选人的成绩,则可以看出他们大多实现了这个预期的目标。①

2010 年大选给华人未来参政道路提供了重要的经验,值得华人社会认真总结。除了如选举制度的改革、华人候选人与主流政党领导人的沟通等大环境因素外,从华人社会内部来说,有几方面工作可以尝试。第一,从社区活动做起。对于类似英国这样的民主社会,社区活动是磨炼候选人的能力,了解选区民众诉求,提高个人在社区、党内和媒体知名度的重要途径,并最终能为未来参选打下良好的基础。第二,强化华人政治团体的制度化程度。"英国华人参政计划"对华人参政起到了重要作用,但也需要将其工作以及影响力制度化和常态化。英国华人领袖或可参考其他国家华人参政较为成功的模式,从中吸取有益的经验。如类似美国华人社会的"百人会"组织有

---

① 林入:《盘点 2010:华人参政史上的浓重一笔》,[英国]《英中时报》,2010 年 12 月 7 日。

助于提高英国华人在主流社会的知名度和影响力,并进而整合华人的政治资源。第三,加强英国华人社会之间的沟通与合作。建立华人社群内部的跨越出生地、方言群、代际鸿沟的组织以及联络与协调机制,寻求华人社会的共同诉求,对于英国华人的未来参政道路有重要的意义。[①]

而在大选之外,英国华人 2010 年在诸多层面也表现出对涉及自身权益的理性诉求。英国新联合政府上台后,颁布严限移民新规,对华社利益形成冲击。"华人参政计划"等组织一方面通过官方渠道向政府表达诉求,另一方面通过与议会跨党派中国事务小组举行工作会议等方式,力促议会向政府施压,同时还举行征集签名活动,向政府表达华社民意。值得注意的是,在向各界表达诉求的过程中,华社采取的是积极而理性的态度,在争取自身权益的同时,也表达了在英国经济整体不景气大环境下,对政府所采取措施的体谅,显示华社乃社会整体一分子,有责任与全社会共克时艰。

英国华人参政议政意识的增强,也引起政府的关注。英国政府 2010 年 11 月举行有史以来首次跨机构华人事务咨询会,15 名来自多个机构的官员,听取了 50 名华社代表的诉求。

从沉默到发声,再到多元、理性表达,英国华人参政议政表现正在逐步走向成熟,但相对于约 60 万华人应有的社会、政治地位而言,脚下之路也许还仅仅是个开始。

此外,2010 年 6 月初,33 岁的韦鸣恩获封为男爵,成为英国上议院终生议员,他是英国历史上第三位获皇室封为贵族的华人。韦鸣恩也从一名积极致力于公民社会建设的社会活动者,一跃成为英国首相卡梅伦的重要智囊之一。他的主要工作是主导卡梅伦的一项重要改革——大社会计划。在这项计划下,政府将变得更小,而公民的权利和责任将变得更大。韦鸣恩因此也被媒体称为"Mr. Big"——

---

① 刘宏、侯佳奇:《当代英国华人社会与政治参与:以 2010 年大选为中心》,《南洋问题研究》,2010 年第 4 期,第 59 页。

大社会先生。卡梅伦希望这项改革能成为其政府"最伟大的政治资产之一"。韦鸣恩负责推行的大社会计划主要内容包括：培训新一代的社区组织者，让他们来协助建立街道组织；有关当地规划的问题上给予区更大话语权；鼓励志愿活动和参与社会行动，设立全国性的"社会日"，把定期参与社区活动作为评价公务员的重要内容；试行"国家公民服务"计划，让青少年参与2个月的夏季社会服务，使他们在未来成为积极的、负责任的公民；支持合作组织、慈善机构和社会企业更多地参与公共服务管理。通过"新信息权"计划，让公民可以更多地获得由政府掌握的数据，确保政府信息公开等。

第三节　印度尼西亚华人参政的启示

2010年6月是印度尼西亚苏门答腊岛地方选举的月份，其中华人人口密集的棉兰市长选举更是受到印度尼西亚华人社会的广泛关注。印度尼西亚华人候选人陈金扬（Sofyan Tan）在棉兰市长选举中进入了第二轮，但因政客操纵种族议题、华人不愿投票等原因而落败。

由于人口比例及国情的限制，印度尼西亚华人长期以来对政治避而远之，而把时间与精力全情投注于经济事业。实行专政统治的苏哈托在1998年亚洲金融风暴冲击下退位后，其继任者打开了被封闭32年的民主空间，被压制至几乎窒息的华人在呼吸到新鲜的民主空气后开始苏醒，除了积极恢复华文的学习外，许多华人纷纷参政，希望能在政治上有所突破。然而，由于华人只占印度尼西亚总人口的4%，比例较低，加上华人社会内部不团结，喜欢各立门派等因素，因此选举成绩不够理想。在目前印度尼西亚内阁中，只有商务部长冯慧兰是华人。

婆罗洲山口洋是印度尼西亚华人从政取得的第一个突破点，华裔候选人黄少凡成功击败对手，在华人人口密集的山口洋当选为市长，成为印度尼西亚第一位华人市长。黄少凡的成功激励了其他地区的华人,获得斗争派民主党支持的陈金扬成为华人寄予厚望的候选人。因为山口洋毕竟只是个小镇,而棉兰则是印度尼西亚第三大城市,华裔候选人的胜利将有更大的象征意义。

棉兰位于印度尼西亚西北部苏门答腊岛,是该岛最大城市,人口210 万,其中 25% 是华人,华人也是该市第三大族群。尽管人口比率较高,华人在地方政府中的代表性却很低,棉兰市议会有 50 名议员,华人只占 4 位,而在苏北立法议会 100 名议员里,华人也只有 2 名。

在首轮市长选举中,曾当过医生、目前开设私立医院的陈金扬与搭档成功地在十组候选人中突围,进入第二轮选举。为了协助陈金扬当选,苏北印华百家姓协会积极参与助选运动。该会除了邀请前任印华百家姓协会总主席熊德怡准将前来助选,也邀请山口洋市长黄少凡远从婆罗洲前来助阵。陈金扬选举阵营也尝试借用马来西亚的选举策略,以高新科技发动宣传游说选民。然而,陈金扬最终还是无法打破肤色的隔阂,在第二轮市长选举中败给了获得民主党及专业集团党支持的印度尼西亚原住民候选人,以致无法创造历史,成为印度尼西亚第二位华人市长。

印尼《棉兰讯报》编务顾问吴仲达认为,陈金扬的败选主要是因为华人选民投票率过低。根据选举委员会的统计,此次选举的总投票率只有 45%,华人选民的投票率更低。他表示,由于陈金扬在1998 年印度尼西亚发生排华事件时发表反对中国干预印度尼西亚内政的言论引起华人社会的强烈反弹,至今仍无法获得当地华裔选民的原谅,而对手也玩弄"华人当市长可能发生动乱"等种族恐吓手段,致使许多华裔选民不愿出来投票。

此次的棉兰市长选举凸显了几个印度尼西亚华人社会值得关注的情况。尽管印度尼西亚独立已经 65 年,苏哈托推行同化政策逾40 年,而政府在 1998 年后也废除了一系列歧视华人的政策,但是华人仍然未被原住民全面接受,为了赢得选举,政客依然操纵种族议题。陈金扬的败选也引发了华人社会的争议:目前是否是华人走向政治前线的时机。

黄少凡当选山口洋市长后,他感触最深的是当他踏进市长办公厅时发现,他的下属是清一色的原住民,他需要花费很多时间与精力慢慢地让下属与他一起工作。尽管如此,其政治对手并未放弃任何可以攻击他的机会,其对手借口他在 2008 年撰写的博士论文《马来亚历史及其来源一瞥》中引述荷兰学者的论据有损马来人的名声,迫使他向苏丹道歉。此外,其对手也组织民众示威,抗议山口洋市区建造一座龙的塑像。在抗议行动爆发后,部分华人也不认同市政府建造"龙图腾",认为过于高调地突出中华文化可能引起原住民的不安。印度尼西亚情报部官员不久前在香港出席研讨会时就公开表示,不满印度尼西亚华人社会为突出本身的影响力,动辄邀请印度尼西亚的国家领导出席宴会。中国货物淹没印度尼西亚廉价市场也令印度尼西亚人深感不安,一些噪音开始出现,部分印度尼西亚人认为政府应禁止中国廉价物品进口,以保护本土制造业。

新加坡管理大学社会科学学院助理教授云昌耀则对印度尼西亚华人的前景感到乐观。他指出,印度尼西亚华人开始主动参政,这在之前历史上是没有出现过的新现象。而在文化方面,华人文化成为一种时尚,华人节日获得盛大的庆祝,大有文化复兴的趋势。然而他也认为华社应该小心看待此事,因为当前浮现的华人文化活动"有量无质",流于表层文化,大部分华人并不明白中华文化的真正意义,而原住民则对中华文化热持有戒心。

因此,他也提醒华人在庆祝节庆时不要太张扬,必须考虑到原住民的感受。他认为印度尼西亚对中国的崛起既接受又惧怕,由于中国是经济强国,存在许多商机,印度尼西亚不能得罪中国,而国内华人成为了两国关系的桥梁。而对印度尼西亚原住民而言,他们对中国的了解不深,许多人仍停留在冷战时代的思维,对华人的效忠还是保持质疑的态度。例如印度尼西亚前副总统尤索夫卡拉就曾公开指责华人把印度尼西亚当作酒店,华人是寄居者。云昌耀还指出,虽然印度尼西亚已逐步走向开放,许多不利华人的条例已经废除,然而目前仍然存在 50~60 项对华人不利的条例。

　　印度尼西亚在 1998 年之后实行了令许多东南亚国家羡慕的民主体制,然而多元种族及多元宗教使这个国家步履艰难。近半个世纪对华人的压制无法在一夜之间彻底改变过来,华人参政取得了一定的进展,但也存在着许多隐忧,仍然需要稳步向前。

第四节　法国华侨华人举行维权游行示威

　　2010 年 6 月 20 日,近 3 万名法国华侨华人在巴黎美丽城(Belleville)街区举行了以"反暴力、要安全"为主题的大规模游行示威。这是法国华侨华人历史上首次举行针对法国社会问题的大游行,在当地引起了较大反响。除了法国主流媒体给予极大关注外,当地政府对这次游行也表示支持。

一、起因与背景

　　美丽城位于巴黎市的第 10、11、19、20 区交汇处,是法国著名的唐人街之一,也是华人、阿拉伯人、非洲人和东欧国家移民比较多的地区。美丽城并不位于巴黎的市中心,这里有政府为低收入人群提供的住房,还有"穷人集市"等。由于相邻的四个区都不愿出面管辖,这个街区逐渐成为一个"四不管"地区,低收入人群引发的社会问题也因此不断发酵。近年来,法国华人社区治安问题日益严重。在华人聚居的巴黎地区,相继发生针对华人同胞的暴力抢劫伤害事件,其中以美丽城最为严重。

　　而对华人施害者,多数是无法正常融入法国社会的非裔、阿拉伯裔移民青少年。无论是法国媒体还是政治家都对这两个族裔退避三舍。一是因为这两个族裔是"选票仓";二是因为这两个族裔对维护自己的权益非常敏感,同时也十分团结。一旦"得罪"他们,无论政治家还是媒体,都可能"吃不了、兜着走"。

　　在法国,种族歧视始终是个社会禁忌。政府公权在可能涉及种族歧视的事件中必须时刻保持"政治正确"的红线。因此,在对待移民族裔的犯罪问题上,公权在执行公共职能时常缩手缩脚。一旦处理不好,便会激化社会矛盾。巴黎郊区时常发生的骚乱,便是例证。这也导致移民族裔聚居区的治安状况长期堪忧。另外,法国警方对偷窃和抢劫等轻罪案件的破案率一直不高,也使得华人在遭到此类侵害后报案积极性不高。不少华人反映,即便他们报了案,由于实施暴力抢劫的不法分子多为未成年的青少年,法国法律制度也无法制裁肇事者。甚至有时候,报案人还未做完备案记录,他们就已经被释放。这导致素来奉行"破财消灾"的华人,不愿意浪费更多的时间报案,从而使得未得到应有惩戒的不法分子更加有恃无恐,频繁作案。

6月1日夜晚,一群歹徒围堵在"巴黎美丽城大酒楼"门外,公然对参加完婚宴、陆续离开酒楼的华人宾客围堵、轮番抢劫,气焰嚣张,很多人躲在一楼出口处不敢出门。一位名叫钟少武的宾客忍无可忍,取出携带的手枪,在向天空连发数枪示警后,再连发两弹击中其中一名歹徒,其他歹徒见状立刻仓皇逃走。随后,钟少武被警方以怀疑非法持枪和故意伤害等罪名拘捕。

美丽城枪击事件发生后,起初最活跃的维权群体,第一个是以帮助无证者为主的汇集协会和华人街(www. huarenjie.com)网友为主体的年轻人。在热心关心华人生活的法国籍福建青年伟明的斡旋下,他们于6月6日联合美丽城周边所在的20区政府官员召开座谈会,商讨预防和处理针对华人犯罪的初步方案。第二个维权群体是包括美丽城华商在内的华侨华人社团代表,他们于6月6日准备好了一封签名信,包括法国最大侨团之一的华侨华人会在内的5个社会团体申请举行游行示威,抗议巴黎美丽城地区治安恶化,华人安全缺乏保障。

二、游行经过

经巴黎警察局正式批准,由旅法华人社团联合发起的法国华侨华人促进改善社会治安"反暴力、要安全"大游行于6月20日下午举行。示威游行于当地时间下午3时从巴黎华人聚居区美丽城开始出发,到达法比安上校广场后,再返回美丽城,一直进行到下午 5 时结束。在警车的引导下,游行队伍有组织、有秩序地在一条约 2 公里长的大街上前进。华人示威者穿着统一印制的文化衫,高举中法文标语,并整齐地呼喊着口号,向法国社会理性地传递着"反暴力,要安全"的呼声。

参加游行的华人社团多达 30 余家,另外还有旅法各界人士和留学生,以及屡遭犯罪侵害的华人受害者等,美丽城的华人商家也关门休市,参与或支持游行。游行队伍的最前列,本次游行活动的组织者,即各华人社团负责人陈胜武、陈世民、张海平、林光武、蔡联华、彩垂彪等,与欧洲军民奉献协会主席高举大幅标语走在队伍最前面,法国前总统希拉克的越南裔养女英瑶·特拉塞也参加了游行。稍后巴黎市 20 区区长弗雷德里克·卡兰德拉、负责公共事务的巴黎市副市长佩尼努也现身在游行队伍的前列,以表达对华人诉求的支持。游行开始之后,不断有支持者加入,组织者称最高峰时估计游行人数超过 3 万人,其中年轻人超过半数。

引人关注的是,在这次美丽城的华人示威游行中,除了华裔面孔外,也有很多非洲裔和白人的面孔。他们同样身穿组织者提供的写有"我爱美丽城"和"反暴力、要安全"的文化衫,与华人一起高呼口号。一位头发花白的法国人尼古拉表示,他是看到媒体报道后赶来参加游行的,一方面是对华人表示支持,但同时也是为自己来游行,因为他的很多朋友也是治安恶化的受害者。

三、各方反应

近年来虽然法国华侨华人在经济地位上有了很大改变,但政治地位和社会地位还不是很高。像美丽城枪击这样的重大社会治安案件,最初法国媒体几乎没有一家报道,也没有一位知名政治人物表示关注,与巴黎同时期发生的其他治安新闻形成鲜明对比。但自从华人酝酿大游行以来,法国《世界报》、《解放报》等主要媒体就相继大篇幅登出报道,一些法国网民反应热烈,有人在《解放报》网站留言评论称：是时候了，应该重视这些亚洲移民的呼声。有一名法国社会活动家还专门来到组委会，提醒游行组织中的注意事项，比如防止极右翼组织趁机捣乱，以及如何跟媒体与警方建立良好沟通等。游行当天，法国主流媒体很重视，法新社和欧洲一台电台都在上午发布了游行的新闻。

法国各大主流媒体，如法新社、《世界报》、《巴黎人报》、法国电视三台等，纷纷在第一时间报道了这次游行。一名法新社记者表示，这是他们首次报道如此大规模的华人游行，希望借此探寻美丽城安全问题的根源。6月22日出版的《巴黎人报》用整版篇幅报道了这次游行的情况。报道指出，法国的华人团体向来给人的印象是比较沉默，在遭受暴力事件之后可能会选择不去报案。20日的游行是华人首次打破沉默，走上街头，以游行的方式来争取自己的权益，呼吁当局重视美丽城街区的治安问题。法国主要华文媒体《欧洲时报》则发表评论员文章，认为法国华人依法进行"6·20反暴力、要安全"大游行，诉求理性、高调，形象团结、包容，凸显主人翁姿态。文章指出，一向不爱惹事，比较"神秘"、很少集会游行抗议的华人族群也"破门而出"了，显示出团结的力量。而以法国最为常见且深入公众之心的游行示威的方式抗议、维权，可谓入乡随俗，是最好的融入表现。

针对这次游行，法国地方政府和不少民众都表示了支持。比如，在当天的游行中，巴黎20区区长弗雷德里克·卡兰德拉女士走在了游行队伍的最前面，并向游行队伍发表了讲话。她强调，她代表法国政府前来支持华侨华人的正义行动，并希望华人社区能"组织起来，建立各种协会团体来加强社会治安"。她同时认为，这次华人游行是"非暴力"的和平游行，"反暴力，要安全"的口号非常恰当。在接受记者采访时，卡兰德拉表示，当局今后将通过在该区域加强警力的方式，来回应华人社区的诉求。由于美丽城地区长期受到治安问题困扰，当地居民不同程度受到暴力犯罪的侵害。一名叫勒罗的法国女士表示，她认为华人组织反暴力游行非常好，"希望能通过这样的游行表达我们建立社会正义和法律尊严的愿望"。

中国驻法使馆领事部主任许建工参赞表示,旅法侨界计划举行的"反暴力、要安全"示威游行,目的是为了要求法国有关方面重视保护华侨华人的生命和财产安全,中国驻法使馆坚决支持侨民通过合法手段表达诉求,希望游行能够在理智的气氛中进行,使馆已要求法警方加强对游行活动的保护。法中协会主席温明等也表示,非常高兴看到华人能团结起来,组织这次成功的游行。社会治安问题是关系到每个人切身利益的问题,华人能勇敢站出来对暴力犯罪说"不",表现出了华人的社会责任感。

法国华侨华人会主席、游行总负责人陈胜武认为,这次游行集结了 30 多个华人华侨社团,来参加游行的不仅有华人社团代表、华商和留学生,还有一些法国人和其他族裔的人士。游行可以说是非常成功,华人终于团结起来,勇敢地面对现实,保护自身权益。

随后,与美丽城相关的巴黎市 4 个区政府 6 月 22 日宣布,将设立一个"指导委员会",负责治理美丽城街区的治安不良问题。这是大游行后,法国官方公开宣布采取的第一项措施。4 个区的区政府当天发表的一份共同声明表示:"为了最好地回应居民的期待,决定设立一个和美丽城相关的四区政府之间的指导委员会,以确保就治安问题采取协调的行动"。6 月 25 日,巴黎警方高层邀请华人华侨代表举行长达 3 小时的座谈会,就改善巴黎尤其是美丽城地区的治安问题直接与华人对话。警方方面出席座谈会的有 10 多名高级警官,包括巴黎警察局局长米雪勒·古宕,该局有关部门负责人及涉及美丽城的 4 个区的警察分局局长。华人方面出席的有 20 余名代表,包括法国华人社团的负责人、华人游行组委会成员和青年华人代表等。古宕表示,警方将在会后很好地研究华人居民反映的意见和建议,并采取措施,改善美丽城等地区的治安,还将以各种不同方式,加强与华人社团和居民的沟通和联系。

四、启迪与思考

屡屡发生针对华人的侵害事件,既有法国社会的深层原因,也有华人自身的原因。客居他乡的华人深受传统文化影响，多给外界息事宁人的"软柿子"形象。导致华人华侨人身、财产安全不断受到威胁的原因，除了警方不力之外，还有同胞之间不够团结，相互帮助不够，华人华侨之间的凝聚力不足，没能真正融入法国社会。在法国的华人比较注重经济事业发展，但却少关心社会事务。华人仍然属于人数较少的群体，尚难构成足够的选民力量，因此华人利益往往被忽略，这是华人区治安问题未能得到有效解决的最根本原因。如果法国政界有华人代表的话，可能会有更多人关心华人群体。

同时，法国华人通过自己的辛勤劳动，大多生活比较富裕。再加上一些华人比较爱面子和露富，从而让劫匪觉得华人都比较有钱，因此容易惹祸上身。此外，华人多有爱携带现金的习惯，一些经商者也偏爱现金交易，也是他们频频招致劫匪"光顾"的一个原因。住在美丽城的华人几乎每个人都被抢过。但由于报警通常要花费3至5个小时，警察就算抓住了劫匪也不会严惩，很多劫匪连18岁都没满，抓进去也会被无罪释放。所以久而久之，大家都认为报警也是白报，在碰见抢劫时，华人大多选择默不作声，宁可"破财消灾，息事宁人"，这也间接导致劫匪更加猖獗，使华人成为主要袭击目标。

可喜的是，法国华人社会正在经历一种比较深刻的历史性变化。6月20日的维权游行，传递出法国华人团结维权的积极信号。华人意识到光靠躲避不是办法，光在经济领域成功还不够，必须要集体起来抗争，从而引起法国全社会的关注。从目前来看，这个目的已基本达到。在20日的游行中，华人表现得理性又不失激情，成功地表达了"反暴力、要安全"的呼声。

总结这次游行取得初步成果的经验，活动组织方认为，加强自身团结、融入当地社会是华侨华人在海外维护自身权益、提高社会地位的重要手段。此外，身在他乡，学会当地化的"表达方式"很重要。只有主动融入，华侨华人的诉求才更容易被倾听和理解。

华侨华人要进一步融入法国社会，就个人而言，第一步是努力学习掌握法语这个交流工具，了解法国的历史与文化，突破与当地人交流的语言与文化障碍。第二步是要勇于走出华人圈子,积极参与法国主流社会的活动。在集体层面,华人社团不妨积极展开民间交流活动,并对法国社会开放,让法国人有机会了解和信任华人社会,同时也为其成员创造与外部社会接触的机会。另外,早先移民法国的华侨华人经过几十年的资本积累,一部分人已具备升级转型的条件。华侨华人大胆走出企业升级转型的第一步,跨越"内循环"的圈子,使经营活动与法国社会发生更多联系,就能获得更为广阔的发展空间。当华侨华人经济成为法国经济密不可分的有机组成部分时,华侨华人融入法国社会也就不再遥远了。

尽管这次游行在法国社会引起了比较强烈的反响,但在法华人的安全状况并非一朝一夕就能有明显改观,华人维权还有很长的路要走。

第五节　提升华人社会政治地位

除积极参与投票竞选外,海外华人还通过种种努力,以各种方式提升华人的社会政治地位,面对不公平待遇,也以合理方式维护自身合法权益。阿根廷华人超市公会自2004年4月伊始就积极参政议政,并主动与阿根廷政府以及当地主流媒体打交道,共同维护自身利益以增加自身话语权。阿根廷发生金融危机后,华人超市公会与阿政府率先达成协议,最先执行主要商品降价限价政策。为此,时任阿根廷总统基什内尔两次在总统府接见华人超市公会的代表。这一协议的签订迫使其他大型零售集团也不得不与政府签订了相似的协议,阿根廷物价因此得到了平抑。面对某国际知名连锁超市在媒体上播放歧视华人及华人超市的广告,公会主席陈大明带领公会第一时间向阿根廷消费者保护协会以及阿根廷公平竞争秘书处提出书面投诉,最终该连锁超市被迫退让。

此外,公会还每年举行华人超市业展销会,并邀请当地政要以及国际知名企业、经销商和大批华人超市业者参会,为阿根廷企业界和华人超市更好地搭建沟通与交流的平台,实现互利双赢。阿根廷副总统、布宜诺斯艾利斯市市长等都曾受邀出席展销会。公会开办了华人超市培训中心,积极与阿根廷各省市政府以及企业、商业协会合作,向华人介绍各地的食品、卫生等行业情况,并提供市场营销、店面布置等方面的培训。公会还积极与阿根廷一些公益组织接触,通过与它们的合作帮助当地老人、小孩等弱势群体。作为一个民间社团组织,华人超市公会已经得到了阿根廷社会的广泛认可和重视。

2010 年 7 月 11—15 日,阿根廷总统克里斯蒂娜·费尔南德斯·基什内尔对中国进行国事访问,在访华代表团中,阿根廷华人超市公会主席陈大明率领的由超市公会领导成员组成的企业家代表团备受关注。基什内尔总统在访华期间更表示,阿根廷华人超市公会是阿根廷华人在融入当地社会与参与当地经济发展方面的典范,赢得了当地社会的尊重和好评。

2010 年新年前后,巴西警察先后三次查封巴西利亚进口小商品市场。华商店铺屡屡被警察突击查抄,激起了华商的愤怒与抗议,但苦于语言不通,对当地法律不明,无处说理,激愤的华商只好将前来查抄的警察围住,不让他们随意收缴商品,华商和警察多次发生冲突。在此情况下,一些华侨华人组织纷纷站出来,组织华商讨论对策,向华商宣传相关法律常识和维权知识,提醒华商必须合法经营。同时华商社团也积极与当地政府和警方交涉,要求警方将扣押的货物放行。中国驻拉美国家的使领馆也出面做了很多工作:他们主动到华商家中走访,了解情况,并与当地政府和警方沟通,促使华商与警方取得谅解,化解矛盾。之后,巴西利亚警方对进口小商品市场上的中国店铺查抄已经不像过去那样专横,圣保罗的华商和侨团也利用节假日与当地警方搞联欢活动,增进了解,关系逐步缓和。

3 月 8 日,在华人社会的努力下,一堵迟到了 140 年的华人纪念墙,在洛杉矶东部"长青公墓"揭幕,一百多位参与了美国西部开发的华裔先人,终于能够获得应有的尊重,他们散落野地的尸骨将陆续移入公墓内。5 月 7 日,全美第一座纪念华裔军人的纪念碑——"第二次世界大战中美军民合作反侵略纪念碑"建碑筹建委员会正式成立。

3月30日，英国大选在即，当地华人社团的领袖举行集会，呼吁华人积极参政，在大选中投出自己宝贵的一票，为争取和维护华人社会的利益尽一份力。英国著名侨领、全英华人中华统一促进会会长单声博士呼吁华人在2010年的大选中积极投票，选出自己的国会议员。

5月27日，来自全美各地的华人社团代表27日来到华盛顿国会办公大楼，正式向国会议员递交请愿书，敦促国会应为1882年通过的排华法案道歉。美国华人全国委员会、美华协会等知名华人社团的负责人当天来到美国首位华裔女众议员赵美心的办公室，当面向她递交了一份由全美100多个华人团体联名签署的请愿书，希望国会尽快就当年排华法案带给华人的伤害道歉。赵美心表示将努力促成国会为百年前美国国会通过的歧视华人的法案向华裔做出道歉。

9月2日，加拿大士嘉堡约克区华商会、安河华商餐馆会、多伦多华商会及越棉寮华人协会等15个华人社团，联合多伦多警务处刑事侦查支持部行动组及多伦多辅助警员，在士嘉堡富都名宴举办第19届"警民一家亲"联谊晚宴，约有700人出席活动。筹委会主席苗延建警长表示，举办"警民一家亲"晚宴有助于加强警民关系，并通过警方与市民的沟通，提高社区安全，支持社区警政服务，拉近警方与华人社区的关系，他同时希望华裔人士能参与警政服务，为维护治安及保障市民生命财产而尽力。这将在帮助警方扑灭罪行及防止罪案方面起到很大的作用，也有助于加强警方与华人社区间的互相尊重与信任，成为警民间沟通的桥梁。

9月20日，加拿大卑诗省新西敏市市长赖特代表市政府宣读声明，就该市历史上歧视华人的政策向华社正式道歉。这是首个就过往排华行为道歉的北美城市，反映了北美华人社区觉醒及争取正视历史错误、寻求和解的潮流。加拿大1924年开始实行《排华法案》，1947年才废除，而曾为卑诗省首府的新西敏市是当地最早出现排华政策的市镇,当年市政府曾制定法规,禁止公共工程包商聘用华工,不准华裔参加文艺活动,甚至死后不得葬在市有公墓。加拿大《排华法案》也是由该区国会议员所提出。

11月30日,英国华人参政计划、全英华人社团联合总会、全英华人外卖公会及多个华人社团宣布,决定发起全英华人签名运动,联合其他受影响社群,要求英国政府修订移民配额制度,放宽移民限制,弹性处理华人饮食业劳工安排。

11月30日晚,美国亚太裔公共事务联盟在加州首府纱迦缅度市举行其新总部大楼的开幕典礼。亚太裔公共事务联盟创办人和主席尹集成倡议,在美华人应该积极参与美国政治,共同建设和完善美国的法律和制度。

第六节 融入与回馈当地社会

近年来,海外华侨华人在融入与回馈当地社会,捐资救灾,从事慈善事业等方面表现得越来越积极,也得到了当地社会的充分肯定。

南非华侨华人通过帮助当地贫困人口,赢得了当地人的赞赏,从而在当地建立良好口碑。例如,南非华侨华人每年都会在约翰内斯堡北部亚历山大区开展捐赠物品献爱心活动,向当地300户贫困居民家庭捐赠食用油、面粉、糖、棉被、衣服等日常生活物品,并向当地小学捐款15 000兰特(约合1 500美元)。

2010年2月,智利发生大地震。智利中国和平促统会副会长郁飞和许敬言,第一时间带着价值数万美元的救灾物资,驱车30多个小时送往重灾区。受灾民众激动且意外,没想到第一个赶来援助的竟是中国人。此后,智利华商总会也迅速组织侨胞参与援助。华侨华人急公好义的表现,受到智利上至总统、下至普通民众的称赞。

缅甸福建同乡总会副会长、缅华慈善总会副会长张文钦,事业集大成,乐善又好施。2010年5月,缅甸伊洛瓦底三角洲受到风暴的侵袭。张文钦得知消息后非常不安,积极响应国家的号召,重修了8

座医院,以便病人能够得到及时的救治。同时,他又重修 10 所被大风吹毁的学校,使得灾区的孩子能尽早地复课。为表彰他对公益事业的热心与奉献,缅甸政府也给予他极高的荣誉,授予他"光辉珍珠高优绅士"称号。

6 月 5 日,菲律宾移民局长李万澜在马尼拉市王城内移民局总部办公室向以郭从愿为会长的菲律宾中国商会同仁颁发了感谢状,表彰菲律宾中国商会长期不懈地支持和帮助移民局的工作,特别是在 2009 年 10 月间,菲律宾东三描省遭受特大台风灾害时,慷慨捐助救灾。

近年来,海外华侨华人积极融入当地社会也取得了较大进展,并得到了当地国政府与社会的认可与支持。5 月 12 日,在以"华人在意大利:社会融合之路"为主题的研讨会上,意大利内政部公民自由和移民司官员罗莎表示,意大利政府希望今后与华人的交流和对话成为双方合作的常态,政府也愿意投入更大的力量来帮助华人融入意大利社会。

6 月 29 日,在马德里总工商会总部,西班牙华侨华人协会常务副主席虞洪光被正式任命为该商会的常务委员。这是有史以来马德里总工商会中首次出现华人面孔,也标志着华人首次成功融入西班牙商圈。

海外华侨华人对慈善事业的捐赠也日益增多,在美国华人身上体现地最为明显。2010 年 1 月 4 日,美国耶鲁大学校长理查德·莱文教授宣布,耶鲁 2002 届毕业生张磊已经承诺,将向耶鲁大学管理学院捐赠 8 888 888 美元。这是到目前为止,耶鲁管理学院毕业生捐赠的最大一笔个人捐款。这笔捐款将主要用于耶鲁管理学院新校区的建设。另外一部分作为奖学金,提供给"杰克逊全球事务学院"国际关系计划项目,以及资助耶鲁大学各种与中国有关的活动。

5 月 12 日,中国香港商人刘銮雄的慈善基金捐助 500 万加元予加拿大著名私立学校 Cresent School,以支持该校的扩建筹款运动。该基金代表及曾于该校就读的刘銮雄儿子刘鸣炜表示,这笔捐款只是略尽绵薄之力,以报答在短短一年的校园生活里,带给他生命的转变,在待人处事方面持正面态度。

9月3日,美国教育部长邓肯3日下午致电克莱尔·吉阿尼尼基金会(Claire Giannini Fund)管理人姚湘,感谢她捐赠140余万美元,为美国公立学校解燃眉之急。姚湘通过一家名叫"捐赠者选择"(donorschoose.org)的网站捐出140.43万美元,其中130.43万给予加州公立学校,使得计划在新学年开设的2 233个教学及辅助项目得以全部保留,6.7万名学生因此受益。基金会自1998年成立以来已捐赠超过700万美元,其中包括捐赠全美公立学校图书馆300万美元,150万美元为低收入家庭学生提供奖学金,100万美元帮助高退学率学校的学生重返校园以及2010年的140万美元。

10月15日,美国南加州大学在新校长就职典礼上宣布,华裔校友谢明同意捐给母校5千万美元资助癌症治疗研究。为回馈谢明的慷慨资助,南加大将成立以谢明为名的工程医学研究机构。谢明之前就曾在2006年捐给工程学系3 500万美元,南加大也以他为电机学系命名,并以此设立中国留学生奖学金。斯坦福大学工程学院也在2010年10月启用一栋以华裔人士命名的大楼。这栋大楼是英伟达公司创办人和首席执行官黄仁勋所捐,金额高达三千万美元。

海外华人在融入当地社会、积极从事慈善事业、致力于服务社区的努力,也越来越得到所在国的认可。2010年1月21日,美国斯坦福大学亚裔肝脏中心主任苏启深教授获得美国公民及移民服务局颁发的"杰出美国人"荣誉奖。他是继前劳工部长赵小兰及父亲赵锡城、美国陆军首位华裔将军傅履仁、美国退伍军人协会副指挥官黄方(音译)之后的第五位华裔获奖者。

2月4日,美国洛斯盖图—萨拉度加联合高中学区委员张琛,因力促文化交流,获得州众议员贝尔提名为"年度杰出妇女"。

3月份,美国第一代华裔女飞行员朱美娇获得了奥巴马总统和国会颁发的"国会荣誉勋章",以表彰她在二战期间对国家的卓越贡献。

3 月 4 日,旅加华人庞燕女士荣获加拿大温哥华市"荣誉市民"称号。加拿大国会议员、加拿大外经贸部部长 Peter Van Loan 和加拿大国会议员、加拿大多元文化国会秘书 Alice Wong 为庞燕颁发了荣誉证书。据悉,庞燕曾为 2010 年温哥华冬奥会赞助了 5 000 套演出服装。

3 月 30 日,巴拿马迎来第 7 个法定"华人日"。当日上午,巴拿马城市长博斯科·巴利亚里诺为 4 名巴拿马籍杰出华人颁赠了表扬牌匾,以表彰华人为巴拿马社会作出的贡献。这 4 名杰出华人是巴拿马中华总会会长黄伟文、中巴文化中心董事莫新度、中华总会前秘书长陈发昌和中华总会常务理事谭坚。

5 月 7 日,加拿大阿尔伯塔省政府于爱民顿举行第 19 届检察厅及公众安全防止罪案奖颁奖仪式,表彰省内对防止罪案有贡献的个人或团体,卡尔加里市华人小区服务中心及华埠安全委员会在小区组别中获奖。华人小区服务中心及华埠安全委员会获奖的原因是与警方及小区通力合作,使得卡尔加里市华埠更安全,同时组织"华埠清洁行动"及清除涂鸦等有意义活动。

5 月 30 日,在加拿大安大略省红十字会举行的年度会议上,担任该机构义工达 20 年之久的前任会长香港移民陶佳才,被授予了红十字会最高荣誉奖——红十字勋章,成为该奖项设立 26 年以来,加拿大唯一一个被授予该奖项的华裔义工。

6 月 19 日菲律宾华商联合总会永远名誉理事长陈永栽博士,在率领商总上海世博考察团赴上海市期间,荣获总统阿罗约颁授拉坎杜拉荣誉大勋章,以表扬陈永栽博士对菲律宾社会的重大贡献。

6 月 19 日,澳大利亚新南威尔士州赖德市市政府举行活动,庆祝当地丰华中文学校校长许易获得澳大利亚杰出市民奖。澳大利亚国会议员、联邦基础设施及交通区域发展部次长玛克辛·麦丘、联邦议员多米罗、赖德市市长、华人市议员李颖斌,以及由华人代表及当地商家组成的"亚裔联会"共逾 200 人出席了活动。

8 月 4 日,美国总统奥巴马在白宫亲自向关惠群等 13 名爱心人士颁发了 2010 年度总统"公民奖章",这是美国最高的平民奖章之一,用以表彰有模范服务事迹的美国公民。华裔女子关惠群 24 年如一日,每天两次为无家可归者送饭的善举感动了不少美国人。

10 月 19 日,加拿大移民部公布 12 名"加拿大公民奖"得主,其中 2 名为华人。35 年前从中国香港移民来温哥华的医师,对针灸及中医有特别钻研,曾为病人免费针灸,还主动关怀耆英及新移民,义务教他们英文。另一名华人得主为来自多伦多大学学生江晓然,热心为多伦多志愿眼科医疗组织奥比斯担当义工筹款,并在社区内组织数学、象棋及演讲比赛,还组织了 2 场协助新移民认识北美大专教育的研讨会。

10 月 29 日,美国共和党亚裔妇女联盟在洛杉矶举办第五届年会,新一届会长为华裔商界人士温玉玲女士。同时在年会中表彰了七位长期对华裔、亚太裔社区以及公共事务做出杰出贡献的各界人士。加州参议员 Bob Huff 为获奖者颁奖、并鼓励亚太裔选民对国家或社区事务有更多的参与。现任蒙特利公园市华裔副市长赵谭美生获得公共服务楷模奖、加州酒类管制和上诉委员黄赵企晨获得远见领袖奖、华裔知名企业家亚太棕榈酒店副总裁何美媚获颁年度妇女领袖奖、全美台湾同乡联谊会顾问詹凯臣获颁公民参与贡献奖、女企业家颜慎获颁个人成就奖。

11 月 17 日,美国总统奥巴马公布了 2010 年总统自由勋章获得者,著名华裔大提琴家马友友与美国前总统老布什、德国总理默克尔以及"股神"巴菲特等 15 人一起分享这一美国最高平民荣誉。

11 月 26 日,加拿大华人童军领袖协会创办人、中国香港童军前训练总监洪昭安荣获加拿大童军总会颁发的加拿大童军最高荣誉"银狼勋章"。洪昭安成为加拿大第一位华人童军领袖获得此项殊荣者。

第 五 章

华侨华人社团

20 世纪 80 年代以来,华侨华人传统社团的宗旨、组织和活动方式与以往相比有了相当大的变化。中国新移民的大规模进入,不但为传统华社注入了新的活力,一定程度上引起传统华社结构的变化。新社团不断涌现,以新移民为主要成员的社团也陆续建立。与此同时,随着全球化趋势的日益增强,华侨华人经济力量的增长,活动领域的拓展,交通通讯更为便捷,世界性与地区性社团也纷纷出现,活动也日益频繁,不断举行各种交流大会等。华侨华人社团在积极促进侨社团结互助的同时,主动充当联系当地政府与各界人士的桥梁,争取与保障当地华侨华人的合法权益。

海外华侨华人社团也日益得到当地国的重视与认可。2010 年 5 月 30 日,法国潮州会馆成立 24 周年。法国总统萨科齐为此专门致信祝贺,并赞扬华人社团为法国社会所做出的贡献。萨科齐在信中说,法国潮州会馆是一个有影响力的华人社团。该社团率领潮州籍乡亲勤奋工作,遵守法律,在融入主流社会等方面作出了积极的贡献。

第一节　世界性社团

2010 年 2 月 28 日,首届世界泉州同乡恳亲大会、世界泉商大会暨世界泉州青年联谊会成立大会在福建泉州举行，1200多名海内外泉州籍乡亲聚首故里，同叙乡情、共谋发展，共扬泉商"敢为人先、爱拼敢赢"的精神。参加大会的有来自菲律宾、马来西亚、新加坡、印尼、台湾等24个国家和地区的1 200多名海内外泉州籍乡亲，其中海外代表600多人，港澳台代表300多人。澳门金龙集团有限公司董事长、澳门青年联合会会长陈明金当选为世界泉州青年联谊会首任会长。七匹狼实业董事长周少雄当选为联谊会理事长。美国南加州福建同乡会永远名誉会长、美国东亚集团总裁余建强荣任监事长。

泉州是全国著名侨乡，旅外乡亲人数众多，影响广泛，为住在国及家乡的发展作出了重要的贡献。海外年轻一代大都接受过良好教育，眼界开阔，起点高，在政治、经济、文化等领域纷纷崭露头角，涌现出许多青年俊彦和工商翘楚。特别是随着老一辈华侨华人年龄的增大，海外华侨华人社团正处于新老交替时期，更需要海外年轻一代在薪火相传中茁壮成长。为团结凝聚世界各地优秀青年，增进乡情乡谊，弘扬中华优秀传统文化，世界泉州青年联谊会在广大海内外乡亲的积极筹备下应运而生。据不完全统计，截至2009年年底，海外泉籍社团已有8 000多家，分布在约50个国家和地区。泉州市的外商实际投资总额累计达184.85亿美元，其中泉籍侨港澳台乡亲的投资比例占了85%以上，累计超过160亿美元。海外泉籍社团和乡亲还十分热心家乡的公益事业，泉州市已共接受泉籍华侨华人和港澳同胞捐资总额超过80亿元人民币，是全国接受海外华侨华人、港澳同胞捐赠兴办公益事业最多的城市之一。①

4月28日，第六届世界云南同乡联谊大会在临沧开幕，来自21个国家和地区的232名海内外嘉宾出席盛会。参加本次联谊大会的有来自阿根廷、巴西、加拿大、美国等21个国家和地区的海外云南同乡代表198名、海外特邀嘉宾34名，其中包括世界知名云南同乡及

---

①　《海外泉籍社团达8 000家，遍布约50个国家和地区》，[美国]《世界日报》，2010年2月28日。

海外著名侨领、知名华侨华人企业家。泰国云南会馆、清迈云南会馆等 23 个在海外有一定影响力的云南社团应邀参加。大会秉承"团结、联谊、合作、发展"宗旨,围绕"相聚临沧佤乡,携手共谋发展"主题,以乡情、亲情为纽带,以交流合作为平台,以"加强联谊、扩大开放、展示临沧、促进发展"为目的。

5 月 7 日,由中国国务院侨办和中国海外交流协会共同主办的"第五届世界华侨华人社团联谊大会"在北京举行,来自世界五大洲近 120 个国家和地区有影响力和代表性的华侨华人社团负责人及国内相关部门负责人约 600 人与会。国务委员戴秉国出席开幕式并致辞。国务院侨办主任李海峰做了题为《携手合作 为建设和谐侨社和谐中国和谐世界做出新贡献》的主题报告。

5 月 17 日,第三届世界闽商大会在福州隆重举行。来自美国、加拿大、澳大利亚、英国、日本、南非和香港、澳门等 53 个国家和地区的 450 名海外闽商出席了大会。本届大会以"弘扬闽商精神,加快海西建设"为主题。会上表彰了 69 名 2007 年以来累计捐赠福建省公益事业超千万元(其中 6 人超亿元)的海外闽商。在项目签约仪式上,有 51 个投资 1 000 万美元或 5 000 万元人民币以上的合同项目进行了现场签约,其中内资项目 32 个,投资总额 100.61 亿元人民币;外资项目 19 个,投资总额 6.45 亿美元。本届大会共落实项目 137 个,涉及电子信息、机械制造、生物医药工程、服装鞋帽、食品加工、新能源、基础设施等行业。

9 月 21 日,第十一届全球华侨华人促进中国和平统一大会 21 日在香港亚洲国际博览馆拉开帷幕。本届大会是因应两岸关系的新形势、新发展而首次移师香港,大会的主题是"推进和平发展,促进和平统一,实现民族复兴",共有来自 60 多个国家和地区的 1 500 多名代表参会,规模为历届之最。开幕式后,大会还举办了四场论坛,包括"两岸和平发展论坛"、"两岸经贸合作论坛"、"两岸文化教育论坛"及"港台青年交流论坛"。

9 月 23 日,中国和平统一促进会第九次海外统促会会长会议在杭州召开,来自61个国家和地区的240多名海外统促会会长及相关人士与会。会议在深入研究新情况、新问题的基础上,探讨海外反"独"促统运动深入、健康、扎实开展的新思路和新举措,达成共识,推动工作,为促进两岸关系和平发展、推进祖国和平统一大业、维护祖国主权和领土完整做出新的贡献。

10月20日,第九届世界永春社团联谊会会员代表大会在新加坡圣淘沙名胜世界正式举行。来自马来西亚、印尼、菲律宾、越南、泰国、澳洲、台北、香港、澳门9个国家和地区会员团体的永春乡亲,以及中国永春县代表团,共320多位代表齐聚狮城,出席了世界永春社团联谊会会员代表大会。在过去两年里,马来西亚永春联合会的属会成员从41个增至50个,世永联的轮值团体会员也增至8个。此外,于2009年3月成立的澳门永春同乡会,理事成员多数是中青年,也为联谊会注入了新的活力。

11月2日—3日,世界南海联谊总会第二届恳亲大会在广东南海隆重举行。世界南海联谊总会自2005年举办首届大会以来,会务取得不断发展,在推动旅外乡亲的联谊交流、引导海外社团的革新发展,培养海外新生代对祖籍国和家乡的认识与感情、促进南海的社会经济发展与海外乡亲事业发展实现"双赢"等方面都发挥了富有成效的作用。世界南海联谊总会已经发展成为全球南海人团结联谊、凝聚共识、合作发展的重要平台,成为海外乡亲与祖籍国、家乡开展交流、参与建设发展的重要纽带。

11月5—7日,世界顺德联谊总会第七届恳亲大会在顺德举行,来自五大洲、20多个国家和地区、60多个社团的1 200多名乡亲齐聚故土,寻民族之根,谋投资兴业商机。自1995世界顺德联谊总会成立以来,联总会谊已成为维系海外50多万顺德乡亲的重要纽带。

11月14日,为期两天的第五届世界龙岩同乡恳亲联谊大会在福建龙岩闭幕,下届大会将在香港举办。世界龙岩同乡恳亲联谊大会由海内外龙岩乡亲共同发起,成立于1998年。本届大会共有35个代表团的龙岩乡亲1 600多人与会,是参与人数最多、年龄跨度最大的一届盛会。本届大会举行了龙岩华侨历史博物馆开馆仪式、爱国侨领王源兴先生诞辰 100 周年纪念活动、林国仁教育基金会第二届助学金颁发仪式、"爱乡林"种植纪念树及经贸洽谈等一系列活动。

11 月 28 日,第八届世界同安联谊会(翔安大会)在厦门会堂开幕,来自 35 个国家和地区的 1 200 多名海外乡亲回乡共聚。在开幕式上,国侨办副主任许又声、福建省政协副主席叶家松、厦门市市长刘赐贵分别讲话。

12 月 2 日,第十六届世界客属石壁祖地祭祖大典在福建省宁化县举行,800 多名海内外客家乡亲应邀参加。祭祖大典上,全球首个客家人基因族谱项目正式启动。

12 月 14 日,第六届国际潮青联谊年会在广东汕头开幕,这是首次在潮人祖居地举行并由政府主办的潮青会,包括海外潮人(潮青)社团领袖、海外潮籍青年企业家、国内潮籍青年企业家及各行业青年精英等,来自世界各地 42 个团体约 1 200 名潮青代表莅会。

第二节　地区性社团

近些年来,地区性的华侨华人社团也日益活跃,涉及领域、影响力也越来越大。如 2009 年 11 月底刚成立的南部非洲华侨华人工商联合总会,就在 2010 年连续开展了几项活动。2 月 28 日晚 6 时,南部非洲华侨华人工商联合总会 2010 年元宵节联欢会在南非约翰内斯堡唐人街唐城大酒店召开。与会者有中国驻约堡总领事馆总领事房利及夫人、副总领事陈泳及夫人、徐德福领事及夫人、左宝良领事及夫人、南非国会议员陈阡蕙女士及林青嵌、南部非洲中华福建同乡总会会长李新铸、南部非洲粤港澳总商会会长钟荣恩、南部非洲吉林总商会会长徐长斌、南非紫金会会长岑峰华、南非唐人街管理委员会主任蔡庆、南非黑龙江同乡会会长陈连战和马荣业及吴少康夫人等。9 月 25 日晚,由南部非洲华侨华人工商联合总会承办的"南非华侨华人庆祝中华人民共和国成立六十一周年晚会"在南非约翰内斯堡嘉年华休闲娱乐中心剧场隆重举行。中国驻南非大使钟建华、驻约翰内斯堡总领事李江宁、约翰内斯堡市议员孙耀亭,以及来自南非各界的华侨华人代表和南非友好人士900余人出席了庆祝晚会。庆祝晚会上,南非警察军乐团演奏了中国国歌,福建省芳华越剧团献上了精彩的文艺表演。

3月16日,非洲中华总商会成立大会在南非约翰内斯堡嘉年华会议中心举行,来自非洲25个国家的华侨华人企业家和南非各界华商代表600多人参加了成立庆典。非洲中华总商会会长王龙水在成立大会上致辞说,总商会的成立旨在为全非洲华商提供一个交流、合作与发展的平台,为非洲华商深入参与中非合作进程、促进非洲经济繁荣和中国经济的可持续发展,提供一个崭新的机制。王龙水认为,中非经贸与投资合作潜力巨大,非洲华商大有可为,可对非洲人民脱贫致富、对中国经济可持续发展、对非洲与中国的互利共赢,做出令人瞩目的贡献。

4月10日,欧洲华文传媒协会第九届研讨会在葡萄牙首都里斯本召开。此次研讨会紧扣时代的脉搏,研讨核心确定为在后全球金融危机时期,海外华文媒体所承受的压力及其所面对的行业危机以及在新形势下海外华文媒体的经营和发展之路的探讨。包括来自欧洲各地的华文传媒负责人以及葡萄牙当地的政府部门、民间协会的官员等会议参会人员就研讨会的主题发言。在召开会议的同时,主办方还举办了关于2010上海世博会的图片展览。60多幅世博会独家图片被展出,众多华文媒体和葡萄牙嘉宾第一次正面领略到了2010上海世博会的风采。由欧洲时报社倡导成立的欧洲华文传媒协会成立于1998年,旨在加强海内外传媒界的交流,完善华文媒体在"宣传中华文化、保护华人利益、改善华人形象、提高华人素质、维护国家声誉、连接与所在国之间经济文化友好往来"等方面的作用。目前协会共有会员47家,分布于欧洲各个国家。

8月23日,来自欧洲18个国家23个华侨华人妇女社团的近300名代表相聚在比利时首都布鲁塞尔,庆祝欧洲华人华侨妇女联合总会成立5周年,同时祝贺来自比利时的江南英接替来自法国的邱爱华,当选妇女联合总会第三任主席。

邱爱华在庆典上回顾说,妇女联合总会聚集了几乎全欧洲各行业华侨华人中的妇女精英,其中有专家学者、企业家,她们遵循团结、友谊、和谐、发展的目标,积极参与或组织欧洲各国华侨华人社团的各种活动。5年来,抱持着"我们爱中国"的初衷,妇女联合总会积极参与祖(籍)国的公益慈善活动。2008年为中国四川汶川地震捐款总额达600多万元人民币,2010年再为中国青海玉树地震捐款。比利时妇女会出资使100多名白内障患者重见光明,法国妇女会和意大利米兰妇女会分别在中国云南建立"希望小学",米兰妇女会还捐资成立"奖教基金",荷兰妇女会为国内聋哑学校捐款,西班牙妇女会则参与了目标是让所有失学辍学女童重返校园并为女童谋福祉的"春蕾计划"。在爱中国的同时,妇女联合总会还提出"我们爱欧洲"口号,积极推动华侨华人融入当地社会,并投身当地的公共事业,意大利罗马妇女会为意大利地震组织捐款,匈牙利妇女会为当地孤儿院送温暖,促进了中欧人民之间的友谊,赢得当地人的赞誉。

10月16—17日,欧洲华侨华人社团联合会第16届大会暨全球华侨华人推动中国和平统一十周年纪念大会在意大利罗马喜来登酒店隆重召开。除意大利本地华侨华人社团代表外,共有来自中国国内8个部委、10多个省市的涉侨涉台部门,以及美国、英国、德国、西班牙等24个国家共70余华社代表参会,以欧洲议会对华友好小组为代表的全球各地友好人士也首次出席会议,近800人济济一堂,共襄盛举。中国驻意大利大使丁伟、罗马市长阿莱马诺、米兰市议会副议长等均出席了大会开幕式并致辞。

在欧洲华侨华人社团联合会第16届大会上,为进一步加强维护欧洲华侨华人合法权益,做出了系列决议。其中包括提倡华侨华人经济参政议政,融入主流社会等。决议指出:随着海外华侨华人经济实力和社会影响力的不断增强,积极参与主流社会的政治生活,融入主流社会,已经成为维护权益、健康发展的必不可少的途径之一。参政议政不仅是体现华侨华人为维护自身权益所做的努力,同时也是一个民主社会中代表某一族群的公民社会责任心和全民意识的体现。因此,海外华侨华人不仅要积极参政议政,还要积极注重社会慈善和社会公益,只有这样,全面地融入主流社会,承担一份社会责任,才能更加理直气壮地维护自身的合法权益,维护主流社会的社会公义。

大会期间,"今昔西藏图片展"同步在酒店会议大厅展出,286幅图片向各界展示了西藏的发展历程及现貌。

12月5日,西非暨尼日利亚华侨华人联合会在尼日利亚最大城市拉各斯正式成立,尼日利亚侨领董瑞尊当选为会长。中国侨联副秘书长林佑辉、中国驻尼日利亚大使邓波清、中国驻拉各斯总领事郭崑和来自塞内加尔等西非国家的华侨华人代表出席成立大会。新当选会长的尼日利亚中国和平统一促进会会长、董氏集团董事长董瑞尊表示,西非暨尼日利亚华侨华人联合会将以为侨服务为根本,坚持凝聚侨心、汇聚侨智、发挥侨力,加强与华侨华人全球性、地区性组织的联系,努力开创西非华侨华人工作的新局面。

第三节　传统社团

传统华侨华人社团面对成员趋于老龄化,新鲜血液不足,社团后继无人等问题,也积极寻求对策。如为了补充新鲜血液,很多华侨华人社团已把吸引青少年和新移民、培养新人作为重点,纷纷成立青年团(部、组),培养和发展新生力量。职能转向社会服务,贴近社会与侨胞。适应社会发展的职能转变,既是华侨华人社团万变不离其宗的服务宗旨体现,也是侨团发展的根基。此外,华侨华人社团管理也更趋科学化、民主化,开始采用信息技术和现代管理方法来管理会务。一些华侨华人社团还根据实际情况分别设立了面向专业人士、新移民及非华语教育背景人士的组织。华侨华人社团管理的不断完善,提高了自身的凝聚力和影响力,其职能也得以有效地发挥。华侨华人社团的自身发展和革新有利于在社团内部和社团之间建立起协调合作的有效机制,有力地维护华侨华人合法权益、实现共同发展的目标。

新加坡宗乡总会历来重视促进新移民与新加坡本地华人的相互了解,协助新移民尽快融入新加坡社会。宗乡总会在举办各项活动时,都会邀请新移民社团参与。2010 年 3 月 13 日,为了加强各会员团体间的联系、促进相互交流,新加坡宗乡总会举办了"圆融——宗乡总会会之夜 2010"活动,邀请了属下会员团体与新移民组织(包括天府会、天津会、华源会、九龙会、新加坡中国学者学生联合会)的领导出席,在轻松愉快的气氛下共庆新春佳节。三巴旺集选区议员李玉云律师受邀担任当晚的主宾,与超过 130 个社团组织的领导,近400 人相聚一堂,共襄盛事。这是宗乡总会第一次举办会员之夜,也是宗乡总会 25 周年的首个庆祝活动。此届的主题名为"圆融",意旨圆满、融洽,也是宗乡总会对华社的期望,希望事事顺利、人与人之间相处融洽,团结一致。

2 月 17 日,法国历史最为悠久的华人社团——法国华侨华人会,在巴黎隆重举行第 19 届会长团就职典礼,蝉联主席陈胜武、第一副主席池万升等主席团成员宣布正式就职。国务院侨办任启亮副主任、中国驻法使馆刘海星代办、领事部主任许建工参赞等使馆外交官与旅法侨界代表共 600 人出席了就职典礼。法国高教和研究部长瓦莱里·佩克莱斯女士、巴黎副市长沙毕哈等法国政界人士专程到场表示祝贺。

4 月 18 日,新加坡晋江会馆在会馆大厦四楼礼堂举行第 32 届(2010—2011 年度)执委、部委就职典礼暨青年团第二届理事就职典礼,并邀请新加坡国防部政务部长顾蔡矶副教授主持监誓仪式。新任会长庄镇祥在致辞中表示,晋江会馆的先辈们很早就开始积极配合新加坡政府的移民政策,鼓励新移民加入会馆,成立青年团。在本届的执委中,就有 9 位执委是新移民,占执委会人数的 25%,平均年龄仅 32 岁。他表示,希望这批年轻的执委能为会馆注入新的活力。

4月21日,包括沃尔玛中国总裁兼首席执行官陈耀昌、香港科技大学校长陈繁昌、NBA中国首席执行官陈永正等10名杰出华裔正式成为美国"百人会"新会员。

4月25日,马来西亚华人姓氏总会联合会(姓氏联会)召开第一届会员代表大会及选举第一届理事会,马来西亚陈氏宗亲会总会长陈锦龙被推选成为首任姓氏联会总会长。

5月7—10日,美洲秉公堂第廿八届恳亲代表大会连续四天在美国洛杉矶举行,来自旧金山总堂及全美各地11支堂的元老和代表300余人齐聚洛杉矶,共庆美洲秉公堂百多年来走过的历史,并研究决定未来5年的堂务。

5月16日,菲律宾永宁同乡总会假马尼拉金海湾海鲜大酒楼举行成立七十二周年暨第四十七、四十八届职员就职典庆典。来自中国大陆,港澳庆贺团,以及菲律宾各友好社团代表纷纷共襄盛举,为典礼增色不少。

5月17日,香港潮商互助社隆重举行该社成立80周年庆典暨第53届理事就职仪式,出席庆典活动的有香港各界和澳门、潮汕各地代表500多人,揭阳市领导黄耿城、胡锡辉率代表团赴港祝贺。

6月12日,美国华裔工程科技学会假座旧金山湾区奥克兰牡丹阁酒家,举行成立67周年庆暨第47次奖学金颁发典礼宴会。美国太空总署流体动力学研究所主任阿嘉·古德瑟儿博士应邀出席任主讲嘉宾,并向该学会前任会长雷硕明颁发社会服务奖、奥克兰前副市长张明德颁发终生成就奖。学会会长曹源委致欢迎词表示,该学会在历届会长职员的共同努力下,会务得到很大发展,同时积极支持、促进美国华裔子弟学习工程科技,向学业优异者颁发奖学金,鼓励他们再接再厉,努力掌握最新科技,为社会服务。

7月28日晚,香港中华总商会在香港会展中心举行盛大晚宴,隆重庆祝110周年会庆。全国政协副主席钱运录、香港特区行政长官曾荫权、中央政府驻港联络办主任彭清华、外交部驻港特派员吕新华、解放军驻港部队司令员张仕波,国务院侨办副主任许又声等担任主礼嘉宾。全国人大代表、政协委员、特区政府官员、香港工商社团领袖,多国驻港领事及多家外国商会首长以及来自澳门、新加坡、泰国、马来西亚、日本、菲律宾、印尼、南非、澳大利亚的华商团体等海内外逾1 800名嘉宾出席了会庆晚宴,场面盛大。香港中华总商会会长蔡冠深先生在会上致辞,表示总商会自1900年创立以来,一直秉承爱国爱港的优良传统,致力服务工商、关爱社会、贡献祖国、融入世界。今后,香港中华总商会将强化"立足香港、背靠祖国、联系世界"的作用,利用香港"一国两制"的独特优势,以及国际金融、贸易、物流中心的平台地位,致力将香港中华总商会建成服务香港、祖国以至全世界的商会。

8月7日,在新加坡福建会馆第40届理事会就职典礼上,新加坡副总理兼内政部长黄根成在致辞时表示,吸引高素质外来移民是新加坡人口政策的重要策略,宗乡会馆可以像帮助早期开埠先贤落户新加坡那样,协助新一代移民融入新加坡社会。同时,福建会馆能在推广中华文化和语言,以及提供教育援助方面,为社群作出贡献。7日正式宣誓就职、出任福建会馆会长一职的蔡天宝则表示,福建会馆在面对竞争的同时,必须与时并进,跳出现有框架,致力于领导层年轻化,运作现代化,活动多元化。

9月10—12日,新加坡福清会馆建馆100周年暨培青学校建校90周年庆典隆重举行。新加坡教育部兼国家发展部高级政务部长傅海燕,新加坡社会发展、青年及体育部长维文,中国驻新加坡大使魏苇,著名侨领林文镜先生,世界福清社团联谊会主席俞雨龄、第一常务副主席林文光、常务副主席姚忠从等与来自世界各地30多个福清同乡社团代表、新加坡政界人士、华社代表共数百人应邀出席庆典活动。市委副书记、政法委书记王德玉带领福清市代表团前往祝贺。

10月10日,为了纪念辛亥革命武昌起义99周年,美国华人华侨在洛杉矶举办南加州华人华侨纪念辛亥革命99周年座谈会。南加州地区两岸侨界代表和知名学者踊跃出席。与会者共同缅怀孙中山先生等民主革命先驱的光荣业绩,纪念辛亥先烈,追忆辛亥历史。

呼吁海内外华人华侨应当抓住辛亥革命百年纪念的契机，进一步推动海峡两岸和平统一进程。座谈会由全美中华青年联合会会长任向东主持。美国厦门联谊会会长曾文剑、美国上海人联谊会副会长鹿强、美国越柬寮华裔青年联谊会龚璀娥、罗省台山宁阳会馆黄勇华、全美华裔优秀青年联谊会畲军、美国大西北同乡会会长贺军平、美中人民友好协会洛杉矶分会林翔飞、美国中华少数民族文化中心叶拉、蒋丽莎以及南通同乡联谊会唐枫等参加了当天的座谈会。中国驻洛杉矶总领馆侨务领事杨连春、夏卫华应邀参加了座谈会。

11 月 9 日，位于印尼雅加达 Bandengan Selatan Puri Delta Mas 的印度尼西亚施氏宗亲会会馆举行落成仪式并进行了祭祖仪式。来自印度尼西亚各地、中国大陆、台湾、香港、澳门、新加坡、菲律宾等地区的 100 多名施氏宗亲出席，包括世界临濮施氏宗亲总会理事长施南溪、名誉理事长施亨利、施丽华、施宣德等人。理事长施锦场表示，印度尼西亚施氏宗亲会 3 年前成立，于 2008 年 10 月 14 日在峇厘岛举行成立庆典晚会，可是当时还未有会馆。他感谢宗亲的捐款和支持，使会馆能够顺利落成，希望这所会馆能够成为印度尼西亚施氏宗亲们促进交流，加强团结的平台，并积极参与和推动与印度尼西亚各社团和组织的交流和联谊。

11 月 17 日，香港侨界社团联会第四届会董就职典礼暨高端经济论坛闭幕式在香港会展中心举行。原国务院副总理、中国国际经济交流中心理事长曾培炎，香港特区行政长官曾荫权及国务院侨办主任李海峰等出席。

12 月 2 日，泰国中华总商会成立 100 周年庆典在曼谷举行。泰国总理阿披实、中国驻泰国大使管木、中国国务院侨务办公室副主任任启亮、泰国中华总商会主席吴宏丰共同为庆典启动开幕仪式。吴宏丰感谢各界对泰国中华总商会的关爱，表示将站在新的历史起点上，肩负起历史赋予的神圣使命，承先启后，继往开来，为国家民族、为泰中友谊、为世界华商，作出新的贡献。

12 月 12 日，美东纽约三江慈善公所在曼哈顿华埠举行换届选举大会,傅先清高票当选第 50 届主席。其他当选职员包括副主席包荣刚,理事长张志祥、副理事长蒋新良,财政章忠挺、副财政沈福垣等。

第四节　新生代与新移民社团

除华侨华人传统社团积极组织各种活动外,新生代与新移民社团越来越活跃,在当地华侨华人社会中的影响力也越来越大,覆盖领域也更广,并且体现出自身的特点。比如更重视自身专业的运用,更注重融入当地社会,对中华文化传承也表现出了较大的热情。大量新华侨华人社团纷纷成立,蓬勃发展,数量和实力都在上升,已逐渐成为侨社的主流。特别是一些专业性社团和校友会等,成员年轻而活跃,知识水平高,无论在华侨华人社会还是在当地主流社会,影响力都日渐增强。

2010 年 2 月 12 日,《中国之窗》杂志在葡萄牙北部城市波尔图诞生,主办单位是葡萄牙华侨联合会。《中国之窗》是旅葡华侨华人第一份侨团平面刊物,也是目前唯一一份中葡双语平面媒体。

2 月 18 日晚,日本徽商协会在东京举办年会。会议总结了该会一年来的工作,制定了新的一年的工作方针。由于该会会长张真铭已经出任上海徽商协会会长,在他的提名下,全场用掌声一致通过日本中安国际株式会社社长王强林出任日本徽商协会新的一任会长。与此同时,日本黄山美术社社长陈建中、日本名古屋地区中国留日同学会会长刘正、《日本新华侨报》社社长吴晓乐被推举为该会新一任副会长。

2 月 26 日,美国纽约山东同乡会第十三届理事会召开理事会议,选举产生了以焦志侠为会长,刘文等为副会长的新一届理事会。新任会长焦志侠先生来美近 20 年,具有丰富的国际贸易经验,在其行业内颇具知名度,多年热心参与同乡会事务,为侨胞、乡亲和社区做了大量有益的捐助和服务工作。

2月28日,全巴基斯坦华人华侨联合会在巴基斯坦首都伊斯兰堡举行成立大会,来自巴基斯坦各地的100多名华侨华人代表和中国驻巴使馆工作人员出席。新成立的全巴华人华侨联合会由卡拉奇、拉合尔、拉瓦尔品第等5个地区的华社组成,负责巴基斯坦近万名华侨华人的相关事务。中国驻巴基斯坦大使罗照辉在成立大会上致辞表示,5个分散华社的联合,标志着在巴华侨华人组织走向成熟。中巴关系的发展,离不开华侨华人和华社的大力支持。在巴华社为维护民族团结和祖(籍)国统一、推动中巴友谊和务实合作、维护在巴华侨华人利益和团结等方面做出了很大贡献。联合会首任主席池新年致辞表示,全巴华人华侨联合会将努力为在巴华侨华人服务,进一步推动中巴关系顺利发展。

3月10日,18个旅加福建人社团共40余名代表在加拿大多伦多举行联合会议,由于欧阳元森所领导的加拿大平潭同乡会活动开展得有声有色,加之欧阳元森的人品和威望,他以96%的得票率高票当选加拿大福建社团联合会总会首任执行主席,16个社团当场加入成为首批会员,现有团体会员19个。

3月26日,日本中华总商会在东京华侨会馆召开一年一度的会员大会,会员听取了2009年度事业报告,通过了2010年度事业计划方案。

3月28日,复旦大学日本校友会第二届全体会员大会在东京大学医学部会议室举行。国立大学法人山口大学葛崎伟教授被推选为新一届会长,管建莲和朱刚为副会长,毛桂荣为秘书长。

4月8日,中国驻苏里南大使袁南生在使馆举行酒会,华人部长杨进华、国会华人议员李嘉琳、各侨团代表、苏中友协成员和各界知名人士约200人欢聚一堂,隆重庆祝苏里南华人华侨社团联合总会成立。联合总会会长张秋源讲话,他感谢中国大使馆为推动联合总会成立所提供的帮助,并感谢各侨团对他的信任,表示一定不辜负大家的期望,努力工作,让联合总会发挥好应有的作用。

5月15日,由20多位旅居大西雅图地区的华人牙科医师倡议发起的美西北地区华人牙科学会正式成立。学会由毛尔加医师任首届会长,徐少凡任副会长,旨在更好地促进美国西北地区华人牙医师之间的社交、学术和临床交流,参与社区服务和建设。

5 月 16 日,鉴于加拿大多伦多地区出现多起金融投资诈骗案导致华人投资者损失惨重,加拿大华人理财顾问协会正式成立,该协会成立是为促进业界合作竞争,维护华人合法权益。咸生林任创会会长,王智任该协会副会长兼秘书处处长。

5 月 23 日,在无锡市侨联的积极推动和美国大华盛顿地区无锡同乡会的大力支持下,美国江苏国际商会在美国华盛顿地区正式成立。来自马里兰州、弗吉尼亚州和华盛顿特区的百余名美中嘉宾应邀出席成立大会。杨建明担任商会首任会长,吴金堂、京·贝利、陆阳和谢良担任副会长。

5 月 29 日,吉林大学日本校友会在东京正式成立。在日新华侨华人校友会已经较深入融入日本主流社会。与传统社团的老华侨有所不同,在日新华侨华人校友由于文化层次相对较高,比较容易接受不同背景的文化,迅速在异国他乡扎根并崛起,不少人已经在日本政治、文化、科教、外交、金融各个领域崭露头角,取得相当的成就,拥有较高的社会地位。因此,校友会应该促进政治上有影响、社会上有地位、经济上有实力、学术上有造诣的"四种"校友不断出现,为新华侨华人社会注入了新的活力。

6 月 6 日,首届圣彼得堡华侨华人社团联谊大会在俄罗斯圣彼得堡香港饭店隆重举行。刚刚到任的中国驻圣彼得堡总领事谢小用与副总领事张志强出席了大会。旅俄多年的爱国华侨姜石仑姜老先生致辞说,这次联谊会在圣彼得堡具有特殊地位和意义。这两年来,地震、旱灾、冰灾不断,祖(籍)国连连遭难,各地区人民"一方有难,八方支援",海外的华侨华人也应如此团结在一起,做到"一家有难,各家支援"。圣彼得堡华人华侨联谊会会长陈志刚先生、圣彼得堡华侨华人协会会长董俊英先生、圣彼得堡华人华侨协会会长张戎军先生、圣彼得堡华人妇女联合会会长李双杰女士、圣彼得堡博士生联谊会会长张国玉先生、俄罗斯华人艺术家协会会长潘义奎先生分别致辞。大会最后表决通过:今后圣彼得堡华侨华人社团联谊大会每两年举办一届,由圣彼得堡各个华人社团轮值承办,把精诚团结的好传统传承下去。

6月8日,加拿大温哥华中国大专院校校友会举行了会员大会暨16届理事改选大会。当天校友聚在一起观看两年来该会各项活动短片,上届会长李卉做年度会务报告,理事李友凤做财务报告。新当选的理事再开会选举李卉为会长,周凤姬、李友凤为副会长。

6月12—13日,美国华人生物医药科技协会第15届年会在美国马里兰州隆重举行。本届会议的主要目的是为中美及国际生物医药公司、科研机构、政府机构及生物医药领域的专家学者之间的交流与合作搭建一座平台,为有意回中国创业的有志之士提供机会。

6月29日,由欧洲杭州联谊总会主办的"海外华侨华人和谐社团创新论坛"在奥地利首都维也纳成功举办。全国人大常委、中国致公党中央副主席杨邦杰、中国驻奥地利大使吴恩,以及来自德国、法国、英国、意大利、奥地利等13个国家的数十个华人社团代表,共100多人参加了此次论坛。专门赶来参加的奥地利联邦司法部部长加斯廷格对此次论坛的召开表示祝贺,并对奥地利华人社团积极融入当地社会表示赞赏。欧洲杭州联谊总会会长,本次论坛执行主席马列表示,构建"和谐社团"是海外侨胞、海外社团的共同心愿,通过"海外华侨华人和谐社团创新论坛"这个平台,进行交流总结,让每位华侨华人不断充电,促进海外社团工作日益进步、不断完善,使海外侨胞对祖国的认同感和自豪感不断增强,推动海外华人华侨各尽其能,各得其所而又和谐相处,让"和谐社团"的事业进一步开拓新貌。

7月3日,中国传媒大学欧洲校友会成立仪式暨海外人才招聘会在中国驻法使馆教育处举行。中国传媒大学欧洲校友会首届会长团成员包括:会长朱克嘉女士,副会长唐铁华,秘书长李萌薇,财务王楠。欧洲校友会成立当天,中国传媒大学还举行海外人才专场招聘会,在法国公开招聘"长江学者"特聘教授、讲座教授和"千人计划"人选,以及优秀博士毕业生等。

7 月 10 日,巴西巴伊亚州华人联谊协会在首府萨尔瓦多市举行隆重的成立仪式。这是当地华侨华人成立的首个侨团。巴伊亚州华人联谊协会首任会长娄炳麟在讲话中说,在里约热内卢总领事馆的关心和支持下,经过全体理监事和侨胞共同努力,巴伊亚州的华侨华人终于有了自己的社团。华人联谊协会的宗旨是爱国爱乡,传承中华文化,团结侨胞和维护侨胞合法权益,帮助侨胞更好地融入当地社会,促进中巴两国文化交流和友好关系发展。

7 月 14 日,经过长时间的酝酿和准备,英国宁德商会、宁德同乡会在英国纽卡斯尔市举行成立大会,欧洲自此有了第一个以宁德行政区域命名的侨社。宁德旅英华侨陈勇当选商会会长,曹金明当选同乡会会长,中国驻英大使馆参赞赵昆出席会议并讲话。英国宁德商会是以宁籍工商企业家为主体的非营利性民间团体,具有独立资格的社团法人,得到英国公司注册局的正式批准。商会(同乡会)现有会员 670 人,理事 45 人。

7 月 24—25 日,由加拿大密西沙加华人商业协会主办的第 6 届"2010 中华艺萃耀密城"活动在密西沙加市演艺中心及户外公园举行。活动节目包括中乐团演奏、武术示范、舞狮、舞龙、风水讲座、粤剧等,为学生暑假和市民于夏日提供一个多姿多彩欣赏中华文化艺术机会。该活动已经连续 3 度获联邦政府传统部《文化建设社区计划》项目的资助。同时,2010 年还首度获得密西沙加市《2010 年社区文化艺术节及庆祝活动资助计划》的支持,令该活动成为密市政府专为城市多元文化而设的"My Mississauga"(我的密西沙加)系列活动之一。

7 月 31 日,西班牙华侨华人协会第 15 届换届选举大会在协会会所召开。全体协会理事根据协会章程进行公开、公平、公正的无记名投票选举仪式,第 14 届协会主席叶玉兰女士高票连任第 15 届协会主席。

8 月 8 日,巴西华人协会庆祝成立 30 周年晚会在圣保罗日本文化会馆隆重举行,中国驻圣保罗总领事孙荣茂、巴西国会议员威廉·巫、历届华人协会老会长、巴西政要以及各侨团侨领和两岸侨胞1 000多人出席。晚会收到了巴西总统鲁拉办公室以及中国国侨办等发来的贺信贺电。

8月15日,巴西华人协会全体理监事于15日下午在华人协会馆举行全体会议,选举新一届的会长与监事长。根据该会章程以及最后一次全体大会的决定,圣保罗市华人女议员李少玉和张伟分别当选巴西华人协会新会长与新监事长。

8月22日,中国驻喀麦隆大使薛金维夫妇赴杜阿拉出席喀华人华侨工商总会成立十周年庆典。驻杜阿拉领馆张玉森领事、侨团代表等近200人出席。侨领们一致表示祖国的发展壮大使海外华侨感到无比自豪,感谢使馆历任领导的长期支持和热情帮助,表示将继续为中华民族的复兴和发展做出更大努力。喀麦隆华人华侨工商总会是喀麦隆唯一一个全国性华侨社团。

9月1日,四川师范大学北美校友会在加拿大多伦多正式成立,并在多伦多中央岛公园湖畔举行庆典仪式。桑宜川当选第一届会长。

9月8日,美国福建公所二十周年庆典暨第十一届职员就职典礼在纽约隆重举行。中国驻纽约总领馆赵克玉总领事、中国常驻联合国代表团参赞、福建省人民政府顾问赵新力博士、纽约州主计长刘醇逸先生等应邀出席了大会,国务院侨办、全国政协、中华海外联谊会、福建省人大华侨委、福建省外办、福建省侨办等国家部委和有关省市自治区统战、侨务部门、家乡政府等近50个部门和单位向大会发了贺信、贺电。

10月30日,西安电子科技大学法国校友会在巴黎中国驻法使馆教育处礼堂举行成立大会,通过校友会章程,选举产生首届理事会。现为鲁昂大学教授的任宽芳校友当选为首届会长,法国国家科学院研究员赵巍胜博士当选为秘书长,另有8位在法工作学习的校友当选副会长。中国驻法使馆教育处朱小玉公参、一等秘书戴天华、西安电子科技大学校友总会代表团、部分旅法学术团体及来自法国各地的西电校友 100 余人参加成立典礼。

11 月 3 日,第二届印中商务理事会全国代表大会在印尼雅加达召开。会议上,来自全国 18 个省市分会代表,经过讨论协商后取得共识,决定新一届 2010 年至 2014 年度印中商务理事会总主席由林文光继续连任。

11 月 6—7 日,全加华人联会第七届全国代表大会在温哥华中华文化中心举行,来自全国各地的华人团体代表聚首一堂,在为期两天的活动中,就各项族群议题交流意见以及选举新一届理事及执委。蔡宏安当选为新一届全国执行主席。

12 月 11 日,智利中国和平统一促进会第四届理事大会在首都圣地亚哥顺利召开。大会通过民主程序,选出新一届的会长和常务理事会理事。王卫江先生当选为智利中国和平统一促进会会长。上一届会长彭奋斗先生被本届理事大会聘请为永久荣誉会长。

12 月 12 日,澳华公会 2010 年会员大会在位于悉尼的澳华公会西区服务中心新会所会议厅举行,大会由前上议员何沈慧霞主持。会议听取了彭世聪会长关于 2010 年度会务报告和张明义务司库关于公会的财务报告,并在独立公证人的监督下举行澳华公会新一届领导班子选举。彭世聪连任会长,邬余杏芳当选为义务秘书,张明连任义务司库。

12 月 19 日,巴西福建同乡总会第七届理监事就职典礼举行,中国驻圣保罗总领事孙荣茂以及圣保罗华人协会等各侨团侨领及代表 200 多人前往祝贺并观礼。游若华当选为新一届会长、魏春宁当选为监事长。

第 六 章

文教科技领域与华文教育

　　海外华侨华人在文教科技领域人才辈出,实力超群。从 1978 年
到 2010 年年底,中国大陆各类出国留学人员总数达到 190.54 万人。
仅 2010 年度年出国留学规模就超过 20 万,达到了 28.47 万人,比上
一年度增长了 24%,中国已经成为了世界上最大的留学生生源国。
在主要留学人员派出国家中,中国留学生数高居榜首,2010 年中国
超越印度成为赴美留学人数最多的国家。此外根据美国、加拿大、俄
罗斯等国家的统计,中国已经成为赴这些国家留学生的最大生源国。
截至 2010 年年底,中国以留学身份出国、在外的留学人员有 127.32
万人,其中 94.64 万人正在国外进行专科、本科、硕士、博士等阶段的
学习以及从事博士后研究或学术访问等。另有近 33 万人学成后留
在国外发展。[1] 加上中国香港、台湾地区等留学未归者 50 万以上,
仅来自中国两岸三地的海外专业人才就达 170 万以上。上百万海外
华人科技人才群体,集中分布在美国、澳大利亚、日本、英国、韩国、加
拿大、新加坡、法国、德国和俄罗斯等 10 个国家,他们中大多数人具
有硕士或博士学位,具有雄厚的科技实力。

---

　　① 《2010 年我国出国留学人数和留学回国人数双增长》,中国中央政府门
户网站,http://www.gov.cn,2011 年 3 月 2 日。

近年来,全球性华人社会间的专业人才资源的重新配置,越来越多地流向东亚华人区。东亚各华人区为北美、欧洲提供潜在人才,北美、欧洲华侨华人的科技和教育成果,越来越迅速涌向东亚各华人区,尤其是涌入中国大陆。"世界华人科技网络"正在形成。与此同时,海外华人科技人才与出国留学人员努力地学习和工作,广泛参与国际交流与合作,在学习掌握先进科技技术的同时,也为提升国家软实力、传播中华文化、增进世界各国人民对中国的了解和友谊发挥着重要的作用。

第一节　科技成就

海外华人科技人才在国际科技界的影响力不断提升,在各类专业领域中都有许多杰出的华人科技人才因为科研能力突出而被委以重任。海外华人科技人才中出现了一大批成就卓著的科技精英,包括一批诺贝尔科学奖获得者、各国科学院和工程院院士以及相当规模的华人科技精英在所在国乃至国际上某些学科领域影响较大。海外华人科学家凭借自身勤奋努力和国外优越的科研环境,创造出一大批重大科技成果。此外,海外华人科技人才创业成果丰硕,最突出的例子就是在美国硅谷,每年涌现的近 5 000 家初创企业中,约 1/4 是由海外华人科技人才创办的,这些企业创造的财富中,40％左右有华人参与。①

2010 年,海外华人科学家获得的科学奖项及荣誉主要有:

2 月 17 日,美国国家工程院公布 68 位新院士名单,三位华裔教授上榜。麻省理工学院微纳米工程实验室主任陈刚教授,加州大学伯克利分校纳米科学和工程中心主任张翔教授,斯坦福大学管理资讯科学学院及商学院李效良教授因分别在纳米传热和热电转换领

---

① 中国科学技术信息研究所:《华人科技人才在海外的发展现状分析》,2008 年 9 月。

域、纳米超材料和激光物理学领域、供应链设计和管理领域的卓越贡献而被选为 2010 年的美国国家工程院院士。

2 月 25 日,20 岁那年设计华盛顿越战纪念碑而一夜成名的美国华裔女建筑师林璎在白宫获奥巴马总统颁发 2009 年国家艺术奖章。此奖是表扬林璎作为建筑师、艺术家和环保人士的卓著成就,她设计越战纪念碑的洞见,显示她深切了解人们对周遭世界的感受。

在 2 月份,美国威斯康星大学麦迪逊分校刘征宇教授当选为美国地球物理学会会士。

3 月,美国尔湾加州大学华裔教授马科悦荣获由美国陆军颁赠的"2009 年成就奖",并受到美国联邦能源部、国防部肯定。

美国土木工程师学会在华盛顿向著名华裔桥梁专家、美国国家工程学院院士邓文中颁发终身成就奖。

4 月,美国国家科学院新增三名华裔院士,他们是约翰·霍普金斯大学医学院神经科学教授游景威,加州大学河滨分校植物细胞生物学教授朱健康,以及当选为外籍院士的中国科学院古脊椎动物与古人类研究所研究员周忠和。

在爱尔兰皇家科学院 2010 年增选新院士时,国际著名食品工程专家,爱尔兰国立都柏林大学终身教授华人孙大文当选为爱尔兰皇家科学院院士。孙大文教授是生物系统工程和食品科学与工程方面的学术权威,是国际上该领域最活跃、最具创造力、最有影响的学术带头人之一。他先后于 2000 年和 2006 年被素有农业工程界的"奥林匹克"之称的国际农业工程委员会(又译"国际农业工程学会",International Commission of Agricultural Engineering,CIGR)授予CIGR 杰出奖及于 2008 年获 CIGR 成就奖,并于 2004 年被英国皇家机械工程师学会授予"食品工程师年度人物"大奖。1995 年,孙大文应聘到了爱尔兰国立都柏林大学任教,目前是都柏林大学食品和生物系统工程教授、博士生导师、食品冷冻与计算机化食品技术研究所所长,是爱尔兰有史以来的第一位华人终身教授。

在日华人材料及计算机模拟技术专家辛平博士,通过了日本机械学会"计算力学技术者"最高级资格——上级分析家的资格认定，成为当时日本全国拥有该资格的 19 人之一，也成为第一个获得该资格的在日中国人。

4 月 13 日，加拿大滑铁卢大学计算机学院教授李明获得有"加拿大诺贝尔奖"之称的国家最高科学奖"基廉奖"，是五名获奖者中唯一的华人。

4 月 22 日，美国纽约州立石溪大学在曼哈顿雀儿喜 60 号码头举行"2010 年度石溪州大之星"筹款晚宴，颁发终生成就奖给诺贝尔物理学奖得主、著名华裔物理学家杨振宁教授。杨振宁教授曾在石溪州大任教，为该校培育出许多在物理领域卓有成就的人才。

10 月，南非开普半岛科技大学教授、校务委员孙博华博士，因在应用力学、智能结构和微机电陀螺芯片等研究领域的突出成就，在2010 年举行的南非科学院院士遴选中获得院士称号，并于同年入选为南非皇家学会会员。

11 月，包括 5 名华裔在内的 85 名青年学者获得美国 2010 年青年科学家总统奖。5 名华裔学者分别隶属美国能源部和卫生部。

渥太华大学的华裔博士后学者 Alex Wong 获得加拿大 2010 波拉尼心理/医学奖。

12 月 17 日，第五届世界华人数学家大会在北京开幕，开幕式上颁发了华人数学界的最高奖——晨兴数学奖。美国哥伦比亚大学数学系教授王慕道、密歇根大学教授邬似珏分别因在微分几何与几何偏微分方程、对二维和三维水波问题小振幅解的整体适定性作出的杰出贡献，获得晨兴数学金奖。邬似珏也成为晨兴数学奖历史上首位获得金奖的女数学家。

12 月，两位华人科学家余光超和乐晓春入选为加拿大皇家学会院士。余光超博士是多伦多大学天文学系资深教授，同时是天文学与天体物理学系部门主席，亦是象征最高荣誉的加拿大科研主席之一。乐晓春教授来自阿尔伯特省大学。

第二节 文教领域

海外华人在文化、艺术、教育等领域也同样取得了丰硕的成果。

2010年4月8日,香港特别行政区政府驻东京经济贸易代表部首席代表祝彭婉仪在东京举办华人学者和媒体人士午餐会,祝贺旅日文学博士杨凯荣成为日本著名学府东京大学首位华人教授。

5月15日,2010年马来西亚教师节杰出教员颁奖礼在关丹举行,由彭亨州务大臣安南耶谷主持颁奖。来自雪兰莪梳邦的华文小学教师刘洁莉成为唯一得奖的华裔教师,她获得"学前班杰出教师"冠军奖。

5月18日,美国马里兰大学帕克校区举办盛大的欢迎会,正式介绍将从11月1日起上任的新校长陆道逵(Wallace Loh)。马里兰大学创校150年来首位华裔校长陆道逵当过律师、法律教授、法学院院长、副校长,也参与过州政府的政策拟定,每个阶段从事的每个职位都有优异的表现,因此从400位候选人中脱颖而出。对于马里兰大学创校150年来首位亚太裔背景校长,学生族裔多元化的马里兰大学校园普遍反映正面,欢迎会上也出现不少华裔学生。马里兰大学亚美研究中心更是全体师生出动,以行动欢迎这项新任命及陆道逵。

5月份,旅日近20年的中国诗人田原的日语诗集《石头的记忆》在众多诗集中脱颖而出摘下第60届H氏奖桂冠,成为这一日本最具权威的现代诗歌奖60年历史中首个中国获奖者。日本有评论认为,华人诗人获奖意义重大,可望给诗坛注入活力。此外,旅日新锐华人作家温又柔也以《好去好来歌》于2009年11月获得日本昴星文学赏佳作奖,该文学奖也是日本文学新人奖。温又柔由此成为首位获此殊荣的华人作家。

5月为全美亚太裔传统月,华裔儿童文学作家施李冰仪获美国国会图书馆选为杰出亚太裔作家,并展示多本作品,表扬她对于促进族裔和谐所做的贡献。

9 月,来自中国大陆的华裔女作家李翊云获得美国著名的麦克阿瑟基金会颁发的 2010 年度麦克阿瑟天才奖。1996 年从北京到美国攻读生物学的李翊云获奖不断。几年前李翊云以自己第一部英文短篇小说集《千年祈求》荣获有世界短篇小说创作奖金最高之称的奖项爱尔兰法朗克·奥康纳国际短篇小说奖。不久前,美国著名的杂志《纽约客》评选出当今 20 位 40 岁以下最值得专注的作家,李翊云就是这 20 位作家中的一员。总部设在美国芝加哥的麦克阿瑟基金会从 1981 年开始设立天才奖,旨在表彰美国社会中各个领域中的杰出人才,获奖者在 5 年内获得可以完全自由支配的 50 万美元奖金。

10 月 6 日,马来西亚新闻协会颁发马来西亚新闻事业最高荣誉奖"国家报人奖"予星洲媒体集团董事经理兼集团编务总监刘鉴铨,打破了该奖项由马来文或英文报章所垄断的局面。这也是该协会设立新闻奖 22 年以来首次颁发新闻最高荣誉奖项给华文媒体高层,肯定了华文媒体对国家建设的贡献。"国家报人奖"于 1988 年创立。由于遴选标准特别严格,创立 22 年来,只有 7 位报人获此奖,而且获奖者都是来自马来文报和英文报的著名报人。刘鉴铨是第八位报人,也是第一位华文报人,获得这项殊荣。获颁国家报人奖不仅是对刘鉴铨在新闻事业贡献的肯定,也是对华文报章在处理国家议题及协助国家发展与进步的肯定。在此之前,华文报尤其是《星洲日报》不断被个别政治人物及社会一些阶层批评为"沙文主义报章",炒作华人情绪,此次刘鉴铨得奖,显得意义重大。

10 月 7 日,美国旧金山市政府北大厅中人群攒动,上百名法律界、政商界和社区代表齐聚,庆祝华裔吴华扬就任加州大学黑丝汀法学院院长之职。吴华扬成为加州史上首位担任法学院院长的亚裔。

10 月,在美国波士顿新英格兰音乐学院附中胡桃山音乐学院就读、年仅 13 岁的华裔钢琴神童张胜量,在德国赢得 2010 年万宝龙"杰出青年音乐家大奖",获颁奖金 1 万欧元。

11 月 3 日,加拿大总理哈珀特别致函,祝贺由中国大陆移民创办的《环球华报》十周年华诞。

12 月 18 日,法兰西功勋与奉献学会在法国参议院 Monneville 大厅举行授勋仪式,旅法中国学者、法国阿尔图大学外国语言文学系副教授李晓红荣获该学会颁发的"法兰西功勋与奉献"金质奖章,表彰她在法 20 年间在中法文化的研究、教学方面所做的努力。李晓红在深入学习研究法国文化艺术的同时,积极推介和传播中国文化,多次举办中国书画教学以及中法文化交流活动。她在巴黎索邦大学、法国高等师范大学、中央理工、法国高等商学院以及英国剑桥大学等高校做过无数场中国书画系列讲座。她和先生李中耀还参与了中国国家新闻办与法方关于卢浮宫导游图的制作。法国希拉克和萨科奇两位总统都曾致信李晓红和李中耀夫妇,赞扬他们对中法文化所作的贡献。

12 月,新西兰奥克兰大学政治学系华裔学者杨健博士被任命为该校文学院副院长,分管该院博士研究生教学及学术研究工作。

第三节 注重自身文化事业发展

近些年来,海外华侨华人社会越来越重视自身历史演变与文化事业的发展。2010 年 1 月,继全面考察在日华人社会面貌和发展历程的《在日华人白皮书》(2007 版)之后,中文导报出版社又推出了《在日华人白皮书》(2008—2009 版)。新版《在日华人白皮书》通过天地巨变、冰火两重天的 2008 年和抗击金融风暴、重现经济复苏的 2009 年,记载了在日华人社会的奋进与发展,见证了在日华人社会与时代同步的最新轨迹。

2010 年 5 月,由法国欧华历史学会会长叶星球与法国齐鲁协会会长江敬世撰著、巴黎太平洋出版社出版的一部从多角度、多领域记述法国一战华工历史的中文著作《法国一战老华工纪实》在巴黎出版发行。旅法艺术家、法国欧华历史学会会长、欧洲龙吟诗社主编叶星球先生来法二十多年,在勤奋创业的同时坚持文学创作和艺术实践,同时还十分关心法国与欧洲的华人历史,已出版《法国华人三百年》一书。多年来,他花费大量时间精力,查找相关资料、收集老照片,采访当事人,掌握了大量珍贵的第一手资料,整理出有关一战老华工的历史。

5月7—9日,由世界海外华人研究学会、南洋理工大学人文与社会科学学院和华裔馆联合主办的第七届世界海外华人研究学会国际大会在新加坡南洋理工大学召开。来自20个国家和地区的近300名专家学者热烈讨论了与华人移民有关的各种课题。本次大会的主题是"迁移、本地化与交流——从全球化的视角看海外华人"。哈佛著名历史学家孔飞力教授和香港中文大学陈志明教授担任大会的主讲嘉宾,应邀发表专题演讲。

7月18日晚,逾300来宾在澳大利亚悉尼港珍珠号游船上共同见证了澳中文化基金会成立。澳中文化基金会在会上宣读成立公告,称将在大悉尼地区筹建澳洲史上最大的华人博物馆,为普普通通的移民们立碑,把在澳洲华人的历史留给子孙后代。在澳洲注册的澳中文化基金会是一个慈善机构,创立目的首先是在澳洲建造一座宏大的永久性的澳洲华人文史博物馆;其次是资助和服务澳中文化与文史交流。基金会所有成员均由立志奉献的义工组成。

9月12日,在随笔南洋网热心网友和版主们的同心协力下,新加坡非盈利性质的文化团体随笔南洋文化协会正式成立。文学网站"随笔南洋"于四年前由四名热爱创作的中国新移民创办,除了推动本地移民文学以外,也希望新移民共享他们眼中新加坡的同时,也能让新加坡人对新移民有更深一层的了解,达到融合的最终目标。创办至今,"随笔南洋"网站的会员多达约5 000人,多年来举办了大小将近60至70项活动,其中就包含讲座、比赛、座谈会及出游等等。随笔南洋文化协会会长李叶明指出,因为时机已成熟,为了今后更好地发展或与其他社团联合组办活动,于是在一群热心网友和版主们的同心协力下,随笔南洋文化协会正式成立。

成立典礼在新加坡宗乡总会礼堂举行,出席的嘉宾是社会发展、青年及体育部政务部长符喜泉。她在见证协会成立的同时,也宣布由该协会与宗乡会馆联合总会联办名为"缤纷狮城"的摄影展正式开幕。主题为新移民眼中的新加坡的摄影展,展出了100多张由新移民拍摄的精彩照片,通过他们的镜头,来呈现新加坡五彩缤纷的多元文化及生活。符喜泉在致辞时表示,很高兴能看到新的国人积极参与,并通过视觉艺术表达新加坡人在各个层面的生活方式。她赞扬该摄影展不但提供了新的视角来阐释新移民对新加坡的看法,也让本土国人与新来的移民,有机会通过照片来相互了解与认识。

与此同时,为庆祝协会的成立,随笔南洋文化协会与宗乡会馆联合总会联合举办了"从文化视角看新移民的参与及融合"讲座。讲座主席是《联合早报》副总编辑严孟达,而三位主讲嘉宾则包括了新加坡作家协会会长希尼尔、新加坡作曲家协会会长郭永秀及联合早报《新汇点》主编周兆呈。在历时约三小时的讲座上,各位嘉宾就主题列举了众多有关新移民如何融入本地的案例,针对融合与参与发表了不同的看法,并展开了新移民可如何通过不同方式进行参与的讨论。

9月21日,新加坡美都出版社隆重推出了《有阳光的地方就有华人》一书,并于新加坡国家图书馆举行了一场别开生面的新书发布会,并邀请了中国驻新加坡大使馆文化参赞陈疆先生、新加坡驻中国的第一位商务代表黄名光先生、新加坡国会议员兼消费者协会主席杨木光先生、著名作家尤今女士、各华人社团与会馆的代表、文化界、学术界、教育界、演艺界以及公众人士一起见证这项出版界与华人世界的一大盛事。《有阳光的地方就有华人》全书耗时4年,耗资400万新加坡币,共100余万字和上千张华人生活纪实图片。全书共三册,覆盖世界各国,内容包括国家概述、华人移民简史和华人当今生活风貌,全面探讨各国华社的经济、文化、教育等方面的状况和发展。该书作者团队实地考察了超过100多个国家和地区,走入各地华人社会,有别于一般沉重的学术报告,它以深入浅出、清新别致的风格,记录了各地华人的生活点滴与喜怒哀乐,展现了各国华人追求梦想的热情和毅力。

11 月 6 日，第 7 届全加华人联会全国代表大会在温可华华埠中华文化中心林思齐博士大礼堂举行，议题之一是筹建一间华人历史博物馆，大会希望博物馆能结合传统文化及现代科技，令新一代加国华人认识华人在加历史外，亦能将中华文化延续及建立地位，借此团结加国 150 万华侨华人。负责筹建华人历史博物馆的加拿大华裔军事博物馆主席李悦后称，筹建的华人历史博物馆占地将为 2 万平方尺，博物馆会配合社会发展，除大楼会参考自美国西雅图陆荣昌亚裔美国人博物馆外，还将与卑诗大学历史系副教授余全毅合作，建立一所互联网上的虚拟华人历史博物馆，并且将两者混合，成为一个合乎经济效益，亦能具体有效地将华人历史在加拿大保存及流传的平台。华人历史博物馆将成为一个华人历史的重要资料库，也会担当教育及文化推广的重任。

11 月中旬，由欧洲中谊传媒公司携手浙江卫视国际频道共同打造的大型综合性栏目《华人天地》正式在浙江卫视国际频道黄金时段开播，成为欧洲华侨华人首个讲述华人故事的自制电视栏目。

第四节　华文教育与汉语热

近年来，随着中国社会经济持续快速的发展，对外交流的日益广泛，国际地位的不断提高，以及世界其他地区众多华裔精英在各领域的杰出表现，中华文化的价值也日益凸显，中文的国际地位大大提高。世界各国对汉语学习的需求与日俱增，汉语正成为国际化程度发展最快的语言，世界范围内出现了华文教育热、汉语热。

在中外双方的共同努力下，在世界各国人民的热情关注和大力支持下，截至 2010 年年底，已在 96 个国家建立了 322 所孔子学院和

369 个孔子课堂。注册学员比 2009 年增加了 56%,达到 36 万人。[①]
此外,全世界已有 100 多个国家近 4 000 所高等院校开设汉语课程。
美国已有 4 000 多所中小学开设汉语课程,中小学生学习汉语的人
数已超过 16 万人,是 6 年前的 8 倍,1 000 多所大学开设汉语专业,
招生规模达 5.2 万人。英国 5 200 多所中小学开设汉语课,部分学
校甚至将汉语列入了必修课。2009 年 9 月,英国政府还将汉语列入
了英国的"高考"——GCSE 的正式科目。法国中小学学习汉语人数
连年增长 40%,2010 年已达 4.6 万人。澳大利亚开设汉语课的中小
学 1500 多所,学生 12 万人。在新西兰 2 000 多所学校中,有 89 所
学校开设了汉语课。德国学汉语的人数比 6 年前增长了 10 倍。泰
国 1 200 多所中小学开设汉语课,学生超过 50 万人。日本、韩国、蒙
古等周边国家以及非洲各国汉语学习人数大幅增长,阿根廷、智利等
国家也都颁布政令,鼓励大中小学开设汉语课。据不完全统计,海外
学习汉语的总人数已经超过 4 000 万,在很多国家,汉语已经成为仅
次于英语的第二大外语。[②]

　　与此同时,国务院侨办以及中国华文教育基金会等有关部门长
期以来大力支持海外华侨华人克服种种困难在各国兴办华文教育,
在传播中华文化、帮助当地民众了解中国、增进民间友好、促进中外
经济文化交流等方面,发挥着越来越大的作用。海外华文教育事业
对中华文化薪火相传,以及华侨华人在住在国的发展、世界各国优秀
文化之间的交流等,具有重要的战略意义。海外有几百万华裔青少
年学习中文,有几万所中文学校,有几十万中文教师。一方面,学好
中文对中华民族保持民族特性非常重要。另一方面,重视华文教育,

　　① 刘延东:《携手促进孔子学院可持续发展——在第五届孔子学院大会
上的主旨演讲》,国家汉办网站,http://www.hanban.edu.cn,2010 年 12 月 11
日。
　　② 姜桂英:《全球"汉语热"方兴未艾,汉语"学友"遍天下》,人民网,ht-
tp://www.people.com.cn,2010 年 9 月 10 日。

对华侨华人在住在国当地的发展非常重要,可以更好地与中国进行经济、文化等方面的交流。此外,对侨居国而言,中华文化以其独特的魅力,也逐渐获得当地主流社会及其他族裔的理解、接受及应用。学好中文,对促进中华文化与各国优秀文化的交流、交融,增进中国与住在国的友谊也非常有益。

国务院侨办每年通过向海外提供中文教材、远程中文教育、华文师资培训、夏令营等方式支持海外华文教育,并得到了海内外许多有识之士的支持。为解决华文教育师资短缺的问题,国务院侨办从1987 年起向海外外派教师,已累计有 2 000 多名教师在 11 个国家进行教学和培训,为当地培养了大量华文教师。同时还经常请海外华文教师到中国进行短期培训,组织中国专家学者到海外讲学,并在一些有条件的国家开展函授学历教育,培养高质量的华文教师。而且,国务院侨办已向 100 多个国家和地区提供从幼儿园到初中的华文教材。2010 年,国务院侨办完成了《海外华文教师培训教程》和《我与中国》系列教材的编辑出版工作;启动与《娃娃学华语》教材配套的华语小书童学习机研发;改编国内九年义务制教育教材,以满足海外个别国家华校的教学需求。全年向海外发行各类教材 160 多万册,通过“请进来”、“走出去”培训海外教师 6 000 余人。

2010 年 4 月 1 日,由国务院侨办委托陕西师范大学电子音像出版社开发制作,与暨南大学出版社编写的《中文》教材和北京华文学院编写的《汉语》教材配套的同步教学光盘在中国华文教育网全新亮相。《中文》《汉语》多媒体教学光盘设计清新简洁、活泼易懂,既适合学生课余自学,也可作为课堂教学的辅助,这种灵活方便的学习途径和多元化的学习形式,在很大程度上弥补了《中文》《汉语》纸质教材的不足。《中文》《汉语》教材在海外华文教学中已有广泛影响,借助中国华文教育网的专业平台全新推出的多媒体教学光盘,将为海外华文教育的发展提供新思路,为广大海外学习者学习中文提供有力的帮助。

7 月 24—28 日,由国务院侨办和中国海外交流协会举办的 2010

年海外华裔及港澳台地区青少年"中国寻根之旅"夏令营顺利举行。此次夏令营为历届规格最高、规模最大的一次,共有来自世界 51 个国家和港澳台地区的 6 000 余名华裔青少年参加,间接涉及的海外侨胞数量达到数十万。此次夏令营活动,也是新中国成立以来海外华裔青少年最大规模的一次活动。"中国寻根之旅"夏令营是国务院侨办和中国海外交流协会为增进海外华裔和港澳台地区青少年对中国的了解,提高他们学习汉语和中华文化的兴趣,推动海外华文教育发展而举办的大型综合性活动。自 1999 年以来,此活动已连续举办七届,数以万计的海外华裔青少年来中国游览参观、学习交流、寻根问祖。

此外,国务院侨办自 2008 年起在全球范围内举办"海外华裔青少年中华文化知识竞赛"活动,旨在奖励竞赛优胜者,激励更多的海外华裔青少年努力学习汉语和中华文化。2009 年下半年至 2010 年上半年,国务院侨办就在 15 个国家举办了"第二届海外华裔青少年中华文化知识竞赛",参赛总人数达 25 000 余人。

国务院侨办还努力使海外华文教育得到更多国家在政策上的理解和支持,使海外华文教育的发展环境日臻完善。6 月 23 日,国务院侨办访澳代表团在悉尼与澳大利亚新南威尔士州北悉尼教育局联合签署了《关于开展华文教育工作的合作协议》,并与悉尼华文教育界进行了座谈。《合作协议》内容涉及双方将联合编写中文教材、合作开展华裔学生夏令营工作、培训北悉尼地区的中文教师以及协助建立姐妹中小学校等内容。澳大利亚当地中小学的华文教育发展很快,许多周末上课的中文学校规模也在逐渐壮大,教师本地化是未来华文教育的发展趋势,《合作协议》的签署将对培训海外华文教师等工作起到促进作用。

12 月 2 日,国务院侨办公与加拿大多伦多市教育局续签教育合作协议,至少将有 1.7 万名多伦多市学生受惠。国务院侨办与多伦多市教育局首次签署教育合作协议是在 2007 年,此次续签协议的主要目的是希望能在大多伦多地区拓展华文教育,并以多种方式与本地教育局交流。协议主要内容包括:华文教育师资的培训;为学习华文的学生举办赴中国的冬令营和夏令营;为收养中国孤儿的家庭提供赴中国寻根的夏令营;为多伦多市教育局提供华文教材和授课资料;为成人继续教育中学习华文的学生颁发证书等。

中国华文教育基金会也积极策划和实施了若干各具特色的华文教育项目,使海外近万名华裔师生受益,为推动海外华文教育发展发挥了积极的补充作用。2010 年,中国华文教育基金会实施了包括中美远程中文师资培训、中国印尼远程师资培训、东南亚地区华文教师汉语研修班、北京华文学院大专生奖学金项目以及暨南大学华文教育专业和对外汉语专业本科生助学金等项目,多形式培训华文教师,为培养华文教师后备力量,缓解海外华文师资力量短缺和提升专业水平发挥了积极作用。中国华文教育基金会还组织开展了多期海外华裔青少年夏冬令营活动,帮助海外华裔新生代实地了解中国历史文化和现代化建设成就,培养他们对中华文化的认同感。5 月 4 日,由中国华文教育基金会主办,上海市海外交流协会承办,融侨集团赞助的 2010“上海世博行”海外华裔青少年夏令营在华东师范大学第二附属中学、上海市位育中学、上海市晋元中学和上海市曹杨中学等 4 个上海华文教育基地学校分别举行了开营仪式,共有来自菲律宾、印尼、马来西亚、新加坡和泰国的 350 多名华裔青少年参加。

中国华文教育基金会自 2004 年 9 月成立 6 年来,精心策划和实施了一系列支持华文教育发展的项目。“华文师资培养工程”使海外 20 多个国家和地区的近 3 000 名华文教师受益,帮助培养了海外华文教师队伍;“华裔青少年中华文化传承工程”资助了 2 000 多名华裔青少年来华参加各类夏冬令营活动,受到海内外同胞的肯定和赞扬。

海外华侨华人也较以往更加关心、关注和支持海外华文教育的发展。海外华文教育被海外华侨华人社会誉为“留根工程”,当作继承优良传统、提高后代素质、参与时代竞争的“海外希望工程”。随着中国的日益强大和国际地位的不断提高,办好华文教育成为当今海外华侨华人社会最根本、最迫切的要求。华侨华人社会捐资助学,兴办华文教育的热情更是空前的高涨。

2010年4月3日上午,日本著名侨校横滨山手中华学校充满了喜庆气氛。来自日本各地的华侨华人团体代表、当地日本各界人士和华侨学生家长共700多人齐聚一堂,庆祝该校新校舍启用。横滨山手中华学校始建于1898年,是日本历史最悠久的侨校之一。2008年,中国国家主席胡锦涛访日期间曾参访这所学校。该校此前使用的旧校舍建于20世纪60年代,由于建筑设施限制,已难以满足华侨华人子女教育需求。近几年来,当地华侨华人社团多方募集资金,为学校新建了一座设施完善、规模较大的新校舍,并于3日新学年开始之际正式启用。

在新校舍建设过程中,日本华侨华人社会表现了对华文教育的巨大热情。山手中华学校扩建委员会在2009年向华侨华人社会发出募捐倡议后,得到了侨团侨社和个人的积极响应。除横滨华侨华人慷慨捐资外,来自关东地区和全日本的华侨华人也纷纷解囊,共同为华人社会的希望工程和百年事业提供资助,奉献心力。统计数据显示,自2009年3月2日学校建设开工以来,截至2010年3月26日,校方总共收到各类捐款协议815件,总额达5亿0489万0454日元。其中,社团法人广东同乡会在学校扩建之初就慷慨解囊,最早与校方签约,认捐2100万日元,领风气之先。2010年新年过后,财团法人横滨中华会馆又签约认捐3000万日元,成为扩建委员会收到的最大一笔民间捐款。另外,信用组合横滨华银认捐2010万日元、横滨华侨总会和横滨关帝庙各认捐2000万日元。与侨团社团的积极支持相比,更多来自华侨华人的个人捐款聚沙成塔,显得难能可贵。在捐款超过1000万日元的名单中,既有成长在横滨的华人后裔,也有中日建交后赴日留学、创业的新华侨。[①]

---

①　孙辉:《日本华侨华人捐款逾5亿,百年侨校揭开华教新序幕》,中国新闻网,http://www.chinanews.com,2010年4月6日。

4 月初,由中国海外交流协会,福建省海外交流协会主办,华侨大学、集美大学和厦门外国语学院承办,第十次隆重地为菲律宾华裔学生学中文夏令营举行开营式。自 2001 年以来,菲律宾陈永栽博士已连续 10 年共资助组织 6 621 名菲律宾华裔学生回祖籍地福建参加为期 50 天的学习中文夏令营。参加 2010 年夏令营的学生和老师达 905 人,仍由菲律宾华文教育研究中心具体组织。营员都是菲律宾华裔优等生,他们分 3 组在华侨大学、集美大学和厦门外国语学院开始 50 天的夏令营生活,学习汉语、书法、绘画、剪纸、中国传统音乐舞蹈、武术等课程,并走访学校周边城市,游览武夷山等人文景观。此外,陈永栽博士还始终支持华侨大学在菲律宾举办"中华文化大乐园"夏令营,成为了海外华文教育模式创新的典范。同时,还赞助菲律宾华文教育研究中心华语教学师资队伍"造血计划"42 人赴华留学,其中,已经有 21 人学成回校任教。

5 月 16 日,柬埔寨柬华理事总会召开全体理事会,并决议拨出逾 2 万 5 千美元资助柬埔寨各省市华文学校。柬华理事总会成立 20 年来,努力弘扬中华文化,积极发展华文教育,已在柬埔寨全国各地创建 57 所华文学校,在校学生多达 3 万余人。此外,柬埔寨方炳祯基金会也于 6 月份召开会议,审批柬埔寨各省县市经费有困难的华文学校的申请,决定对 42 所华文学校资助总金额 3 万零 800 美元。

12 月 12 日,菲律宾让德吴氏宗亲总会一年一度的奖励族裔华文教师暨圣诞联欢隆重举行。该会理事长吴民声及诸位名誉理事长等人向 130 位华文老师致敬并颁发了奖励金。吴民声致辞时强调推动华文教育的重要性,尤其是当今世界各国正掀起华语热,华裔更应努力传授中华文化,让学子得益。

海外华文教育工作者也通过种种努力,提高华文教育的质量,推动华文教育的发展。5 月 21—22 日,印度尼西亚教育部和雅加达华文教育协调机构联合举办了全国校长工作会议。来自印尼 27 个省份 52 个城市的约 230 位校长和教育基金会负责人在会议期间就印尼华文教育领域各方面问题进行了研讨。雅加达华文教育协调机构执行委员会主席蔡昌杰表示,希望与会者们能在本次会议上找到在印尼更好地开展华文教育的方式,探讨华文教育在推动该国经济发展方面的重要作用和在促进该国各民族团结与社会和谐方面的积极意义,明确华文教育将增进中印尼两国文化教育交流合作从而促进世界和平。他也表示,印尼的华文教育正面临师资、教材和教学管理方面的问题,其中尤其突出的是对本土华文教师和中国志愿者教师的需求难以满足。因此,雅加达华文教育协调机构在会后将总结与会者的意见,提交印尼教育部以申请得到更多的支持。

此外,短短十来年,印尼华人兴办的华文大学已有以下 7 所:雅加达新雅学院、慈育大学、泗水智星大学,万隆国际外国语学院、棉兰亚洲友好学院、玛琅玛中大学、泗水彼得拉基督教大学。这些高等教育机构都有汉语/华文系或者专业,有的开始了华文师范专业,为培养华文高级人才服务。

12 月 3—5 日,全美中文学校协会第 8 次全国代表大会暨全美华文教育研讨会在美国达拉斯举行,来自全美 200 多名中文学校的代表共聚一堂,共商全美华文教育发展大计,希望海外中文教育不断壮大。全美中文学校协会服务于全美各地的中文学校和华人社区,弘扬中华文化,已有超过 415 所会员中文学校,为 10 多万名华裔青少年学生和 5 000 多名教师员工提供教材、咨询、中文竞赛、教师培训和学生夏令营等服务。以“团结合作和共同奋进”为主题的第 8 届年会,就美国海外中文教育的战略目标、未来 10 年中文学校的发展方向、教学方法经验交流与教学评估、教材使用经验交流与教材评估、科技辅助中文教学改革与创新和语言文化传承与文化艺术交流等 6 个专题举行了讨论。美国教育部助理副部长巴雷拉就美国政府对语言教育的政策和支持发表演讲,达拉斯德州大学人文学院院长克拉兹就中西文化交流演讲。

经过多方的共同努力,海外华文教育工作取得长足的进步。但长期困扰华文教育发展的很多问题仍然有待于进一步解决,如华文学校办学经费十分有限,华文教师队伍不稳定、数量不足,华文学校组织管理能力、华文教学水平有待跟进,适合当地国情、校情的"本土化"教材还缺乏,课外读物、辅导用书种类不多、数量不足等。

第 七 章

关注国内与海归成就

　　海外华侨华人是实现中华民族伟大复兴的重要资源和独特优势，为中国的改革开放和现代化建设事业作出了重要贡献。海外华侨华人历来关心中国经济社会的发展，是中国扩大对外开放、全面建设小康社会的积极参与者；是遏制"台独"等分裂势力、实现中国统一大业的积极促进者。同时，海外华侨华人热心于各项公益事业，积极参与上海世博会等重大活动。30多年来，海外华侨华人科技专业人才和留学人才纷纷回国（来华）进行各类专业交流与合作，创办高新技术企业，成为活跃的新一代科技型企业家，为国内高新科技的发展和创新型国家的建设提供了有力的人才和技术支持。2006—2010年五年间，仅国务院侨办和省一级侨办就促成合同利用侨资195亿多美元。海外侨胞捐赠国内公益事业善款达100多亿元，其中仅捐赠汶川、玉树等地震灾区各类善款就达17亿元。海外侨胞还积极参与新农村建设，落实各类项目1 864个，组建了1 715个结队帮扶村，惠及农民群众700多万人。①

---

　　①　林文：《侨务工作五年的回顾和展望——访国务院侨务办公室主任李海峰同志》，《侨务工作研究》，2011年第1期，第4页。

第一节　捐款捐赠

多年来,每逢国内发生严重自然灾害,广大海外侨胞总是第一时间伸出援助之手,与灾区人民共呼吸、共命运,充分体现了血浓于水的赤子深情,并以实际行动为支援抗灾救灾做出了突出贡献。

中国青海省玉树县 2010 年 4 月 14 日发生 7.1 级大地震后,地震的灾情也分分秒秒牵动着全球华侨华人的心,海外侨界社团第一时间积极行动,齐伸援手献出爱心,踊跃为地震灾区募捐善款。阿根廷华人进出口商会在地震发生几小时后就展开募捐,在一天多的时间里就募集了 6.8 万比索(约合 1.75 万美元)善款。

美国纽约美东华人社团联合总会在华埠主要街道沿街设立捐款箱,纽约多个福建籍、广东籍侨团也分别举行捐款活动。4 月 15 日在美国福建公所捐款现场,华侨华人们在不到几分钟的时间内,就为地震灾区捐款近 5 000 美元。福建公所还特别印制了爱心卡片赠送给捐款的民众,受到欢迎。另一社团长乐公所刚刚宣布要为青海玉树募款,捐款箱还没来得及摆放出去,就收到赶来的侨胞们捐赠的 4 000 多美元。4 月 16 日下午 3 时,"纽约侨界悼念玉树地震遇难者追思会"在曼哈顿肃穆举行,美东地区多个侨团出席。追思会特地采用了藏族宗教仪式,为死难同胞祈祷,并为灾区同胞祈福。

以澳大利亚钦廉同乡会为主的华侨华人 4 月 15 日在中国驻悉尼总领馆向青海玉树地震灾区以及广西旱灾区捐款。此次悉尼华人共筹集了 14.5 万澳元善款。日本华侨华人联合总会和日本新华侨华人会两大在日华侨华人社团第一时间开始积极筹集善款,并于 16 日通过中国驻日本大使馆联合向青海玉树地震灾区人民发出了慰问电。截至 4 月 16 日中午,中国驻日本大使馆已收到东京华侨总会下属东京华联旅行社、东京华侨总会各 50 万日元,以及日本新华侨华人会 100 万日元的捐款。菲律宾华商联总会于 16 日下午 4 时会同菲华各界联合会邀请华社各主要领袖团体及四大华报,共同发起华社各团体联合举办捐款救灾运动。在联席会议中,华商联总会首倡认捐至少菲币 800 万元;菲华各界联合会至少认捐 500 万元;菲律宾中国商会至少认捐 100 万元;旅菲各校友会联合会至少认捐 100 万元,其他应邀出席联席会议的各团体代表,均承诺各自向其成员募捐。

据不完全统计,截至 5 月 10 日 14 时,部分侨商和海外侨胞通过各种渠道支援玉树地震灾区的捐赠金额已达 22 037 万元人民币,捐赠物资价值 1 100 万元人民币。① 其中包括印尼金光纸业联合黄奕聪慈善基金会捐款 2 000 万元人民币;泰国正大集团谢国民董事长捐赠 100 万元人民币和价值 100 万元人民币物资;玖龙纸业(控股)有限公司张茵董事长捐款 500 万元人民币;仙妮蕾德(中国)有限公司捐款 100 万元人民币;上好佳(中国)有限公司捐款 100 万元人民币。个人捐款包括泰国报德善堂主席胡玉麟捐款 400 万泰铢,约合 80 万元人民币;香港同胞黄楚和捐款 15 万元人民币;法国华人进出口商会会长郑品海夫妇捐款 10 万元人民币;匈牙利福清同乡总会会长李宗彬捐款 5 万元人民币等。

8 月 7 日,甘肃舟曲发生的特大山洪泥石流灾情牵动着海外华侨华人的心。海外华侨华人以不同方式悼念遇难者。加拿大全加华人联会暨多伦多华人团体联合会十分关注甘肃舟曲灾区同胞,通过中国驻多伦多总领馆转交了慰问信,信中说,惊悉甘肃舟曲遭受特大山洪泥石流灾害,造成重大人员伤亡和经济损失,加拿大华人对此万分关心。中国政府对舟曲灾区采取了迅速有效的救灾措施,我们相信,舟曲人民在中国政府和全国人民的关怀和积极帮助下,必将战胜一切困难,重建美好家园。加拿大全加华人联会与其他华人社团还共同于 8 月 15 日、21 日、29 日举行 3 天救灾筹款,支援灾区人民重建家园。

---

① 郭芮:《海外华侨华人为青海玉树地震灾区捐款逾 2.2 亿元》,《侨务工作研究》,2010 年第 3 期,第 19 页。

　　8月15日,塞尔维亚的一些华侨华人和中资机构人员自发停止娱乐活动,以表达对遇难同胞的哀思。约旦华侨华人通过致电、致函等方式向中国政府和人民表示慰问,对泥石流罹难者表示哀悼,对遇难者家属和灾区人民深表同情。柬埔寨华侨华人也纷纷给中国大使馆打电话,对甘肃舟曲遇难同胞深表哀悼,并表示愿意捐款支持灾区重建。

　　除了抗灾踊跃捐款捐物外,海外华侨华人在其他领域也热心参与,贡献卓著。为帮助海外侨胞实现关注"三农"、参与家乡发展,助推新农村建设的良好愿望,国务院侨办联合农业部于2008年启动了"侨爱工程——万侨助万村活动"。至2010年年底,海外侨胞在"万侨助万村活动"中投入资金达数十亿元人民币,实施项目近2 000个,受惠农民超过700万人。广大海外侨胞以投资合作、引进技术、拓展市场、培育良种、捐赠公益、科技扶贫、结对帮扶、智力支持、建言献策等各种方式,支持农村发展生产、促进农民增收、改善农村环境,成效显著、影响远播。

　　海外华侨华人还热心于支持文教事业的发展。4月份,加拿大全加开平总会馆又向广东开平家乡11家侨刊乡讯捐助港币5 500元,每家侨刊得到该会馆捐赠的经费港币500元。至此,14年来,该会馆共向家乡侨刊乡讯捐赠办刊经费近11万港元。该会馆虽然多次换届选举,但每一届理事会都把造福公益、资助侨刊乡讯的善举传承下来,筹集经费支持家乡办好侨刊乡讯,以沟通乡情,传递乡音,促进海内外乡亲联谊联情。5月22日,广东华侨博物馆举行捐赠仪式,欢迎美国洛杉矶访问团并接收美籍华人陈灿培捐赠的317件珍贵华侨实物。

　　3月29日,海外侨胞、侨社向中国华文教育基金会捐资仪式在广东省侨办举行。来自葡萄牙的李强、意大利的周钢、澳大利亚的陈有南三位海外侨胞以及匈牙利禅武联盟共同向基金会捐赠26万元人民币。11月30日,澳洲侨团中澳企业家联合会宣布向中国华文教育基金会捐赠900万元人民币,用于支持该基金会开展内容丰富、形式多样的华文教育。中国国务院侨办副主任赵阳、中国华文教育基金会副理事长兼秘书长雷振刚、中澳企业家联合会荣誉会长谢国辉、会长 Peter Wang、澳大利亚驻广州副总领事 Jeff Turner 等出席了 30 日上午在深圳举行的捐赠签字仪式。2010 年,依靠各理事单位的帮助和支持,广泛整合社会资源,在海外华侨华人热心参与下,中国华文教育基金会全年募集资金总额达 7 785.8 万元人民币。①

第二节　积极参与上海世博会与关注
"嫦娥二号"发射

上海取得承办 2010 年世博会的机会,全球海外侨胞无不欢欣鼓舞,并作为历史赋予的机遇和使命,满怀一腔热血以各种方式全力投入到筹办世博会中。广大海外侨胞全力推介和宣传世博,积极组建海外声援团,担当世博民间大使,主动参与和支持世博,纷纷主动出钱出力,鼎力相助。当 4 月 30 日晚举世瞩目的上海世博会开幕式的礼花在黄浦江畔美丽绽放之际,广大海外侨胞就满怀激情地与全国人民一起全身心投入到举办好一届精彩、难忘、成功的上海世博会中去。整个世博会期间,超过 150 万华侨华人参观了上海世博会。

5 月 10 日,由国务院侨办、上海市侨办共同举办的"华侨华人回家看世博"活动在中国馆南广场前启动,来自 120 多个国家和地区的 2 010 名海外侨胞,包括海外华人社团领袖、华人企业家和科技文化专业人士、海外华裔青少年以及来自美国、加拿大、西班牙等国的华侨华人世博观光团参加了启动仪式。启动仪式的举行,标志着"华侨华人回家看世博"系列活动正式拉开了序幕。一系列内容丰富、形式多样、富有特色的活动相继展开。系列活动由"同享世博 合作共赢——侨商世博行"、"走进世博·共襄盛事"海外华文媒体采访周、

---

① 张冬冬:《中国华文教育基金会全年募集资金 7 785.8 万元》,中国新闻网,http://www.chinanews.com,2010 年 12 月 27 日。

"世博畅想"世界华人艺术家音乐会、"光华百年"华侨华人迎世博美术大展、"相约上海·欢聚世博"海外华裔青少年夏令营等一系列活动组成,以"走进世博、聚焦中国、共享机遇"为主题,旨在以2010年上海世博会为契机,动员凝聚海外华侨华人力量,关心世博、参与世博、服务世博、宣传世博。同时把上海世博会作为服务海外侨胞、开展海外联谊、展示侨务工作的重要平台,增进广大海外华侨华人与中国各界的联系、交流、合作,分享中国经济社会发展带来的机遇。"广大侨胞对祖(籍)国有着深厚的感情,为中国成功申办和顺利筹办世博会作出了重大的贡献。"国务院侨办李海峰主任和上海市韩正市长在致辞中充分肯定海外侨胞在世博申办、筹办、举办过程中作出的突出贡献,热情邀请海外侨胞回家看世博、回国谋发展,殷切希望广大侨胞积极发挥"民间大使"的作用,将历史悠久的中华文化、大气谦和的中国形象和内涵深远的世博精神传递给住在国民众,为中外友好交流、世界和谐发展作出积极贡献。

在中国世博会的事业上,一直活跃着华侨华人的身影。在申博过程中,海外华侨华人组建海外声援团,向所在国介绍中国改革开放的成就和上海日新月异的变化。在筹办过程中,广大华侨华人又出钱出力,参与特许品牌、赞助商等市场开发合作的竞标,捐助场馆建设,承担志愿者服务,担当小语种翻译,许多国家和地区的海外侨领还组建世博会推委会,利用身在海外的优势,自觉担任上海世博会的"民间宣传大使",组织各种有效活动,向当地的社团和政府推介上海世博会。

世博会美国馆的建设主要依靠民间力量,然而,直到2009年2月份,美国馆还未能签下一家赞助商,美国几近缺席上海世博会。由于受建设资金问题的困扰,美国馆的设计和建造一拖再拖,已经到了流产边缘。最终美国馆能够顺利开工,旅美华侨华人发挥了重要作用。他们不仅利用身在海外的优势,积极推介上海世博会,还联名向白宫递交请愿书,敦促美国馆的建设事宜。其中,出生于上海的美籍华人蒋一成贡献尤巨。从2004年至2006年,被称为"世博之父"的蒋一成多次出入白宫和国会山庄,最终获得国会与政府支持参加上海世博会的允诺;同时,他自行筹集了1亿美元,成为美国馆建设的重要经济后盾。

为了给2010年上海世博会输送一定数量、符合世博会需要的小语种翻译志愿者,上海市侨办成立了"华侨华人世博志愿者服务总队",委托海外侨团组织征募志愿者。在上海市侨办向40多个海外侨团发出征询函后,得到了来自法国、德国、丹麦、西班牙、俄罗斯、匈牙利、墨西哥、泰国、加拿大等国家华侨华人的积极响应,以个人名义提出愿意担任世博小语种翻译志愿者的华侨华人也络绎不绝。其中既有年轻的第二、三代华侨华人,也有在海外生活多年的老华侨,还有些华侨华人为自己的子女报名,希望能够借此活动增进孩子对祖(籍)国的了解。

10月1日18时59分57秒,中国在西昌卫星发射中心用"长征三号丙"运载火箭,将"嫦娥二号"卫星成功送入太空。海外华侨华人及华文媒体在庆祝中华人民共和国成立61周年的同时,对此给予高度关注。

尽管许多旅法侨胞10月1日要正常上班、经商,但他们利用吃午饭时间"忙里偷闲"观看了"嫦娥二号"卫星发射的电视直播或网络直播。法国欧华历史学会会长、欧洲龙吟诗社执行社长叶星球说,"嫦娥二号"卫星的成功发射显示中国的航天技术又向前迈进一大步,令海外华侨华人扬眉吐气。他当场赋诗一首,畅想月宫中的吴刚一定会捧出醇香的桂花酒,盛情欢迎"嫦娥二号"的到来,月兔会唱起欢快的歌,盛赞中华儿女的凌云壮志。

中国"嫦娥二号"顺利踏上了奔月之旅,旅美华人华侨对此欢欣鼓舞,他们高度关注"嫦娥"的星路历程,并表示期待着"奔月"之举能激励更多科技工作者,使中国早日出现科技新高潮。美国福建同乡会主席郑棋表示,发射时正逢美国当地时间清晨,但大家都第一时间从网上看到了"嫦娥二号"发射成功的消息,中国向着登月再前进了一步,海外华侨华人也非常自豪,希望中国早日实现登月。美东华人社团联合总会秘书长林学文也高兴地说,希望这么一天能很快到来:那就是当美国华人华侨晚上抬头望月时,能骄傲地对身边的美国朋友说,中国人也实现登月了。中国大专院校校友联合会会长方国栋说,成功发射"嫦娥二号"卫星标志着中国在空间探索领域又迈出了新的一大步,同时为载人登月奠定了坚实的基础,具有重大意义。

中国旅美科技协会总会董事长陆强认为,这次"嫦娥二号"的发射采用了许多最先进的技术,实现了许多重大突破,其中有很多技术是美、俄等国"探月"时不曾使用过的,它的成功发射表明中国正在赶超世界最先进的水平,并且正在向航天超级大国迈进。作为旅美科技协会 8 000 名华裔科技精英之一,陆强也指出,在欢欣鼓舞的同时,也应清醒地看到,中国探月工程与美、俄两个航天技术强国相比,仍有很长的路要走。近些年来中国科技取得的进步举世瞩目,但与美国等先进国家相比,也仍有不小的差距,期待着这次"嫦娥二号"的成功发射能够激励更多中国科技工作者,使中国科技不断取得新的突破,出现一个新的科技高潮。

马来西亚及泰国的华文媒体也对此予以高度关注。《南洋商报》10 月 1 日辟出两个专版,以"中国十一,嫦娥奔月"为主题,全面、多角度图文并茂地报道中国嫦娥二号发射情况。该报还刊登了中国嫦娥之父欧阳自远的专访,详细报道了西昌卫星发射基地的气候特点并刊载了中国探月事业 40 年记。《星洲日报》则以"嫦二准备择机发射升空"为题予以报道。该报除了对嫦娥二号发射进程进行报道外,还以图表的方式介绍了"嫦娥二号"的 4 大特点和 4 大科学目标以及嫦娥二号所携带的科学仪器。

泰国《中华日报》在头版显著位置刊出给运载火箭加注燃料的大幅照片,并期待卫星发射成功。《星暹日报》、《亚洲日报》、《新中原报》等华文媒体也刊发了"嫦娥二号"升空的消息。

马来西亚马中友协秘书长陈凯希表示,尽管中国有关方面认为嫦娥二号"十一"期间发射为巧合,但这的的确确是献给中国国庆的一份厚礼。这充分显示了新中国成立 61 年来所取得的辉煌成就,也充分展示了中国的综合国力。中国以和平为目的探索月球和外太空，是中华民族对全人类文明的贡献，全世界的华侨华人对此感到无比的骄傲与自豪。

此外，2010年11月第16届亚运会在广州成功举办，海外华侨华人也以多种方式助力广州亚运会。1990年北京亚运会的举办，得益于包括海外侨胞在内的亿万中华儿女倾情捐赠款物。20年后，海外侨胞对广州亚运会的关注不再仅仅是捐款，而是通过志愿服务、担任民间外交大使、赞助代言等多种方式，为广州亚运会呐喊助威。广州亚运会筹备过程中，数十家海外华文媒体多次探访，广州亚运场馆先期体验期间，多家华文媒体表示，将开辟专版报道亚运会，在海外华社营造舆论氛围。在印尼，十几个华侨华人社团共赞广州亚运会是全球华人的骄傲，集体签名祝福亚运会并表示将用实际行动积极参与支持。菲律宾华侨华人社团举行了各种形式的广州亚运会宣讲、交流及联谊活动，并以最隆重的传统舞龙舞狮祝福亚运会。在亚运会馆，一大批既熟悉中华文化，又熟悉住在国风俗习惯和语言文化的华侨华人青年学生担任志愿者，用汗水承载支持广州亚运会的深情。

第三节　维护祖（籍）国主权与统一

海外华侨华人坚决维护祖（籍）国主权，是最积极最热情地促进祖（籍）国统一、反对"台独、藏独、疆独"的支持者。美国政府宣布奥巴马总统将于2010年2月18日在白宫会见达赖喇嘛，此事引起美国各界以及身居美国的广大华侨华人的广泛关注。2月12日美国华盛顿中国和平统一促进会、华盛顿中国统一促进会、乔治·华盛顿大学中国和平统一促进会三个大华盛顿地区的促统会组织联名给美国总统奥巴马写了一封公开信，表达了强烈不满和反对的意见。

2月15日是中国人的大年初二，也是美国的"总统日"。旅居费城的华人社团领袖聚集在中国城举行座谈会，抗议美国总统奥巴马计划会见达赖喇嘛,强烈要求总统取消会见,希望奥巴马不要做伤害中国人民感情的事。座谈会由费城社团联席会议秘书长王建民主持。副秘书长穆建西向与会侨领介绍:白宫发言人宣布,奥巴马总统将于18日会见达赖喇嘛。这触及了中国的核心利益。对此,中国政府已就美方上述决定向美国政府提出了严正交涉。我们希望奥巴马不要做这种伤害中国人民感情的事。大费城中国统一促进会会长林伍希望奥巴马总统不要为了达赖而牺牲中美关系。他呼吁侨胞站起来,发出共同的声音,坚决反对奥巴马会见达赖,反对美国干涉中国内政。大费城华人工商联合总会会长吴镇海在发言中表示,费城的华侨华人社团要向奥巴马发出抗议,发出声音,要让白宫知道我们美籍华人是反对总统会见达赖喇嘛的。李氏公所主席李合培、东安公所主席梁鸿生、协胜公会主席王唐德等都发言,一致要求奥巴马总统立即取消安排会见达赖的错误决定,不为达赖从事反华分裂活动提供任何场所和便利,不做任何破坏西藏稳定和干涉中国内政的事,以免给中美关系造成进一步损害。副秘书长朱枫还建议用书信及网站的形式向白宫传达费城社团侨领的心声。

8月7日,澳大利亚中国和平统一促进会成立10周年庆典辉煌闭幕,ECFA协议后首次举行的两岸和平发展高峰论坛取得圆满成功。200名嘉宾欢聚一堂,在祝福声中为盛事欢歌。澳大利亚和统会会长邱维廉表示,澳大利亚和统会经过10年不懈努力,在澳洲社团和社会各界的支持下,成为全球华侨华人反独促统的一支重要力量。他感谢这些尽心尽力的爱国人士,众志成城皆为一个目标:中国和平统一。回顾反独促统的10年路程,邱维廉感慨表示,澳大利亚和统会促进不同社团之间的理解和沟通,澳大利亚和统会将总结过去,继往开来,快马加鞭继续推动中国和平统一大业。

9月7日上午,日本海上保安厅巡逻船在钓鱼岛附近海域与一艘中国拖网渔船发生碰撞,随后日方对中方渔船实施拦截和扣留。对此,澳大利亚的华侨华人社团表示了强烈的愤慨和严厉的谴责。澳大利亚中国和平统一促进会10日在一份声明中说,钓鱼岛及其周围海域自古以来就是中国的固有领土。日前日本保安厅对中国渔船进行扣押,逮捕中国船长,这是对中国领土主权和公民人权的严重侵犯。中国渔船在中国海域捕鱼作业,竟然被日本以国内法来处置,简直荒唐,不可容忍。澳大利亚中国和平统一促进会还对中国派遣渔政执法船前往相关海域表示欢迎和支持,希望事态得到控制,被扣押的中国渔民能尽快得到释放。

此外,澳大利亚中国统一促进会也在 9 月 10 日发表声明,对日方的非法行径表示强烈愤慨和坚决反对。声明说,日方在钓鱼岛海域非法拦截、扣留中国渔船和渔民的行为,已引起中国民众和海外华侨华人的强烈反应和愤慨,澳大利亚中国统一促进会希望日方正视这一事件的严重性,立即无条件放人放船,避免事态恶化升级。澳大利亚中国统一促进会坚决反对日本政府依照日本的法律来处理这一事件,坚决反对日本政府以日本法律来拘捕和审判中国籍渔船船长,日本政府妄图用非法拦截、撞船、扣留等粗暴行为将其对钓鱼岛的控制合法化,这一阴谋是不可能得逞的。声明坚决支持中国政府就此向日方表明的严正立场,呼吁中国政府对日方在钓鱼岛海域非法拦截、扣留中国渔船和渔民的野蛮行为以及日方围绕钓鱼岛搞军演和向西南方向的岛屿增派自卫队等行径采取坚决的反制措施。声明还呼吁全世界华侨华人行动起来,共同反对日本在钓鱼岛海域非法扣留中国渔船和渔民的行为。澳大利亚其他华侨华人团体也纷纷发表声明,谴责日本的野蛮和非法行径,要求日本正视中国维护主权和领土完整的决心,尽快释放被扣人员和船只,避免事态进一步被激化。

9 月 13 日,美国南加州华人社团联合会组织举办南加州全侨座谈会,抗议日本在钓鱼台扣押大陆和台湾渔船。随后在 9 月 18 日组织了南加州华人华侨赴日本驻洛杉矶总领事馆递交全侨抗议信,举行保钓示威活动。

第四节　海归成就

在新华侨华人和华裔新生代中有一大批优秀的"高精尖"专业人才,主要集中在北美和西欧等西方发达国家。如在美国 320 万科学家和工程师当中,华侨华人就占约 10%。尤其是中国改革开放后出去的留学人员,经过 20 多年的拼搏奋斗,大多已学有所专、事业有成、生活稳定,其中许多优秀人才具有强烈的事业心,有回国创业发展的能力和实力。他们在促进中外科技交流合作方面发挥了重要的桥梁纽带作用,同时还积极为中国经济发展、科技进步献计出力,发挥了很好的参谋智囊作用。一批率先行动的华侨华人在国内创办的高科技企业,正在成为推动各地经济结构调整的新的增长点,同时也成为中国自主创新的先锋。[①]

近年来海外华侨华人科技专业人士归国人员日益增多,海外人才回流已呈现明显的加速趋势。他们所取得的成就引人瞩目,华侨华人科技专业人士归国人员已成为中国科技、教育、文化、经济、社会发展的新动力,为中国高新科技的发展和创新型国家的建设提供了有力的人才和技术支撑。从改革开放初期到 2010 年年底,中国留学回国人员总数已达 63.2 万人,其中 2010 年度各类留学回国人员再创新高,总数达 13.48 万人,比 2009 年增加 2.65 万人,增幅达 24.7%。[②]

留学回国人员在中国教育、科技、经济、国防和社会发展等领域发挥着重要的作用。部分留学人员成为了各个领域的领军人物和建设创新型国家的重要生力军。据 2010 年统计,留学回国人员已占国家重点项目学科带头人的 72%、两院院士的 80%,超过 77% 的教育

---

① 许又声:《总结新经验 完善新机制 探讨新举措——在"国外侨务工作经验交流会"上的讲话(摘登)》,《侨务工作研究》,2009 年第 3 期,第 7 页。

② 冯蕾:《我留学回国人员逾 63 万》,《光明日报》,2011 年 4 月 24 日。

部直属高校校长和 62％的博士生导师具有留学的经历。在 2010 年度国家自然科学奖获奖人员中,海外归国人员占 37.9％;这一奖项的第一完成人中,海归达 56.7％。截至 2010 年年底入选千人计划的 1 143 名高层次人才中,绝大多数都是留学人员。由留学人员创办的高新技术企业总数超过万家,在全国各地留学人员创业园中,处于孵化阶段的留学人员创业企业也超过了 8 000 家。[①] 这些企业有力地推动了中国在信息、生物、新材料、新能源、环境保护等领域实现跨越式发展,有效地带动了科技创新和产业结构调整,有力地推动了地方经济发展。

北京中关村是中国国科教智力资源最密集、最具创新特色和创业活力的区域,独具特色的人才引进、吸纳工作,让一批又一批高水平、高素质的英才不断汇聚在这块人才高地上。作为中国最早开展吸引留学人员工作的地区,中关村 2000 年开始启动吸引留学人员创新创业的工作,已先后设立了 29 个留学生创业园。作为中国首家"海外高层次人才创新创业基地",2010 年中关村高新技术企业中共有 1.2 万名留学人员,由留学人员创办的高新技术企业累计超过5 000家,分别是 10 年前的 12 倍和 20 倍。[②] 一大批留学回国人员成为中国互联网、集成电路、生物医药、清洁技术等高科技领域的领军人物。张朝阳创办的搜狐网和李彦宏创办的百度公司带动了中国互联网产业的发展;文剑平创办的碧水源公司、其鲁领衔的中信国安盟固利公司和于家伊领衔的嘉博文公司,带动了节能环保、资源循环利用产业的发展。

海归人才为中关村的创新和创业发挥了重要作用。在国家"863"、"973"等科技重大专项项目中,在北京奥运会、南水北调等国

---

① 《2010 年中国留学市场六大特征》,《中国国门时报》,2011 年 3 月 16 日。

② 秦京午:《教育部与中关村签署合作协议,加快引进留学人才》,《人民日报》(海外版),2010 年 6 月 9 日。

家重大工程中,在新创制的很多国家标准和国际标准中,都有海归人才的智慧贡献。邓中翰创办的中星微电子公司研发了数字影像芯片,文剑平创办的碧水源公司研制了膜生物反应器应用技术,其鲁领衔的中信国安盟固利公司研发生产了新型锂离子汽车动力电池,陈杰创办的思比科微电子公司研发了 CMOS 图像传感器技术,都是中国自主创新技术和产品的翘楚。同时,大量留学归国人员集中在中关村,吸引了大量国际资本,使中关村成为高科技投资机构投资的热点。中关村留学人员创办的企业注册资金总额累计超过 50 亿元,并吸引了近千亿元的境内外资金。在美国纳斯达克上市的中关村企业有 24 家,其中近半是近年来留学人员创办的企业。同时,中关村还依托高校优势,计划在 17 所大学科技园建立中关村科技园区高校毕业生创业就业实习基地,为高校毕业生提供创业孵化、就业培训、岗位实习等服务。

上海各个领域的高层次人才、留学人员和在沪外国专家已成为上海知识创新、技术攻关、工程建设的中坚力量。据上海市人力资源和社会保障局透露,在上海工作和创业的留学人员总量已超过 8 万人,留学人员在沪创办企业 4 200 家,总投资额超过 5.7 亿美元,主要分布在张江、嘉定、漕河泾等 11 家留学人员创业园。另外还有 2 000 余名留学人员在跨国公司和著名国际机构中担任高级管理职务。[1]

截至 2010 年年底,广东省海外留学回国人员 5 万多人,总量居全国第三位。[2] 仅深圳市引进留学回国人员总数超过已 3.8 万人,其中三成回国人员选择创业。从 2001 年起深圳每年引进留学回国人员都超过 1 000 人,近年来更是大幅增长,近 3 年每年增速达

① 王有佳:《在上海工作创业留学人员逾 8 万人,创办企业 4 200 家》,《人民日报》(海外版),2010 年 1 月 21 日。

② 周志坤:《广东高层次人才总量 17 万人,海归人数全国第三》,《南方日报》,2011 年 1 月 13 日。

40％。2010年深圳市引进留学人员 1 646 名，创历年来引进留学人员数量新高。非深圳籍贯留学回国人员占深圳市留学回国人员比重高达80％，这一特点与北京、上海明显不同。另外，来深海归学历层次普遍较高，硕士以上学历的占近78％，其中博士超过7％。[①]同时，来深海归年轻化趋势明显，20岁至30岁者约占一半。深圳市先后建立了8个各具特色的留学人员创业园和一个留学人员产业园，吸引了 1 600 多家留学人员企业在这里创业，培养了朗科、华大基因、益心达、迅雷、茁壮等一批海归骨干企业，有的已经成为国内行业领头羊。超亿元产值的海归企业达26家，海归经济逐渐成为深圳市新的经济增长点。

2010年年底，在江苏省工作的留学人员已超过 3 万人，仅 2010 年江苏全省共引进留学归国人员 3 036 名，新批省级留学创业园 3 个。在江苏两院院士中，45％的中科院院士和55％的工程院院士为留学回国人员，全省国家级重点实验室负责人都有在国外留学的经历。[②] 在 2010 年 2 月公布的"江苏省高层次创新创业人才引进计划"评选结果中，共有 265 名来自海内外的高层次人才进入资助名单，其中 80％拥有海外留学背景或外国国籍。苏州工业园区开发建设以来，累计吸纳硕士以上高层次人才近 2 万名，海外高层次人才 2 200 多名，其中 1/4 为创业人才。无锡先后实施引进领军型海外留学创新创业人才的"530"计划和"无锡千人计划"，已有逾千名海外人才在无锡创办了高科技企业，集聚海归创新创业人才超过 6 000 人。

从 2009 年开始，杭州市已经连续两年成功举办"浙江·杭州国际人才交流与合作大会"，引进大批高端人才和项目。据不完全统计，截至 2010 年年底，来杭创业的海外留学人员达 5 000 余人，留学

---

①　胡谋、许天宇：《深圳"海归"总数已近 4 万，其中 8 成为非深圳籍贯》，人民网，http://www.people.com.cn，2010 年 2 月 1 日。

②　吕妍：《江苏海归人数超 3 万，今年引进留学归国人员 3 036 名》，《新华日报》，2010 年 12 月 14 日。

人员创办企业 604 家,企业注册资本总额达 6 亿多美元,总投资额达 62 亿多元人民币。① 聚光科技、正泰太阳能、英飞特电子,一家家海外留学人员创办的企业,正在生根发芽,茁壮成长。

7 月 8 日,全球知名品牌咨询和市场调研公司 Frost & Sullivan 授予美时医疗科技公司"2010 年亚太地区医学影像产品年度创新产品奖"。这是中国企业首次获得此项国际年度创新奖。美时医疗研发的新型医学磁共振成像技术,打破了长期以来中国磁共振设备被国外垄断的格局。

美时医疗历经 14 年自主创新的高温超导线圈技术,成为磁共振成像领域的一大突破,打破了长期以来中国磁共振设备被国外垄断的格局。这项被誉为"图像超越想象"的突破性创新技术成就,无疑是对美时医疗创新技术和团队的认可,标志着中国自主创新科技产品正在世界崛起。长期以来,中国磁共振技术及产业市场都被几家跨国公司掌控,中高端器械基本依赖进口,医疗设备的价格居高不下,更限制了中国医疗成像产业的发展。在这样的局面下,发展中国自主的高端医疗器械,以普及磁共振应用,成为中国医疗事业发展的关键之一。

美时医疗的这一技术,不仅成为中国在科技创业领域的代表,更为大众带来了福音。美、日等国的磁共振设备普及率已达到每百万人 30 台以上;而中国只有每百万人 1.7 台,只有 2 000 多家的市级医院拥有磁共振系统,20 000 多家的县级医院尚不具备磁共振系统。若这一技术今后能进入各区县小型医院,不仅促进磁共振成像技术的普及,更减轻了大众的医疗负担。

美时医疗技术有限公司是一家具有自主知识产权的创新型高端医疗诊断设备研发和制造企业,也是全球尖端医疗设备和技术的创新公司之一。公司致力于向全球的医疗诊断客户提供完善的医学成

---

① 潘一峰:《杭州引进海外高层次人才成效显著,引进海归 5 000 余人》,《杭州日报》,2011 年 4 月 25 日。

像技术解决方案,包括医学影像系统、磁共振成像仪的开发、设计、制造、销售和维护。公司在磁共振和超导电子领域上拥有自主创新的技术平台和数十项国际专利。美时医疗拥有一支世界一流的研发团队及国际水平的管理团队,创新团队来自美国哥伦比亚大学、哈佛医学院、香港大学等著名学府,由"千人计划"国家特聘专家马启元教授领军,并拥有美国哥伦比亚大学转让的相关知识产权。

　　2006年年底马启元教授携带着10多年来研发的成果及研发团队回到中国,建立美时医疗。创业团队成立伊始就与国际接轨,除了技术核心团队,财务金融人才也成为核心骨干,而在他们周围,还聚集了一批研发、产品开发、融资、市场方面的专业人才。美时医疗在上海、香港、新加坡和美国均设有研发基地,并在江苏泰州中国医药城建立了大型研发生产基地,这是目前除了日本外在亚洲最大的磁共振生产基地,其建成标志着中国大型医疗设备磁共振成像系统的研发和生产走向标准化、规模化,达到国际水平。美时医疗现有的两款磁共振成像仪(开放式全身磁共振成像仪 Pica、针对骨科的专用机 Mona),均已经获得美国 FDA 批准并开始在全球销售。[①]

　　近年来,中国不断创新工作机制、优化人才环境,以更加开放的人才政策和前所未有的发展空间广泛吸引海外高层次人才回国创新创业,为中国的经济发展与转型升级提供强有力的人力资源支撑。国家有关部门深入实施留学人员回国工作重点项目,以"千人计划"为核心,着力实施"创业启动支持计划"、"春晖计划"、"海外赤子为国服务行动计划"、"海智计划"等专项计划和广州留交会、大连海创周、南京留交会、山东海洽会等大型留学人员科技交流示范活动,全力支持留学人才回国工作创业。2010年6月国务院发布的《国家中长期人才发展规划纲要(2010－2020)》,再次强调要开发利用国内国际两种人才资源,以高层次人才、高技能人才为重点,统筹推进各类人才

---

　　①　刘虹、王春:《海归团队自主研发新型磁共振技术,获亚太地区大奖》,《科技日报》,2010年8月6日。

队伍建设。在一系列国家政策的刺激下,中国引进人才工作取得了突破性进展。

改革开放初期侨务部门就重视做华人科学家的工作,重视通过华侨华人引荐关键技术,1997 年在全国率先组织海外留学人员回国参观考察,受到国家领导同志的亲切接见。2001 年在全国侨办系统实施"海外人才为国服务计划",与 200 多个海外华侨华人科技社团建立密切联系。在国家高新技术产业开发区或留学人员创业园中建立了 22 个"国务院侨办引智引资重点联系单位",引荐华侨华人专业人士上万人次。特别是以"国务院侨办海外专家咨询委员会"为平台,凝聚了一大批华人科学家,50 名委员中有 14 人是外国国家科学院、工程院院士。[①]

各级地方政府也出台各种创新举措大力开展海外人才引进工作,如北京"海外人才聚集工程"、河南"中原回归计划"、江西"赣鄱英才 555 工程"、广西"八桂学者人才计划"、深圳"孔雀计划"、无锡"530"、杭州"5050"、济南"5150"、苏州"姑苏人才"计划等。一个个地方引才计划的出台和不断完善,为海外高层次人才回国发展创造了更加成熟多样的环境。而海外人才的到来,也为地方发展注入了新鲜活力。2010 年 2 月,福建省委、省政府出台《福建省引进高层次创业创新人才暂行办法》,计划用 5～10 年时间,依托企业、园区、高校、科研和其他事业单位,引进 300 名左右海外高层次创业创新人才。

各地不断探索和尝试新的引进海外人才方式和政策,在引进海外人才竞争中逐渐彰显出"人无我有"的特点,以吸引海外高层次人才归国创新创业,如深圳等地纷纷在国外设立海外人才联络处,希望可以通过这种方式与海外人才建立直接联系,吸引他们回国。常州"海归创业助理"上岗,能有效缓解海归人才"水土不服"问题,加速海归及企业的本土化进程。昆明聘请"引才特使",以才引才,创新引才

---

　　① 兢科:《涵养引进侨务资源,为建设人才强国服务》,《侨务工作研究》,2010 年第 4 期,第 5 页。

模式。沈阳"凤来雁归"计划的推出颇有成效,在延揽创新人才的同时,拓展引智空间。衢州设立留学人员和家属俱乐部,大大提高了海外人才返乡积极性。

6月27日—7月1日,"2010中国海外学子创业周"主体活动在大连市举行。已成功举办10届的"中国海外学子辽宁(大连)创业周",正式提升为"中国海外学子创业周",成为服务于全国海外人才引进工作的国家级平台。海创周期间共举行了"五会"、"七展"、"九论坛"等21项活动。总计有1 605名留学人员、41个海外华人团体、3 000多家企业参展参会,有7 000多家国内企业参与了项目对接,全国25个省市共为海外学子提供了8 000余个就业岗位。据统计,总计有11 000多来宾出席了海创周各项活动,23 000人参加各类活动。海外学子携带980个高新技术项目直接与国内近千家企业、科研院所、大专院校等单位进行了对接洽谈。已签订意向合同667项,还有一大批项目正在进一步洽谈;510名各类海归人才与用人单位达成意向。[①]本届海创周签约的人才和项目数量、质量均较往届大幅提高,在实现"人才回归、项目落地"的目标方面也成效显著。海创周搭建了多个对接平台,除海创周展场外,组委会还组织了多场沙龙。如著名高校海外校友系列沙龙、海外高层次人才专业沙龙等。在6月30日举行的海外高层次人才专业沙龙上,200名海外学子和各界代表围绕电子信息、生物医药、新型材料、光机电一体化和新能源等主导产业,深入交流,达成共识。

10月17日,为期三天的2010年中国(无锡)海智洽谈会在无锡新区创新创意产业园举行开幕式。此次海智洽谈会由中国科学技术协会、无锡市委市政府主办,以"聚智、创新、发展、共赢"为主题,吸引了21个国家的海外科技团体和个人带着302个项目前来与无锡企业开展洽谈合作。这些项目涉及物联网、数字创意、清洁能源、新材

---

① 姜云飞:《中国海创周3天签约667项,500余海归达成就业意向》,《大连日报》,2010年7月2日。

料、节能环保等重点领域,其中 85 个项目进行现场对接,其余项目通过视频进行洽谈。海智洽谈会不仅带来了海外科技团队与项目,而且进一步畅通了海外高层次人才来锡创新创业的渠道。

10 月 26—27 日,第三届中国留学人员南京国际交流与合作大会成功举办。本次大会参会人数达 4 500 人,包括中关村国家自主创新示范园区、广州市和泛长三角 11 个城市代表、博士后科研流动站、工作站代表、海内外留学人员、高校博士、企事业单位代表及海外留学人员团体、外国专家组、投融资机构、留学人员创业服务机构和各类中高级人才。其中有近 300 名海外高层次留学人员带着 166 个高端技术项目参会,他们中 70％拥有博士学位。此次会议,仅海外留学人员项目洽谈一项,南京市就成功签下了 67 个高新合作项目。

10 月 30 日,中国唯一的国家级、国际化、综合性人才与智力交流盛会——为期两天的 2010 中国国际人才交流大会在深圳闭幕。大会期间共举办了 85 项签约、推介、研讨和对接活动,召开了 15 个专题洽谈会和业务会议。两天期间,签署人才交流合作协议共计 3 658 项。达成人才招聘意向的职位 16 800 多个。此次大会,北美留交会首次植入、教育部首次组织部分高校参展、首设“智力西进”和“智力援疆”展区,“精英天下”、“群英会”、“金领世界”等知名品牌集体亮相。同时,首次举办引进国外智力局省合作省区市国际人才智力对话活动,来自美国、英国、日本、澳大利亚、以色列等国家及地区的 10 个海外专业机构和国内 18 个省、自治区、直辖市的代表参加。参加大会和深圳论坛人数达 10 万人次。参加大会的留学人员组织达到 52 个,他们来自 20 多个国家或地区,其中全日本中国人博士协会组织 26 名博士从日本来深,中国留学生创业协会、中国国际海归协会、加拿大华人社团联席会、美东中国留学生协会等组织,都是会长或主席亲自参会。共有 700 多名留学人员参加大会,为历届最多,而且参会留学人员的学历越来越高。

12 月 20—22 日,第十三届中国留学人员广州科技交流会在广州举行。据不完全统计,本届大会累计进场交流 3 万多人次,洽谈项目近 4 000 项次,其中有 750 个项目达成合作意向或签订协议,累计投资总额人民币 11 亿元。此外,大会期间共有 6 万人次通过网络进行在线交流,发出合作要约 1.2 万项次。本届留交会交流成果丰硕,人才吸引范围已从单一留学人员扩展到以留学人员为主体的海外高层次人才。"科技难题招贤"活动共推出 18 个项目,吸引了 280 多名留学人员前来洽谈,其中 65% 的留学人员具有博士学位,其中 16 位留学人员现场与招贤企业达成初步合作意向,正在作进一步洽谈。[①]

各级政府有关部门还跨出国门,在留学人员集中的国家举行招才引智洽谈会等活动,主动吸引海外留学人才回国工作创业。2 月 26 日,江苏省扬州市在美国华盛顿地区举行招才引智洽谈会,向海外各界人士介绍扬州一系列引进人才的新举措,人才招聘会吸引了许多专业人士和留学人员参加。许多留学人员表示,他们非常关注国内的就业信息,而国内一些地方的良好就业政策和待遇,增强了他们回国工作或创业的意愿。

5 月 15 日,北京市侨办副主任杨惠时率团一行 5 人访问加拿大。北京侨办代表团在多伦多举办"北京海外人才聚集工程"推介会。中国驻多伦多总领馆相关部门负责人、加拿大中国专业人士协会、加拿大北京协会、海鸥创业平台和怀雅迅大学商学院等社团负责人及科技界人士参加了推介会。5 月 16 日,北京市侨办代表团在美国新泽西举办北京创业发展座谈会。大纽约地区十多个专业人士和学生团体的代表参加了座谈会,包括中国旅美科技协会、中国旅美金融协会、美中药协、美国联合商会、新泽西华人电脑协会、美洲中国工程师学会大纽约分会、美华专业人士协会、浙江商会、北美浙江专家学者协会、清华大学北美校友会、北京大学北美校友会、天津大学北美校友会、罗格斯大学中国学生学者联谊会、新泽西理工学院中国学生学者联谊会等。5 月 21 日,北京市侨办代表团在芝加哥与旅美中

① 郑天虹:《第十三届留交会累计投资总额达 11 亿,4 000 项目洽谈》,新华网,http://www.xinhuanet.com,2012 年 12 月 22 日。

国科学家工程师专业人士协会代表亲切会见。杨惠时副主任向大家
介绍了北京"海聚工程",这一项目的目的是为北京引进和聚集一批
熟悉国际市场运作、能够带动首都新兴学科、新兴产业发展的战略科
学家、科技创新人才和产业领军人才。同时,吸引上万名具有真才实
学的优秀留学人员来京创新创业。按照规划,北京市将用五年左右
时间,引进 1000 名海外高层次人才,在经济社会发展的各个领域发
挥引领作用。

7 月 10 日,由北美洲中国学人国际交流中心和中华海外人才网
主办的第九届北美中国留学人员人才交流大会暨中国高校招聘专场
在纽约举行,超过 200 名留学人员到场咨询。出席本次大会的机构
来自厦门、昆明、北京、哈尔滨等多个地方。

10 月,2010 年中国重庆·青年人才论坛海外论坛在法国举行,
本次论坛吸引了来自法国、英国等 10 个国家的 1 500 多名海外青年
留学生和外籍青年报名,14 篇论文获评优秀论文。借助本次论坛,
重庆市委组织部和团市委还先后在法国举办了两场人才现场洽谈
会,有 267 人到现场咨询,95 人达成来渝工作意向,其中包括 36 名
博士。①

---

① 周睿:《重庆赴法举办青年人才海外论坛,引回 36 名海外博士》,《重庆
晨报》,2010 年 10 月 28 日。

第 八 章

困难与隐忧

随着海外华侨华人人数的增长，以及越来越多的中国人走出国门旅游、留学、经商、务工、移民等等，各类涉及华侨华人与中国公民安全的意外事件也时有发生。在世界各国华侨华人地位显著提高的同时，被仇视的现象仍然频现，经常要面对某些对华不友好势力的挑衅。近些年来，有些国家受经济危机的影响，因经济利益、文化冲突等而引起的华侨华人与当地民众的摩擦、冲突现象有所增多。

第一节　人身安全问题

近年来，针对华侨华人和海外中国公民的暴力伤害、抢劫盗窃、敲诈勒索等事件频繁发生，甚至引发恶性命案。这些案件的发生，主要是由当地生存环境造成的，如侨居国政局动荡、恐怖活动、治安恶化等造成各种意外伤害事故。但也有一些案件是由于海外中国公民和华侨华人自身的问题所引发，比如，不了解当地法律法规，违法经营而导致劳务纠纷、店铺被查抄；不了解当地风俗习惯或宗教禁忌，造成当地人误会等。

2月18日下午，尼日尔首都尼亚美发生军事政变，中国驻尼大使馆有近100名华侨华人暂住，大使馆启动应急预案，保证华侨华人的人身安全。

3 月初,西班牙马德里警方破获了一起中国籍老板遭到歹徒绑架勒索的案件。总共有 4 名犯罪嫌疑人遭到逮捕,他们全部都是中国人。

4 月初,吉尔吉斯斯坦爆发的大规模骚乱使当地中国商人损失惨重。幸运的是,抢劫事件只针对商品,遭洗劫的中国商人已被安全转移并得到妥善安置,无当地华侨华人伤亡的报告。6 月 10 日,吉尔吉斯斯坦奥什市再次爆发骚乱。在位于市中心的中国商品贸易城,20 多位华商的全部财产被一烧而光。还有一些家中没有储备食物的华商,挨了几天的饿,才盼来政府的包机。骚乱发生后,中国政府连续数日包机撤回逾千名中国公民。此次吉尔吉斯斯坦撤侨从规模、包机密集程度、涉及人数上,均为中国政府 40 年来最大规模的撤侨行动。

2010 年,美国旧金山和屋仑又连续发生非洲裔攻击华裔事件,已经造成陈焕洲和俞恬声两人过世,另有三男一女被打伤。尽管警察局强调没有迹象显示这些暴力事件与种族仇恨有关,但不少华裔居民表示上街没有安全感,华人没有得到平等对待,人权已受到侵犯,非洲裔与华裔间的关系依旧紧张。不少华裔表示上街没有安全感,觉得随时会被抢被殴的同时,华人社区也不再沉默,发动了签名等行动抵制暴力。4 月底,超过千名华裔在旧金山市政府门前举行游行示威,抗议暴行。除了旧金山,美国其他地区的华裔也惶恐度日,其中最不安全的群体是中餐馆的外卖人员。在纽约送中餐的邹先生说,4 月 28 日晚外出送餐时,他在街头遭到多名非裔青少年围殴,头破血流,身体多处被踢伤。5 月 1—3 日,美国纽约布朗士布鲁克大道 481 号丰源中餐馆 3 天内发生两起枪击案,事件震惊闽籍社区,中餐馆安全问题再次成为人们关注的话题。

5 月 16 日晚,赴美仅两个月的 23 岁中国女留学生姚宇在法拉盛繁忙街区被一名墨西哥裔男子拖入后巷强奸,并被一根金属管狠狠敲打头部至脑死亡。姚宇惨遭疑犯性侵攻击导致死亡后社区人心惶惶,大街小巷民众在同情姚宇遭遇的同时,纷纷质疑案发当时为何无现场民众出手相助,眼睁睁看着姚宇被犯罪嫌疑人攻击,其冷漠心态令人心寒。警方在调阅街头监视录像机画面后发现,歹徒当街将姚女拖进巷内时,有两三位民众就在一旁伫足围观,但随即转身离去。不仅如此,目击者见到当姚女尖叫呼救时,曾有包括华人在内的多位民众路过,却无人停下来解救或报警,眼睁睁让悲剧发生。当地华侨华人社团18日表示,希望小区汲取教训,华人不该沉默,治安也不应只靠警察维护,大家应发挥守望相助精神,一起让法拉盛成为安全、繁荣的小区。针对华人特有的"多一事不如少一事"心理状态以及华人担心报警泄露身份的问题,纽约市109分局局长麦奎尔指出,华裔社区的民众应该从自我的良知出发,不要因为担心身份泄露而纵容犯罪分子的嚣张气焰。麦奎尔再次重申,任何报警或是维护自身权益的民众,警方都不会去追查或询问其身份是否合法。

　　7月份,贝宁发生特大规模非法集资案,造成大量民众血本无归,引发严重社会治安问题,连续发生多起使团人员以及包括中国公民在内的外籍人员遭遇武装抢劫等恶性事件。8月,尼日利亚阿比亚州和奥贡州连续两次发生中资企业人员被绑架事件,中国商务部提醒在尼日利亚企业和人员务必提高安全意识,加强安全防范,确保企业和人员人身财产安全。

　　近年来中国出国留学规模迅速扩大,在外留学人员的安全问题呈现频发的态势,越来越受到社会各界的关注和重视。在外留学人员多发的安全问题,主要为交通意外、违反当地的法律法规,上当受骗和一些心理问题等等。部分留学人员的法律观念、风险意识和安全防范能力还有待于提高。针对留学人员在外期间在人身、心理和财产方面存在易受伤、受损的情况,中国教育部和各驻外使领馆做了大量的工作,如积极构建留学人员行前培训机制和在外安全培训体系,提高留学人员的自身安全意识。此外,由于近年来出国留学市场空前的繁荣,违法留学中介、国外学校倒闭等直接损害留学人员切身利益的特征也值得重视。

　　海外华侨华人的财产安全问题也不容忽视。3月9日晚菲律宾马尼拉市华人区发生的 10 级大火延烧长达 12 小时才被扑灭。火灾导致 600 个家庭无家可归,并造成估计 1 000 万比索的财物损失,包括多家华商店铺和仓库被大火烧毁。

10 月 9 日上午,位于南非约翰内斯堡南区的"中国商贸城"A 区发生特大火灾,经过数次反复,大火直至下午 4 点左右才被完全扑灭。据现场观察,A 区左侧的十多家华人商铺几乎被完全烧毁,在此区间营业的华商直接经济损失超过 1 000 万兰特,其中尚不包括"中国商贸城"建筑恢复修建的费用。"中国商贸城"是中国商品在南非的一个大型集散分流中心,主要销售服装、鞋帽、家用电器、床上用品、日用百货、儿童玩具等中国产品。

第二节　辱华排华事件

在海外华侨华人地位显著提升的同时,仇视华人的现象也时有发生。继 2009 年 9 月 26 日,日本右翼分子在东京池袋骚扰华人商店活动后,2010 年 1 月 10 日,又有大约 100 名日本右翼分子在东京池袋地区华人区举行示威游行活动。近些年中国侨民数量超过朝韩侨民成为日本第一大外国族群,再加上中国经济连年高速发展,这些事情让日本右翼分子心里非常不舒服。此外,日本民主党当政也让右翼分子坐立不安。日本民主党执政以后,积极推行外国人移民、外国劳动者导入、东亚共同体、重视对华关系等政策,这都是日本右翼分子不所愿意看到的,所以他们经常寻衅滋事。

1 月 14 日,在菲律宾计顺市地方法院法官迪亚斯的判决中,批准了计顺市众议员克里索罗戈提出的取消陈怡娜参选计顺市第一区国会众议员资格请愿,陈怡娜被指不是菲籍人士。陈怡娜是华人女性企业家兼教育工作者,是菲律宾富商陈永栽的女儿。2 月份,菲律宾选举署指出,根据第九二二五号共和国法令,即国籍保留及重获法,为允许拥有美国国籍身份的陈怡娜登记为选民。选举署表示,陈怡娜在 1996 年回国后,便已重获其天生菲人身份。因此,菲律宾选举署驳回了计顺市第一区众议员克里索罗戈对陈怡娜提出的取消参选资格案。尽管最终陈怡娜获准参选众议员，但也仍然说明菲律宾华人在真正融入当地社会、平等参选参政的道路上并非一片坦途。

2月，澳大利亚一名国家党参议员在国会听证会上，遭到内阁华裔女部长黄英贤阻止发问，一气之下，他竟然在公开场合中反呛黄英贤是"支那"，引发外界强力抨击，也被澳大利亚总理斥责为种族歧视行为。

3月，新西兰工党华裔法律委员会、统计事务发言人、民族事务副发言人霍建强针对种族关系委员会发布的一份报告进行了全面分析，并指出，报告最终得出的结论是：在过去的一年中，新西兰对华人和其他亚裔的歧视有增无减，而且其趋势发展得越来越触目惊心。在所有被调查的人士中，有75％认为亚裔在新西兰被歧视是最为严重的。

3月6日，法国中餐业唯一的行业协会——法国亚洲餐饮同业联合会在巴黎举行从业者紧急会议，针对法国媒体故伎重演抹黑中餐业提出应对措施，其中包括准备举行罢市活动以表达强烈抗议，要求法国有关媒体公开道歉，停止其不公正行为。

4月7日，马来西亚巫统雪兰莪州联委会署理主席拿督诺奥玛在雪兰莪州国民阵线大会上发表侮辱华印裔的"公民权论"，同时在大会上矮化其他成员党的地位，导致15名马华加埔代表愤而集体离席，以示抗议。5月17日，马来西亚土著权威组织主席拿督依布拉欣·阿里指责华裔选民不懂感恩，也不珍惜首相纳吉宣布的拨款及发展项目，没有在乌鲁雪兰莪及诗巫国席补选中支持国民阵线。

尽管近年来印尼华人已经逐渐摆脱了来自政府和主流社会的歧视，但是仍然面临着种族主义的威胁。5月28日，大约20名马来族民众突然走上西加里曼丹省山口洋市街头，针对华人市长黄少凡发表激烈言论，还试图推倒位于山口洋市内一个路口的龙雕像。在被警方阻止后，示威者继续向龙雕像投掷石块以示抗议。此后，山口洋市马来族民众数次发起针对华人华裔的示威活动，甚至引发了几起暴徒使用燃烧弹袭击加油站、恶意纵火烧车的恶性案件,印尼华人的生存安全再次受到威胁。该事件的起因是山口洋市华人市长黄少凡发表了不当言论,随着黄少凡向当地王室对他的言论进行解释和道歉而逐渐缓和。这起种族争议事件表面是针对华人市长黄少凡,其实还是一起针对印尼华人的种族歧视事件。印尼华文媒体也对该事件进行了深刻反思,认为印尼华人应该小心行事,不能看到华人当上市长就突出华族的文化,要照顾其他族群的心态。要与其他族群搞好关系,共同建设和谐社会;要自爱、自制、自省;要有宽大胸怀、忍让精神,一切以和为贵,不可造成种族或宗教冲突等。

8 月前后,加拿大温哥华烈治文市发生了多宗辱华涂鸦事件,已引起了各族裔团体关注。中侨互助会行政总裁陈志动 8 月 9 日表示,加拿大犹太人议会,以及主要服务印裔移民的跨文化进步社区服务机构的负责人,均就此事表示关切,称如果事态进一步恶化,3 个族裔社团机构将联合发表谴责声明。当地其他犹太裔及印裔团体也纷纷声援华裔社区的抗议行动,并表示谴责所有针对少数族裔的仇恨行为,对任何一个族裔的仇视及侮辱,就是对所有族裔及加拿大多元文化国策的挑战。

10 月,美国华裔学者黄克学(译音)因涉嫌非法输送有机杀虫剂的商业机密至中国而面临着“罕见”的刑事指控,那就是为中国充当经济间谍。作为杀虫剂方面的专家,黄曾在美国印第安纳州的道氏化学公司一个实验室工作了 5 年。据称,他曾窃取实验室里的菌株。2008 年被辞退之前,黄就开始把道氏公司的机密与中国的研究人员分享。之后,他获得了中国自然科学基金会的资金,在中国进行研究,并建立同美国同行竞争的企业。

11 月 18 日,美国联邦法院判定福特前工程师郁向东两项窃取商业机密罪名,监狱服刑时间为 63～78 个月,并处罚款 15 万美元。郁向东被捕前的职位是北京汽车制造厂有限公司乘用车工程院专业总工程师,2009 年 10 月在芝加哥遭美国警方逮捕。自美国国会1996 年通过“经济间谍法案”以来,被控犯案的犯罪嫌疑人大都是华人，美国媒体也经常借机渲染"中国间谍潮"。但所谓的"中国间谍案"绝大多数没有真凭实据，不是捕风捉影，就是以讹传讹，那些所谓"中国间谍"多无罪释放。包括美国在内的西方发达国家涉及华人"间谍"案的增多，与在西方国家高科技领域就业的华人数量逐年上升有一定关联，但更深层的原因是有关当局对华裔专业人员的偏见以及对中国经济实力增强的过度反应，有时甚至是遗留的冷战思维在作祟。

第三节　经济文化摩擦

近年来，意大利、西班牙、俄罗斯、罗马尼亚、匈牙利、德国等国多次发生针对华商的突击检查等事件。这些事件的发生有比较复杂的经济利益、文化冲突等因素，也与华商的经营风格、生活习惯等有关。尽管欧洲华侨华人与当地国主流社会的关系总体上还是平和的，因为华侨华人所经营的从中餐到批发零售业等，都与当地民众存在多层面的经济往来。但是，欧洲华侨华人与当地国民族在文化、习俗、观念、经营理念等方面，还存在诸多隔阂，加之双方在经济利益上的竞争比比皆是，因此，屡有欧洲华侨华人遭遇排斥、与当地民众发生冲突的事件发生。

从 2010 年 1 月 19 日开始，意大利普拉托当局调集了上百名国家警察、40 多名宪兵，甚至出动警用直升机，配合税警、市政警察及有关监察部门，封锁了普拉托唐人街附近的街道，再次对华人企业进行地毯式检查。检查中一些华人工厂被关闭，大量生产设备遭到查封，雇用非法劳工的华人业主遭到指控，多名非法劳工被带回警局接受调查。普拉托警方负责人法比奥·皮凯利表示，检查目的是打击华人社会非法活动，规范市场经营秩序。

6 月 28 日，意大利一项针对华人向祖籍国汇款、被警方称为"大中华行动"的全国性扫荡行动启动，警方拘捕了 17 名华人和 7 名意大利人，查封 73 家公司和 181 处房产、166 辆豪华汽车，涉案华人达

130 多名,涉案资金高达 27 亿欧元。这场被定性为"洗钱"犯罪集团的特大刑事案将意大利华人推到舆论的风口浪尖。华人向祖籍国汇款的这一案件起因,也成为当地社会的敏感话题。该案不仅损害了华人社会的财产,更将对华人声誉和日后发展产生严重影响。当地的一些主流媒体又开始了新一轮对华人社会的攻击,刻意渲染、夸大、编造华人社会的负面消息。由此导致了当地民众对华人社会的抱怨增多,双方之间的误解进一步加深,矛盾升级。

一些意大利人的心态较为复杂,他们为华人带来的经济活力感到高兴,也因华人经济过于"膨胀"有所担心。普拉托当局慢慢改变了以往的思维方式,从以往例行检查个别华人工厂逃税漏税和雇黑工,到现在开始对华人圈进行整体"打黑"。当地华文媒体也反思说,只有华商真正走合法经营的道路,不再存侥幸心理,才会有更好的出路,否则前途令人担忧。

不可否认,意大利华人社会中存在灰色经济、生产环境、工人居住条件恶劣等问题。另外,文化差异产生的羁绊,以及华人偏爱高消费、开名车、戴名表又极大地刺激了当地人。尽管灰色经济不能代表整个华人社会,多数华人还是能够奉公守法、依法经营,但其负面效应却不可低估。

如何化解积怨减少矛盾,已成为了意大利华人社会需要面对的主要问题,而化解矛盾首先需要华人社会调整内部的"潜规则",彻底消除华人社会的灰色经济问题,挽回不良的社会影响。为了华人社会的长远利益,每一个华人都应该把改变华人形象作为今后的首要工作,从规规矩矩做人、实实在在做事开始,严格自律重新树立华人形象。其次,要加强与当地主流社会的沟通,这其中包括与政府间的沟通、媒体沟通、民间组织的沟通及与民众的沟通。华人社会只有积极与当地媒体交流,尽力消除误解,有效地展示华人社会光明的一面,才能够逐渐疏导针对华人的不满情绪,避免矛盾升级。普拉托当局针对华人企业的大检查为华人社会再一次敲响了警钟,任何侥幸、投机钻营的做法最终将不会被社会所接纳,从长远的利益出发只有合法经营才会有光明的前途。

西班牙有关部门也经常针对华人企业进行大检查。5月12日上午，巴塞罗那一家知名中国货行在连续两天遭受有关部门大检查之后，大量货物于第三天被警察要求用垃圾车强制性拉走，并现场销毁。警察声称，这些货物都是不合格的，要全部处理掉。在清理现场，警察将事发地点围起来，不让行人靠近，也不允许拍照。当地华人认为，这次行动不排除经济危机下，是当地政府针对华商采取的一项提高各项税收的行动前奏。

可喜的是，事态没有朝向不利方向发展。6月16日，马德里大区消费品和市场控制司司长以及相关专业检查人员，在西班牙华侨华人协会向众多华商介绍西班牙有关消费品进口、销售以及安全等方面的法律规定。两位官员采用幻灯片以图文并茂的方式，让参加讲座的华商对西班牙政府有关商品安全的检查，以及相应处罚力度等，都有了全面和详细的了解。由于不少华人进口商对于西班牙消费安全以及市场控制的法律了解不多，所以经常发生产品不达标的事件。西班牙检查人员希望所有从事进出口生意的华商能够知法、懂法、守法，尽量避免出现违规产品被查抄的现象。6月17日，巴塞罗那海关也针对当地华商组织了一场有关海关进出口贸易法规的知识讲座。巴塞海关负责人表示，举办此次讲座，旨在解决当地华商多年来在进出口方面所经常出现的一些问题，让华人了解有关法律法规，依法经商。

对于有关部门的大检查，西班牙华侨华人早已是习以为常。而西班牙执法检查部门能主动与华商座谈，为华商开办法律知识讲座尚属首次。以普法和预防为主的讲座，对于华侨华人在西班牙的生活、经商，以及融入当地社会，都具有非常积极的意义。一方面说明华侨华人在西班牙进出口等经济领域的分量和重要影响，另一方面也表明，华侨华人尽管生意做得很大，但仍没有深入了解当地的有关法律法规，没有做到真正融入当地社会，入乡随俗。在以往的一次次大检查中，西班牙执法部门对华商是以"查"和"罚"为主，而现在，这些部门能与华商取得联系,并开办讲座,说明他们也在改变自己的工作方法,以预防为主,希望华人能知法守法,少犯错误。

此外,检查部门与华人的讲座也改善了西班牙执法检查者与华商的关系,通过对话获得理解,消除双方以往存在的一些对立情绪。在马德里和巴塞罗那的两场讲座中,执法人员都提到以往的检查,并不是针对华人移民的歧视行为,并表示愿意为华商提供更多的普法资料和讲座。对此,一些与会华人也认为,西班牙执法部门应该告诉华商该如何做,而不是一味的检查和处罚。在相互坦诚的对话中,执法部门和华商都觉得,今后华商需要主动去认识当地法律,而另外一方检查部门,则应认识到华商在法律方面的知识不健全,要不遗余力地加强普法工作。

马德里和巴塞罗那这两场针对华商的普法讲座,对西班牙华侨华人的发展和融入来说,是一个良好的开端。加强与西班牙执法检查部门的联系,举办类似的活动,有利于华侨华人更直观地了解西班牙的法律,增强守法观念。同时也能提升华侨华人移民的素质,更加主动地参与社会和经济生活,依法保障自身的权益,进而更好地融入西班牙社会。

罗马尼亚首都布加勒斯特市的东北郊尼罗市场和红龙市场先后为当地地产开发商尼罗集团所建造。随着时代的进步,尼罗市场的铁皮店渐显陈旧落后,市场管理方为谋取更大利益,多次找借口要强制拆除尼罗市场,迫使商户迁入红龙市场。自 2009 年 11 月开始,在华商聚集的尼罗市场里,上演了一出出管理方撤销物业管理、警察强行封店、拉货、继而管理方出面驱赶商户的闹剧。经历了一系列磨难伤痛后的罗马尼亚尼罗市场华商,在 2010 年 4 月 21 日再次受到致命打击,当天尼罗市场管理方对市场实行了强制性彻底拆除,短短数小时内,市场上 3 000 多家商户店铺被迅速夷为平地,21 世纪初罗马尼亚最繁华昌盛的著名中国城——尼罗市场从此永远告别历史舞台。针对尼罗市场华商的大肆刁难、挤兑乃至强拆,根源在于经济利益。尼罗市场的彻底拆除,致使这场管理方与华商间的商业矛盾升级成为司法纠纷。

随着昔日繁荣的中国城——尼罗市场的黯然落幕,象征着罗马尼亚华商露天集散式经营时代的结束。摆在华商面前的问题是,要如何不断提高自身法律意识,努力改变经营模式,规范合理化、正规化经营理念。尼罗市场事件的发生,更使一些有远见的华商意识到,建起一个由华商自主自营的新兴市场已是迫在眉睫,这是关乎今后罗马尼亚华商长期生存发展的头等大事。

刚刚经历过尼罗市场遭强拆的切肤之痛,5月26日,祸不单行的罗马尼亚华商再次陷入痛苦深渊。当天凌晨4时许,华商集中经营的罗马尼亚最大商品批发中心——红龙市场发生特大火灾,5、6号大厅及旁边的7号大厅部分店铺共计1 000余家商店遭到大火彻底焚毁。在此经营的数百名华商瞬间成为重灾户,800多间华商店面及其货物在一夜间遭烧毁至尽。据初步估计,在此经营的华商直接经济损失已达上亿欧元。部分刚刚从尼罗市场搬到红龙5、6大厅经营的华商,连连遭到大难,早已欲哭无泪。

"5·26"火灾发生后,国务院侨办、中国侨联,当地华商所属的浙江、河南、江苏、天津等省市地方政府、侨办、侨联等,相继发来慰问函,对罗马尼亚华商的不幸遭遇表示了极大的同情与诚挚的慰问。5月28日,国务院侨办在给罗马尼亚华商的慰问信中写道,希望旅罗侨胞团结互助,依法维权,共渡难关,妥善处理善后事宜,早日恢复正常生活和工作。中国驻罗马尼亚使馆对此次火灾给华商造成的重大损失极为重视,先后多次调派人手,就此事件与市场管理方及当地警方积极交涉,并安排管理方与受害华商代表进行协商,共寻解决途径。管理方在市场上搭起的临时帐篷可暂时容纳400多家商户,并还在陆续搭建之中,另外管理方也承诺有关商场的重建工作也将争取在三个月内完工。

改革开放以来,海外华商的足迹遍布世界各地,他们通过自己的勤劳和智慧创出骄人业绩。例如,欧洲地区的华商大多是新移民,虽然文化程度普遍不高,却利用熟悉国内货源和了解当地市场的优势,成功地在服装、鞋帽、箱包、建材等批发和零售贸易行业以及餐饮业中取得了发展，在一些城市形成了颇具规模的商圈，一些新兴行业如电脑销售等也悄然兴起。较之经济收入的增加，华商的社会地位却不成正比。在欧洲的大多数国家里，华商主要还徘徊在社会中下层。由于文化融入困难、语言能力较差，加之做生意的需要，华商往往集中开店，所到之处形成衣食住行俱全的城中之城。在当地百姓和政府的眼里，无论在形式还是实质上，这都是一个引人注目的特殊族群。

　　2010 年，欧洲一些国家加大了对企业监管力度，频繁出现查抄行动。虽然并非仅针对华商，但华商企业被抄数量之多、涉及金额之大，备受瞩目。尽管金融危机和欧洲主权债务危机有一定的推动作用，但华商企业自身存在诸多经营管理问题是关键所在。在这场持续性危机面前，华商们也逐渐意识到，增强企业抗风险能力的唯一法宝只能是转变理念。遵守当地商业游戏规则，同时创新产品和经营思路，走规范化、规模化、品牌化经营之路，合法经商，依法纳税，树立华人企业的良好信誉，实现企业可持续发展。此外，华侨华人务必要克服露富攀比的陋习，避免招致妒忌与反感，维护好自身形象。同时，深入学习了解当地语言、文化、法律与风俗习惯，积极融入当地社会，与当地民众和睦相处，主动回馈当地社会，才能获得长远持续的良性发展。

附 录

2010年侨务大事记

1月11—12日,2010年全国侨办主任会议在北京举行。国务委员戴秉国、国务院侨办主任李海峰等领导同志,各省市区侨办主任和有关部门负责人以及国务院侨办专家咨询委员等200余人参加了会议。会上,戴秉国国务委员发表重要讲话,李海峰主任作工作报告。会议期间,人力资源和社会保障部、国务院侨办表彰了30个"全国侨办系统先进集体"和10位"全国侨办系统先进工作者"。

1月18—19日,国务院侨办涉侨基金会年度工作交流会在宁夏银川举行,海内外十三个基金会的二十四位代表汇聚于此,交流工作、分享经验、增进联谊、启发思路、共谋合作、促进双赢。中国各地侨务部门已与捐赠人、基金会建立了良好的关系,形成了严格、有效的管理制度,严格执行"协调、监督、反馈、激励"四个工作机制,确保捐赠项目发挥最大效用,满足捐赠人的意愿。

继2009年春节期间首度启动"文化中国·四海同春"活动,2010年国务院侨办和中国海外交流协会继续组派5个阵容强大的"文化中国·四海同春"艺术团和2个艺术小组,分赴北美、南美、欧洲、亚洲、大洋洲的15个国家33个城市访问演出50多场,与60余万海外侨胞和当地观众共度新春佳节,传递祖(籍)国亲人对海外侨胞的真情厚谊、传播中华文化,促进中外文化交流。此次历时约3周、有史以来最高水平的全球慰侨访演独具民族特色,不仅受到海外侨胞的热烈欢迎,更被国外主流社会广泛关注。一些国家的议员到剧场观看演出并发表讲话,希望加强与中国的文化交流。艺术团演员们的精湛技艺和情感真挚的表演,让侨胞们听乡音解乡愁,也让世界人民共享中国春节的欢乐与祥和,为传播中华文化发挥了重要作用。"文化中国·四海同春"已成为中外文化交流的新平台和提升中国文化软实力的新亮点。

2 月 28 日,首届世界泉州同乡恳亲大会、世界泉商大会暨世界泉州青年联谊会成立大会在福建泉州举行。国务院侨办主任李海峰宣布成立大会开幕。海外侨领陈永栽、杨孙西、洪祖杭、林树哲、陈明金等与 20 多个国家 1 000 多名海内外的泉籍乡贤齐聚泉州同叙乡情、共谋发展。

3 月 5 日上午,在第十一届全国人民代表大会第三次会议开幕式上,国务院总理温家宝在政府工作报告中展望 2010 年主要任务时强调,要认真贯彻党的侨务政策。维护海外侨胞、归侨侨眷的合法权益,支持他们传承中华文化,参与祖国现代化建设和促进和平统一大业。此前,3 月 3 日,全国政协主席贾庆林在全国政协十一届三次会议上作常委会工作报告回顾 2009 年工作时,也谈及"加强海外华文教育"。

3 月 10 日,国务院侨办与重庆市政府《关于发挥侨务优势,建设中国内陆开放高地合作框架协议》签约仪式在北京钓鱼台国宾馆隆重举行。根据协议,国务院侨办与重庆市政府将在侨务引智引资、海外联谊、侨务外宣和华文教育、归侨侨眷服务及建立合作沟通机制等五个方面加强合作。

3 月 31 日,国务院侨办副主任任启亮在北京向五位第二届华侨华人专业人士"杰出创业奖"获得者代表授予奖章并颁发证书,以褒扬其对中国经济建设、科技进步和建设创新型国家所作的贡献。国务院侨办在成功举办首届华侨华人专业人士"杰出创业奖"评选表彰活动的基础上,2010 年继续举办第二届百名华侨华人专业人士"杰出创业奖"评选暨表彰活动,对 100 位回国创业并取得优异成绩的华侨华人专业人士进行表彰。

4 月 14 日,由中国海外交流协会主办,华侨大学、菲律宾华教中心、陈延奎基金会共同协办,菲律宾各华校承办的第五届"中华文化大乐园"夏令营在菲律宾 7 个城市 8 所学校同时举行开营式。

4 月 15—16 日,全国"侨爱工程——万侨助万村活动"工作会议在浙江省宁波市召开。国务院侨办主任李海峰,农业部相关负责人以及浙江省副省长龚正、宁波市市长毛光烈等出席会议。来自全国各省、自治区、直辖市及副省级城市侨办的相关负责人,部分省农业厅局的负责人,泰国正大集团、澳大利亚金晖集团和美国世纪成功集团等侨资企业代表共约 200 人参加了会议。

4 月 17 日,由中国海外交流协会、中国艺术研究院联合主办的"人性与爱·李自健油画新世纪巡展"在北京中国美术馆举行首展。国务院侨办主任、中国海外交流协会常务副会长李海峰,全国人大常委、全国人大外事委员会主任委员李肇星,中央社会主义学院党组书记叶小文,国务院侨办副主任、中国海外交流协会副会长许又声等出席了开幕式并剪彩。

4 月 18 日,北京华文学院新校区建设项目举行隆重奠基典礼。原全国政协副主席罗豪才,国务院侨办主任李海峰,副主任许又声、马儒沛、任启亮,国务院侨办党组成员熊昌良,中国华文教育基金会理事长林文肯等出席了奠基典礼。

4 月 30 日,国务院侨办主任李海峰应邀出席 2010 年上海世博会开幕式,并于 5 月 1 日晚在华亭宾馆会见并宴请了前来出席上海世博会开幕式的部分华侨华人代表。李海峰充分肯定了海外侨胞在中国申办、筹办和举办上海世博会中发挥的重要作用,并对他们长期以来为促进中国经济社会发展、推动住在国与中国友好往来、合作交流作出的积极贡献表示感谢。

5 月 7 日,中共中央政治局常委、全国政协主席贾庆林亲切会见第五届世界华侨华人社团联谊大会代表并作重要讲话。他代表党中央、国务院,向这次联谊大会的召开表示热烈的祝贺,向远道而来的各位侨胞、各位朋友表示诚挚的欢迎。贾庆林还向所有关心、支持青海玉树抗震救灾工作的广大华侨华人表示衷心的感谢。本届大会以"维护中国统一——新疆、西藏的历史与现状"为主题,对于广大华侨华人乃至世界各国人民客观认识新疆、西藏的历史与现状,支持和维护中国统一,将发挥重要的积极作用。国务委员戴秉国出席大会开幕式并致辞。他勉励与会侨胞加强团结合作,在维护侨胞福祉和中华民族根本利益方面发挥更大作用;加强涉疆、涉藏的对外宣传,在增进住在国政府和人民全面、客观了解新疆、西藏方面发挥更大作用;抓住机遇,在促进新疆、西藏扩大对外开放、实现跨越式发展方面发挥更大作用。国务院侨务办公室主任李海峰在开幕式上作报告。第五届世界华侨华人社团联谊大会由国务院侨办、中国海外交流协会共同主办。来自近 120 个国家和地区的华侨华人社团负责人、港澳台地区涉侨团体负责人等共约 600 人参加了这次联谊大会。

5 月 10 日,由国务院侨办、上海市侨办共同举办的"华侨华人回家看世博"活动在中国馆南广场前启动,来自 120 多个国家和地区的2 010 名海外侨胞,包括海外华人社团领袖、华人企业家和科技文化专业人士、海外华裔青少年以及来自美国、加拿大、西班牙等国的华侨华人世博观光团参加了启动仪式。启动仪式的举行,标志着"华侨华人回家看世博"系列活动正式拉开了序幕。一系列内容丰富、形式多样、富有特色的活动相继展开。系列活动由"同享世博 合作共赢——侨商世博行"、"走进世博·共襄盛事"海外华文媒体采访周、"世博畅想"世界华人艺术家音乐会、"光华百年"华侨华人迎世博美术大展、"相约上海·欢聚世博"海外华裔青少年夏令营等一系列活动组成。

5 月 12 日,"世界华侨华人社团负责人云南行"投资意向交流会在昆明举行,来自新西兰、澳大利亚、日本、秘鲁、英国等国的嘉宾与云南省相关部门和企业在文化、矿业、烟草等领域进行了深入的探讨与交流。

5 月 14 日,"第八期华裔新生代企业家中国经济高级研修班"结业座谈会在钓鱼台国宾馆举行。国务院侨办副主任任启亮、北京大学校务委员会副主任林钧敬等出席座谈会。本期"研修班"共有来自18个国家和地区的50名华裔新生代企业家,他们在北京进行了为期5天的研修活动,听取了由北京大学知名教授主讲的"中国经济热点问题分析"、"中国政治体制简介"、"中国外资法律和政策"、"孙子兵法"、"儒家文化与管理思想"等讲座,反响热烈。

5月17日,第三届世界闽商大会在福州开幕,来自五大洲50多个国家和港澳台地区的1 000多名闽商参会。全国政协副主席、全国工商联主席黄孟复,全国人大常委会原副委员长王汉斌,全国政协原副主席、致公党中央原主席罗豪才,全国政协原副主席、台盟中央原主席张克辉,中央统战部副部长尤兰田,国务院侨办副主任许又声等领导出席大会开幕式。

6月4日,国务院侨办主任李海峰会见了专程来京参加"福建金帝集团有限公司资助中国华文教育基金会捐赠仪式"的福建金帝集团董事长李德文、总裁李雄虎一行。李海峰对李德文先生一行的到来表示了热烈的欢迎,对福建金帝集团有限公司决定向中国华文教育基金会捐赠1 000万元人民币善款表达了诚挚的谢意。她希望借这一善举进一步推动华文教育的宣传,促进更多像李先生这样具有高瞻远瞩意识的爱心人士和慈善企业关注与支持海外华文教育。中国华文教育基金会理事长林文肯、副理事长兼秘书长雷振刚以及华侨大学副校长吴季怀参加了会见。

6月5日,360多位海外华商和230多家中国西南地区企业代表在昆明参加了由国务院侨办和云南省人民政府共同举办的东盟华商投资西南项目推介会。国务院侨务办公室副主任任启亮发表演讲时说,在经济全球化和区域合作化日益发展的今天,东盟华商顺势而为,与中国企业加强合作有利于实现"双赢"。

6月8—10日,由广西壮族自治区人民政府与国务院侨办共同主办的"中国—东盟自由贸易区背景下的广西新商机介绍会"在广西隆重举行。会议主题为"同享机遇、共谋发展"。来自世界26个国家和地区以及中国侨商会、国内东部沿海省市侨商会的 300 多位华商侨领参加大会。广西壮族自治区主席马飚为大会发来贺信,国务院侨务办公室副主任任启亮、广西壮族自治区副主席高雄出席会议并致辞。

6 月 12 日以来,吉尔吉斯斯坦南部奥什地区发生骚乱,造成大量人员伤亡。6 月 14 日,中国政府决定派包机撤侨。从 14—17 日的 53 个小时的时间内,中国政府派出的 9 架包机,先后前往奥什、卡拉苏和比什凯克等三座吉尔吉斯斯坦城市,共接回 1 299 名中国公民,无一人受伤。

6 月 16 日,国务院侨务办公室副主任许又声在杭州举行的"第16 届浙江旅外乡贤聚会暨'相聚长三角'海外华侨华人专业协会会长世博行"开幕式上表示,中国海外侨胞超 4 500 万,绝对数量稳居世界第一。许又声重申中国政府的有关政策,首先是尊重,迁徙权是人权很重要的组成部分,前提是合法;其次是保护,中国将依法保护侨胞在海外的合法权益;最后是引导,中国要引导侨胞在海外尊重所在国的法律,融入当地社会,为当地的经济发展作贡献。

6 月 18 日上午,国务院侨办连续第 5 届参与主办的中国·海峡项目成果交易会在福州开幕。福建省侨办以"海外连海西、八方聚八闽"为主题设置"海外侨商投资与贸易——项目成果对接展区",展示了电子信息、生物医药和新能源及节能技术等低碳经济领域的技术项目,受到广泛关注。6 月 18 日下午,福建省侨办在福州举办"海外侨商投资与贸易——6·18 项目成果推介对接会",共有来自美国、加拿大、英国、法国、芬兰、瑞士、日本、澳大利亚等 14 个国家和地区的 60 名海外华侨华人专业人士参会,带来 65 个具有自主知识产权的项目参加对接交流活动。

6 月 21—25 日,国务院侨办与吉林省政府在长春共同举办"吉林省第六届海外华侨华人专业人士恳谈及项目对接会"。吉林省省委书记孙政才、省长王儒林、省政协主席王国发等领导出席了开幕式,国务院侨办副主任任启亮在大会开幕式上致辞,并和孙政才、王儒林共同启动了吉林省引进高层次人才信息交流平台。

6 月 29 日,"2010 中国海外学子创业周"在大连开幕,中共中央政治局委员、中央书记处书记、中组部部长李源潮和国务院侨办主任李海峰等主办机构的领导出席活动开幕式并一同参观"全国留学人员创业环境展"。

7 月 16—19 日,国务院侨办副主任任启亮率中国侨商投资企业协会考察交流团及国侨办部分司局级领导 50 余人,赴大庆参加"海外知名侨商龙江行暨大庆城市转型商机推介会"。应邀参加此次活动的侨商层次高、实力强、投资意向明确。他们来自美国、加拿大、丹麦、马来西亚、新加坡等国家和地区,所从事的行业包括房地产、旅游文化、环保处理、新能源、生物医药、食品加工等。

7 月 19 日,2010 年海外华裔青少年"中国寻根之旅"夏令营福建厦门营在厦门开营,本次夏令营的 34 名营员是来自捷克和匈牙利等国的华侨华人新生代,也是东欧华裔青少年首次在厦门开展"寻根之旅"活动。

7 月 21 日,2010 年海外华裔青少年"中国寻根之旅"夏令营江苏营 61 位营员来到无锡,无锡市侨办特意为本次夏令营安排了以"感知物联网・感知吴文化"为主题的系列精彩活动。

7 月 21—24 日,为培育华社明日之星,促进海外华社的健康、可持续发展,由国务院侨办主办、新疆维吾尔自治区侨办承办的"首期新疆籍少数民族华侨华人社团负责人研习班"在乌鲁木齐市举办。来自哈萨克斯坦、乌兹别克斯坦、巴基斯坦、吉尔吉斯斯坦、土耳其、澳大利亚等 6 个国家的 41 位新疆籍少数民族华侨华人学员参加了学习。

7 月 25 日,来自世界 51 个国家和港澳台地区的 6 000 余名华裔青少年欢聚北京,参加在人民大会堂隆重举行的"2010 年海外华裔及港澳台地区青少年'中国寻根之旅'夏令营"开营式。中共中央政治局常委、国家副主席习近平出席开营式并表示,海外中华儿女到中国寻根,说明大家对祖(籍)国有强烈的亲近感,都认识到自己血管中涌动的是中华血脉，都愿意传承和发扬历经数千年形成的中华文化。开营仪式由国务院侨办主任李海峰主持。国务委员刘延东、全国人大常委会副委员长陈昌智、全国政协副主席杜青林和"国家海外华文教育工作联席会议"成员单位、中国华文教育基金会、国家汉办负责人出席了开营仪式。

7月26日，来自世界25个国家和地区的优秀华裔科学家、科技企业家及国内的专家、学者和政府官员350人齐聚一堂，在广州参加由国务院侨办、科技部、中科院和广东省政府共同主办的"第六届世界华人论坛"。中共中央政治局委员、广东省委书记汪洋，全国政协副主席、致公党中央主席、科技部部长万钢，国务院侨办主任李海峰，广东省省长黄华华，中国科学院学部咨询评议工作委员会主任朱道本院士等相关领导出席开幕式。本届论坛以"创新中国，和谐发展"为主题，旨在深入贯彻落实科学发展观，配合中国科教兴国战略和人才强国战略的实施，充分发挥海外华侨华人高层次人才智力优势，为加快中国经济发展方式转变，加强创新型国家建设和构建社会主义和谐社会集思广益，建言献策；同时围绕广东科技创新与区域发展，促进合作共赢。

7月28日晚，香港中华总商会在香港会展中心举行盛大晚宴，隆重庆祝110周年会庆。全国政协副主席钱运录、香港特区行政长官曾荫权、中央政府驻港联络办主任彭清华、外交部驻港特派员吕新华、解放军驻港部队司令员张仕波，国务院侨办副主任许又声等担任主礼嘉宾。

8月17—18日，国务院侨办与中山大学在广州共同举办了"欧洲华侨华人与当地社会关系"研讨会。会议期间，与会学者、侨务工作者与海外侨社负责人各抒己见，认真探讨了海外华侨华人与中国、与当地国的关系，涉及了政治、经济、文化、法律等诸多议题。国务院侨办许又声副主任出席会议开幕式并作重要讲话；国侨办政策法规司王晓萍司长主持开幕式。

8月8—26日，国务院侨办组派的中餐厨艺培训表演团一行8

人赴苏里南、哥斯达黎加和智利三国访问。本次出访活动共举办了6场厨艺培训、4场高规格晚宴和1场美食节活动，应邀录制了3期电视美食节目，帮助从事中餐业的侨胞提高烹饪技艺，向当地主流社会多方位展示中国饮食文化的独特魅力，提升中餐业形象和水平，受到三国侨胞的热烈欢迎和媒体广泛报道，引起当地侨社及主流社会强烈反响。

8月29日，由中国国务院侨办主办2010年百名海外华校校长访华团抵达首站福建，开启访华之旅，9月5日访华团分赴上海市和江苏省活动。该访华团由来自菲律宾、马来西亚、澳大利亚、丹麦、柬埔寨、老挝、卢森堡、泰国、文莱、蒙古等22个国家的96名海外华文学校校长组成。

8月31日—9月7日，由国务院侨办主办、新疆维吾尔自治区外侨办承办的"天山南北谋发展·海协理事新疆行"在新疆隆重举行。共有来自世界各地40个国家和地区近180位中国海外交流协会海外顾问、常务理事、理事出席。理事们通过参加活动启动仪式、项目交流与洽谈、"乌洽会"开幕式、实地参观考察、观看民族歌舞演出等多项活动，增强了对新疆历史与现状的了解和认识，加深了对中国政府现行民族宗教政策的理解和认同，体会到了新疆的独特魅力和巨大商机。

9月8日，第十四届中国国际投资贸易洽谈会在厦门开幕，30个国家和地区的79个团组、459位海外华商参加。9月8日下午，由国务院侨办主办，中国国际投资贸易洽谈会组委会协办，福建省侨办和厦门市侨办承办的第四届海外华商中国投资推介会在厦门举行。国侨办副主任许又声、福建省政府副省长洪捷序出席开幕式并致辞。

9月14日，由国务院侨办和山东省人民政府主办的第五届华商企业科技创新合作交流会在济南隆重开幕。国务院侨办主任李海峰、山东省省长姜大明以及来自世界20余国家和地区的华商、科技界人士和中国国内代表近千人出席开幕式。国务院侨办副主任任启亮主持开幕式。

9 月 15 日,由国务院侨办主办的"第四届海外华侨华人专业协会会长联席会"在武汉召开。应邀出席本届会长联席会的海外专业协会近 80 名主要负责人,来自美、加、英、德、法、澳、日等 12 个国家的 74 个专业协会。国务院侨办副主任任启亮、湖北省副省长田承忠出席会议并讲话。

9 月 15—17 日,由国务院侨办、湖北省人民政府暨武汉市人民政府联合主办的 2010 华侨华人创业发展洽谈会(第十届"华创会")在武汉隆重举行。参加本届"华创会"的国内外代表达 3 800 多人,其中来自 40 多个国家和地区的海外华侨华人专业人士和侨商 1 500 多人;25 个省区市及 8 个副省级城市组团参加了会议。2010 年,恰逢"华创会"十周年。中央组织部、中央"五侨"、国家外专局、中部其他五省和湖北省、武汉市领导对第十届"华创会"的举行极为重视,全国政协副主席郑万通、国务院侨办主任李海峰、中组部副部长张纪南、湖北省委书记罗清泉、省长李鸿忠、省委副书记、武汉市委书记杨松等 20 多位省部级以上领导出席了会议。会议以项目合作洽谈、专场活动、专区展示为主要内容,先后举行了"开幕式"、"国务院侨办与湖北省政府合作框架协议签字仪式"、"武汉论坛"、"华创会十周年回顾展"、"项目合作洽谈会"、"海外高层次人才创业发展论坛"、"湖北省投资创业环境及项目推介会"、"国际生物医药论坛"、"管理与服务科学国际会议"、"香港多元化融资渠道暨内地企业融资策略研讨会"、"华创杯"颁奖及专场文艺晚会、"国际医疗器械论坛"、"新能源汽车发展论坛暨人才项目洽谈会"、"武汉东湖自主创新示范区推介会"、"天下浙商三峡行"湖北推介会、"中外大学资金募集比较座谈会"等一系列专场活动。各项活动取得了圆满成功。

9 月 16 日,国务院侨办与湖北省人民政府在武汉会展中心签署《关于建立合作机制推进中部崛起战略支点和武汉城市圈"两型社会"建设的框架协议》。

9 月 19 日,由国务院侨办、河南省政府主办的"第三届华侨华人中原经济合作论坛"在河南省平顶山市举行。全国政协副主席郑万

通、河南省省长郭庚茂、国务院侨办副主任任启亮等出席。来自美
国、加拿大、马来西亚、澳大利亚、印度尼西亚等 30 余国家和地区的
华侨华人领袖、华商精英及各界代表 1 000 余人应邀与会。

9 月 20—26 日,李海峰主任率国务院侨办代表团访问香港和澳
门,出席"全球华侨华人促进中国和平统一大会(2010·中国香港)",
会见了澳门特别行政区行政长官崔世安,走访了港澳侨界社团和人
士,达到了考察侨情、宣传政策、增进了解、密切联系的目的。以"推
进和平发展,促进和平统一,实现民族复兴"为主题的全球华侨华人
促进中国和平统一大会(2010·中国香港)9 月 21 日下午在香港开
幕。这是香港首次举办以"促进中国和平统一"为主题的全球性大
会,也是历来同主题大会中规模最大的一次。来自两岸四地及全球
60 多个国家和地区的逾 1 500 位代表参加了当天的大会开幕式及其
后举行的各场分论坛,与会者总数创下历次同类大会之最;其中台湾
代表逾 600 位,数量超过往届,海外代表逾 200 位。

9 月 28 日晚,近 600 位海外侨胞和港澳台同胞聚首北京,出席
国务院侨办和中国海外交流协会举办的庆祝新中国成立 61 周年国
庆招待会。

9 月 29 日,国务院侨办与北京市人民政府签署《发挥侨务优势
共同推进首都世界城市建设战略合作协议》。国务院侨办将在经济、
科技、文化教育三大领域推动北京建设世界城市。

9 月 29 日,北京华文学院建校 60 周年庆祝大会在京隆重举行。
国务院侨办主任李海峰等领导,教育部、商务部、国家汉办、各地侨办
等单位代表,以及北京华文学院海内外校友、部分师生共 1 000 余人
出席了校庆大会。

10 月 8—10 日,"全国副省级城市侨务工作协作会议"在大连市
召开。这次会议由国务院侨办政策法规司和大连市人民政府外事侨
务办公室共同主办。各副省级城市侨办、部分省会城市等大中城市
侨办相关负责人近 70 人参加了会议。国务院侨办副主任许又声出
席会议并讲话。

10 月 10—11 日,中国侨商投资企业协会一届三次常务理事会在天津召开,国务院侨办主任李海峰、中国侨商投资企业协会会长谢国民出席会议并讲话。国侨办副主任、协会常务副会长任启亮,常务副会长许荣茂、张晓卿、陈有庆、陈永栽、陈丽华,副监事长孙福林等70 多位协会常务理事会成员参加了会议。

10 月 12—13 日,由天津市人民政府和国务院侨务办公室共同主办,中国侨商投资企业协会支持,天津市政府侨办和滨海新区承办的"中国·天津 2010 华侨华人滨海新区创业发展洽谈会"在滨海新区举行。本届洽谈会主题为"滨海新发展,侨商新机遇",通过专题论坛和项目对接,寻求深化合作的商机,吸引海外高层次人才回国创业。天津市委书记张高丽、市长黄兴国、政协主席邢元敏、国侨办主任李海峰、副主任任启亮均分别出席了会见、开幕式等活动。中国侨商会谢国民先生等 6 位会长、常务副会长参加大会。来自 22 个国家的 300 多名参会代表参观交流洽谈,增进友情、深入沟通,硕果累累,有 62 个项目签订合作协议,协议投资额 71.3 亿元人民币,洽谈会取得了圆满成功。

10 月 13—15 日,全国人大华侨委海外侨胞国内投资权益保护问题研讨会在南京召开。全国人大常委会委员、全国人大华侨委员会主任委员高祀仁出席会议并讲话。江苏省委书记、省人大常委会主任梁保华会见了高祀仁主任委员及全国人大华侨委的组成人员。

10 月 14—25 日,中国海外交流协会副会长王杰率团赴意大利、奥地利和西班牙考察侨情、慰问侨胞,并出席了在罗马召开的"第十六届欧华联会暨纪念柏林反独促统十周年纪念大会"。

10 月 20—31 日,国侨办赵阳副主任率团赴墨西哥、牙买加和美国侨社,了解侨胞关心的问题,认真听取他们的意见和建议,并出席了在纽约举行的"文化中国·锦绣四川"系列活动开幕式及文艺演出。

10 月 21 日,由国务院侨务办公室和四川省人民政府主办的2010 海外华侨华人高新科技洽谈会暨四川世界华商大会在成都开幕,来自30多个国家和地区的嘉宾、海外侨团及专业人士组织共计约650人出席盛会。大会主题是"携手西部,合作共赢"。国务院侨办副主任任启亮、中共四川省委副书记李崇禧、四川省政协副主席陈杰、世茂集团董事局主席许荣茂、国务院侨办经济科技司司长谭天星等出席会议。

10月22日,全国人大华侨委员会、国务院侨务办公室、全国政协港澳台侨委员会、致公党中央、中国侨联在人民大会堂联合举行座谈会,纪念归侨侨眷权益保护法颁布20周年。全国人大常委会副委员长严隽琪,全国政协副主席、致公党中央主席万钢出席会议并讲话。全国人大常委会委员、华侨委员会主任委员高祀仁主持座谈会。国务院侨务办公室主任李海峰、全国政协港澳台侨委员会副主任林兆枢、中国侨联主席林军、致公党中央副主席严以新在会上讲话。全国政协原副主席罗豪才出席座谈会。全国人大常委会法制工作委员会、中央"五侨"部门、北京市人大常委会等有关领导及侨界代表参加会议。

10月27日—11月4日,国务院侨办李海峰主任率团赴澳大利亚、新西兰,拜会侨团、探望侨领、考察华人企业、与侨界代表座谈,向广大侨胞致以诚挚问候和美好祝愿,宣传介绍中国经济建设和社会发展状况,鼓励侨胞积极融入当地社会、大力传承中华文化,为构建和谐侨社积极贡献力量。

11月1日,华侨大学以"继承传统、彰显特色,凝聚人心、促进发展"为主题,隆重举行了建校50周年庆典活动。

11月16—17日,国务院侨办主任李海峰专程赴港作为主礼嘉宾出席香港侨界社团联会第四届会董就职典礼,并出席了香港中国商会首届董事会理事会就职典礼以及中国侨联、香港侨界社团联会、香港中国商会和中国侨商联合会联合在港举办的"高端经济论坛"开幕式等活动。

11月17—20日,由国务院侨办、重庆市人民政府共同主办,中国侨商投资企业协会支持的"第三届华商领袖圆桌会"在重庆隆重举行。本届圆桌会以"相约重庆·牵手西部·合作共赢"为主题,探讨海外华商和华商组织如何在深入实施西部大开发中进一步深化合作,更为有效地发挥作用。来自世界30个国家和地区,包括中国侨商投资企业协会在内的18家国内侨商组织和泰国中华总商会、菲律宾菲华商联总会、马来西亚马中经贸总商会等20家海外华商组织近130位知名华商领袖、华商组织负责人出席会议。

11月23日,2011年全国侨办系统华文教育工作协调会在南宁召开。会议总结了2010年以来全国侨办系统开展的海外华文教育工作,并对2011年的华文教育工作进行了部署。国务院侨办副主任赵阳出席会议。赵阳在会上指出,各级侨办要不断提高对海外华文教育的认识,结合当地实际,联动做好海外华文教育工作,创新机制,科学发展华文教育工作。

12月13—16日,为推动侨务扶贫工作深入开展,全国侨办系统"归侨侨眷关爱工程"暨侨务扶贫工作会议在海南省海口市召开。国务院侨办副主任马儒沛出席会议并作主旨报告;海南省人大常委会副主任吴昌元、海南省副省长林方略分别出席会议活动并致辞;民政部、住房和城乡建设部、国务院扶贫办有关领导应邀出席会议并作政策解读。国务院侨办国内司杜志滨司长、熊万鹏副司长和其他工作人员以及来自全国各省(自治区、直辖市)、新疆生产建设兵团、各副省级城市、部分地级市侨办的领导和华侨农场的代表共150余人参加了会议。

12月25日,国务院侨办在合肥组织召开了"部分省市侨务经济科技工作研讨会"。来自部分省(市、区)和副省级城市共25个地方侨办分管经科工作的副主任及相关处室负责人、国务院侨办经科司领导和各处室负责人等共60余人与会,国务院侨办任启亮副主任出席会议并讲话。

2010年12月26日—2011年1月11日,"2010年海外华裔青少年中国民族舞蹈及中华武术冬令营"在哈尔滨成功举行。共有来自欧洲、南美洲和大洋洲的秘鲁、西班牙、澳大利亚和新西兰4个国家 9 个城市的 268 名华裔青少年参加此次活动。

12 月 27 日,中国华文教育基金会二届三次理事会在北京召开。国务院侨办副主任赵阳在会上致辞勉励基金会细化工作流程,珍惜每一份善款,使捐款的使用效益最大化,不断增强基金会的公信力。

12 月 29 日,由华侨大学承办的"中华文化知识竞赛优胜者冬令营"圆满落下帷幕,来自澳大利亚、加拿大、西班牙、马来西亚、荷兰等国家的 94 名海外华裔青少年通过此项活动亲身感受到祖(籍)国改革开放和现代化建设的巨大成就。

图书在版编目（CIP）数据

2010 年海外华侨华人发展报告/王望波，庄国土著. —厦门:厦门大学出版社，2013.8

（厦门大学东南亚研究中心系列丛书）

ISBN 978-7-5615-4724-3

Ⅰ.①2… Ⅱ.①王… ②庄… Ⅲ.①华侨状况－研究报告－世界－2010②华人－概况－研究报告－世界－2010 Ⅳ.①D634.31

中国版本图书馆 CIP 数据核字(2013)第 181533 号

责任编辑:薛鹏志　韩轲轲

封面设计:洪祖洵

厦门大学出版社出版发行

（地址:厦门市软件园二期望海路 39 号　邮编:361008）

http://www.xmupress.com

xmup @ xmupress.com

厦门市明亮彩印有限公司印刷

2013 年 8 月第 1 版　2013 年 8 月第 1 次印刷

开本:889×1194　1/32　印张:9　插页:2

字数:260 千字　印数:1～1 000 册

定价:26.00 元

本书如有印装质量问题请直接寄承印厂调换